KLASSISCHES
GRIECHENLAND

KLASSISCHES
GRIECHENLAND

Reader's Digest

DEUTSCHLAND · SCHWEIZ · ÖSTERREICH

Klassisches Griechenland

Titel der französischen Originalausgabe
La Grèce – berceau de l'Antiquité

Die griechische Zivilisation
Titel der Originalausgabe: *La Civilisation Grecque*
© 1963 Arthaud/Flammarion, Paris
© 1966 für die Übersetzung ins Deutsche von Gernot Kirsch:
Droemersche Verlagsanstalt Th. Knaur Nachf. München und Zürich

Deutsche Ausgabe
Übersetzung: Dr. Boike Rehbein
Redaktion: red.sign (Guido Huß, Constanze Noufal, Androniki Tsilipakou)

Reader's Digest
Redaktion: Claudia Rück, Dr. Birgit Gläser
Grafik: Peter Waitschies
Bildredaktion: Christina Horut
Prepress: Andreas Engländer
Produktion: Andreas Schabert

Ressort Buch
Redaktionsdirektorin: Suzanne Koranyi-Esser
Redaktionsleitung: Dr. Renate Mangold, Heinz Volz
Art Director: Rudi K. F. Schmidt

Operations
Leitung Produktion Buch: Joachim Spillner

Satz und Reproduktion: Lihs GmbH, Medienhaus, Ludwigsburg
Druck und Binden: Printer Industria Gráfica S. A., Barcelona

© der französischen Originalausgabe:
2001 Sélection du Reader's Digest, S.A., Paris
© der deutschsprachigen Ausgabe:
2002 Reader's Digest – Deutschland, Schweiz, Österreich
Verlag Das Beste GmbH – Stuttgart, Zürich, Wien

Code-Nr. UK 0074/G/CBS

Printed in Spain

ISBN 3-89915-007-4

Inhalt

Seite 8 *Die griechische Welt*

Die Bronzezeit 3000–1100 v. Chr. 10

Die Eisenzeit 1100–700 v. Chr. 12

Die archaische Epoche 700–490 v. Chr. 14

Die klassische Epoche 490–338 v. Chr. 16

Alexander der Große und der Hellenismus 338–323 v. Chr. 18

Seite 21 *Die griechische Zivilisation*

GEKÜRZTE FASSUNG DES BUCHES
GRIECHISCHE KULTURGESCHICHTE VON
FRANÇOIS CHAMOUX

Einführung 21

Kapitel 1 – Die mykenische Kultur 23

Kapitel 2 – Die geometrische Epoche 32

Kapitel 3 – Das archaische Zeitalter 40

Kapitel 4 – Das klassische Zeitalter 58

Kapitel 5 – Pólemos – der Krieg 79

Kapitel 6 – Riten und Götter 108

Kapitel 7 – Der Bürger im Staat 142

Kapitel 8 – Dichter und Denker 165

Kapitel 9 – Der Mensch – Maßstab für die Kunst 178

Epilog 184

Sonderthemen

Theater und Masken 30

Notwendigkeit der Mythen 38

Der Platz der Frauen 56

Meisterwerke griechischer Kunst 98

Delphi 132

Das Pantheon 140

Das Festmahl der Männer 176

Register 186

Bild- und Museumsnachweis 190

PROZESSION ZU EHREN ATHENES
*(Parthenonfries, um 440 v. Chr.) Das athenische
Volk begeht eine Prozession, um zu Ehren der
Göttin ein großes Opfer darzubringen. Hier
sieht man Hydrienträger, die das Reinigungs-
wasser herbeibringen.*

Vorwort

Es mag uns wie ein Sakrileg anmuten, eine weiße Marmorstatue mit leuchtenden Farben zu bemalen. Genau damit aber lässt sich im übertragenen Sinne die Arbeit der Historiker und Archäologen vergleichen – vorausgesetzt, sie tragen die richtige Farbe am richtigen Ort auf. Sie interpretieren die Relikte längst vergangener Kulturen und rekonstruieren so auf faszinierende Art das Bild vergangener Zeiten.

Auch die griechische Zivilisation ist Gegenstand intensiver Forschung. Die Erkenntnisse der Wissenschaftler werden immer detaillierter, sei es durch das Studium von Texten, sei es durch mehr oder weniger spektakuläre archäologische Funde oder die Anwendung innovativer technischer Methoden, die in den letzten Jahrzehnten das Handwerkszeug der Historiker bereichert haben. So verändert sich der Rückblick auf diese herausragende historische Epoche beinahe täglich, wird immer klarer und präziser.

Aber nicht nur deshalb erscheint uns das antike Griechenland – verglichen mit vielen anderen historischen Epochen – heute besonders nah. In unserer abendländischen Kultur ist es gewissermaßen immer präsent, denn sie hat stets aus dem unermesslichen Reichtum Griechenlands an herausragenden Werken geschöpft, sich von ihnen inspirieren lassen und sie den Vorstellungen der jeweiligen Zeiten gemäß umgestaltet.

Das Kernstück dieses Bandes bildet die gekürzte Version eines Buches des französischen Forschers François Chamoux. Diesem Werk wurde eine chronologische Einführung hinzugefügt, die einen Überblick über die wichtigsten Epochen der griechischen Geschichte bietet, von der Bronzezeit (3000 v. Chr.) bis zum Hellenismus (3. Jh. v. Chr.). Zudem werden fünf Themenbereiche auf reich illustrierten Doppelseiten gesondert behandelt: die Stellung der Frauen, das Pantheon, die Bedeutung des Festmahls, die Mythen und das Theater. Schließlich rundet eine zehnseitige Darstellung der griechischen Kunst dieses Werk ab, das dem Leser so einen anschaulichen Überblick über Geschichte und Kultur Griechenlands vermittelt.

Die griechische Welt

Vor der Eroberung durch Alexander den Großen haben die griechischen Städte keine Einheit gebildet. Die bergige griechische Welt bestand aus einem Mosaik kleiner und sehr unterschiedlicher Gebiete, Inseln und Städte. Das war auf dem griechischen Festland nicht anders als in den entfernten Kolonien.

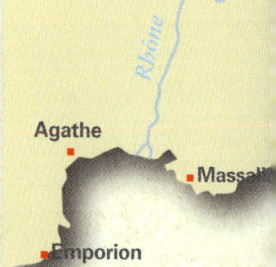

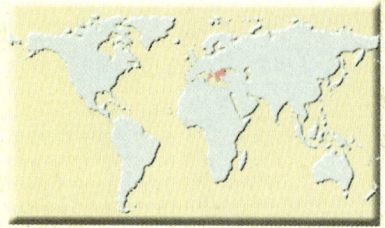

IM ZENTRUM DER „BEKANNTEN WELT" Griechenland liegt im Zentrum des Mittelmeerraums, am Schnittpunkt der alten Kulturen des Vorderen Orients und Italiens, das Ausgangspunkt der späteren Expansion Roms war.

DIE NACHBARSTAATEN

BABYLONIER UND ASSYRER

Das zwischen den Flüssen Euphrat und Tigris gelegene Mesopotamien wurde im 2. Jt. v. Chr. vom riesigen Babylonischen Reich beherrscht. Das öffentliche Leben und eine reiche Literatur in akkadischer Sprache, die in Keilschrift geschrieben wurde, erfuhren eine beträchtliche Entwicklung. Zu Beginn des 1. Jt. v. Chr. dehnte sich für kurze Zeit ein anderes Reich, dessen Hauptstadt Assur war, in der Region aus, bevor es von den Medern verdrängt wurde, die mit den Babyloniern verbündet waren. 539 v. Chr. eroberte Kyros der Große, der das Achaimenidenreich gegründet hatte, Babylonien und machte aus den alten mesopotamischen Reichen bloße Vasallenstaaten.

DIE HETHITER

Im Herz der anatolischen Hochebene (in der heutigen Türkei) entwickelte sich vom 17. Jh. v. Chr. an die hethitische Zivilisation, deren Sprache wie die griechische der indoeuropäischen Familie angehörte. Die Hethiter dehnten ihren Herrschaftsbereich ständig aus und erreichten im 13. Jh. v. Chr. Syrien, wo ihnen die Ägypter unter Ramses II. Einhalt geboten. Im 10. Jh. v. Chr. widersetzten sie sich erfolglos der Expansion Assyriens, die ihr Reich auslöschte.

DIE PHÖNIKER

Die alten Griechen bezeichneten die semitischen Völker, die an der syrischen Küste ansässig waren, als Phöniker. Homer beschrieb sie als Handwerker und Seefahrer. Ihre wichtigsten Städte waren Sidon und Tyros. Von ihnen übernahmen die Griechen das Alphabet.

DIE HEBRÄER

Die Geschichte der Hebräer ist in stark religiös bestimmter Sichtweise aus der Bibel bekannt. Im 12. Jh. v. Chr. führte Mose die Hebräer, die nach Ägypten verschleppt worden waren, nach Palästina zurück. Dort wurden sie sesshaft und gründeten ihre Hauptstadt in Jerusalem, wo David Ende des 11. Jh. v. Chr. regierte. Das Königtum Israel wurde 722 v. Chr. von den Assyrern zerschlagen, Judäa 587 v. Chr. von den Babyloniern.

DIE ÄGYPTER

Die Herrschaft Ramses' II. markierte das Ende des Neuen Reiches (13. Jh. v. Chr.). Er gab die Arbeiten von Karnak und Luxor in Auftrag und gebot dem Vormarsch der Hethiter bei Kaddesch Einhalt. Nach seiner langen Herrschaft geriet Ägypten bald unter den Einfluss der Perser und wurde später von Alexander dem Großen erobert.

AUSDEHNUNG DER GRIECHISCHEN KULTUR IM MITTELMEERRAUM

KELTEN

Agathe

Massal

Emporion

Balearen

Hippo

NUMIDEN

GRIECHENLAND

THESSALIEN
Thermopylen x
PHOKIS
Kap Artemision
Leukas
AITOLIEN
Euboia
ÄGAIS
Ithaka
Delphi
BOJOTIEN
Chalkis
Eretria
Kephallenia
Patras
Theben
Chaironeia x
Plataiai x
Marathon
Zakynthos
Eleusis
ATTIKA
Andros
ACHAIA
Korinth
Salamis
ARKADIEN
ARGOLIS
Olympia
Mykene
Athen
Argos
Epidauros
Kap Sunion
Aigina
Bassa
Tiryns
MESSENIEN
KYKLADEN
Delos
Pylos
Sparta
Paros
Naxos
IONISCHES
MEER
LAKONIEN
Milo
KRETISCHES
Kythera
Thera
MEER

DIE BRONZEZEIT

2100 v. Chr.
Ankunft Griechisch sprechender Völker

1600–1100 v. Chr.
Errichtung der minoischen Paläste

1450 v. Chr.
Schrift Linear B

Seiten 10–11

DIE EISENZEIT

850 v. Chr.
Große Heiligtümer (Delphi, Delos)

750–700 v. Chr.
Ilias und *Odyssee*

728–700 v. Chr.
Gründung von Kolonien im Westen

Seiten 12–13

DIE ARCHAISCHE EPOCHE

700–680 v. Chr.
Erfindung des Geldes

650–620 v. Chr.
Kodifizierung des Rechts

490 v. Chr.
Sieg über die Perser bei Marathon

Seiten 14–15

3000 v. Chr.

1100 v. Chr.

• Frühe Bronzezeit

• Protogeometrische Epoche

Donau

S C Y T H E N

Tyras

Theodosia

P O N T O S   E U X I N O S
(Schwarzes Meer)

Odessos

Sinope

I L L Y R E R

Apollonia

Herakleia

PAPHLAGONIEN

THRAKIEN

Byzantion

BITHYNIEN

A D R I A T I S C H E S   M E E R

MAKEDONIEN

Abdera

Chalkedon

E T R U S K E R

Pella

Kyzikos

Gordion

Olynth

Chersonesos

P E R S E R R E I C H

ORSIKA

E P I R O S

PHRYGIEN

Alalia

Kyme

Samothrake

Troia

MYSIEN

KILIKIEN

Neapel

Metapont

Olymp

Lesbos

EOLIDE

Poseidonia (Paestum)

Elea

Tarent

PAMPHILIEN

Delphi

Phokaia

Sardes

SARDINIEN

Sybaris

Chios

LYDIEN

Kroton

Theben

Ephesos

T Y R R H E N I S C H E S

ATTIKA

Delos

Samos

Magnesia

Himea

Rhegion

Korinth

Athen

Milet

K A R I E N

L Y K I E N

x Issos

M E E R   G R O S S -

Selinunt

SIZILIEN

Naxos

Olympia

Sparta

Thera

Kos

Halikarnassos

G R I E C H E N L A N D

Katan

PELOPONNES

Utika

Agrigent

Megara

Pylos

Rhodos

Z Y P E R N

Karthago

Gela

Syrakus

I O N I S C H E S

Kythera

Lindos

P H Ö N I K E R

M E E R

Paphos

Byblos

Hadrume-
tum

K R E T A

Knossos

Sidon

Tyros

Gortyn

M I T T E L M E E R

P A L Ä S T I N A

Leptis

Kyrene

Barke

L I B Y E R

Naukratis

Alexandria

Ä G Y P T E N

<table>

| DIE KLASSISCHE EPOCHE | ALEXANDER DER GROSSE UND DER HELLENISMUS | Griechenland nach Alexander d. Gr. |

DIE KLASSISCHE EPOCHE

447–438 v. Chr.
Errichtung des
Parthenon

443–429 v. Chr.
Perikles Stratege

431–404 v. Chr.
Peloponnesischer Krieg

Seiten 16–17

ALEXANDER DER GROSSE UND DER HELLENISMUS

336 v. Chr.
Alexander III. besteigt
den Thron Makedoniens

323–277 v. Chr.
Kriege zwischen
seinen Nachfolgern

Seiten18–19

Griechenland nach Alexander d. Gr.

- 317–307 v. Chr.: Demetrios von Phaleron regiert in Athen.

- 290 v. Chr.: Gründung der Bibliothek von Alexandria

- 196 v. Chr.: Der römische Konsul Flaminius erklärt die Griechen für frei.

- 168 v. Chr.: Niederlage von Perseus bei Pydna. Ende des Königreichs Makedonien

- 146 v. Chr.: Plünderung Korinths durch die Römer

- 133 v. Chr.: Attalos von Perga- mon vermacht sein Königreich den Römern.

- 64 v. Chr.: Rom annektiert Syrien.

- 31 v. Chr.: Schlacht von Aktium. Sieg Oktavians über Antonius und Kleopatra. Ende des hellenis- tischen Zeitalters

700 v. Chr.

490 v. Chr.

338 v. Chr.

277 v. Chr.

0

- Archaische Epoche

- Beginn der Perserkriege

- 443 v. Chr. Perikles

- Philipp II. von Makedonien siegt über die Griechen

- 323 v. Chr. Tod Alexanders

- 264–146 v. Chr. Punische Kriege (zwischen Rom und Karthago)

- 125 v. Chr. Einfall der Römer in Gallien

- 44 v. Chr. Ermordung Julius Cäsars

W e l t

Die Bronzezeit *3000–1100 v. Chr.*

Während der Bronzezeit gab es in Griechenland zwei große Zivilisationen, die viele kulturelle Merkmale gemeinsam hatten, aber geographisch, chronologisch und linguistisch verschieden waren. Zuerst entwickelte sich von Kreta aus die minoische Welt. Sie wurde von der mykenischen Welt abgelöst, die sich in Argolis, Messenien, Boiotien und Attika entfaltete.

DER PALAST VON MYKENE

Die im Gebirge oberhalb der Ebene von Argolis gelegene Zitadelle von Mykene (Hintergrundfoto) schützt einen Palast, dessen Ruinen an die dramatische Geschichte der Atriden erinnern: die Ermordung König Agamemnons durch seine Frau Klytaimnestra und die Rache von Orestes.

KNOSSOS

Der Palast von Knossos, der zu Beginn des 20. Jh. vom englischen Archäologen Arthur John Evans freigelegt wurde, bedeckt eine Grundfläche von etwa 13 000 m². Im monumentalen Palast mit Wohnungen, Empfangshallen, Büros und Lagerräumen scheint die kretische Verwaltung zentralisiert worden zu sein. Der Thron in seiner Mitte ist das Zeichen der königlichen und religiösen Macht.

TAPFERE KRIEGER

Die Armeen der Achaier, deren Heldentaten später Homer besang, scheinen auf diesem großen mykenischen Krater abgebildet zu sein. Er zeigt eine Reihe von sechs Kriegern, deren Ausrüstung derjenigen verblüffend ähnlich ist, die in der archaischen Epoche verbreitet war.

3000–2000 v. Chr. Frühe Bronzezeit

2100 v. Chr. Ankunft Griechisch sprechender Völker in Griechenland

2000–1600 v. Chr. Mittlere Bronzezeit

1900 v. Chr. Erste Paläste auf Kreta

1800 v. Chr. Als Linear A bezeichnete Schrift

MYSTERIÖSE MYKENISCHE GOTTHEITEN

Diese aus zwei Frauen – und einem Kind – bestehende Gruppe aus Elfenbein deutet man als ein Paar weiblicher Gottheiten. Das Fehlen jeglicher Zeugnisse verbietet eine weiter gehende Interpretation.

GRAVIERTE STEINE

Die minoische und die mykenische Welt zeichneten sich durch eine riesige Produktion von gravierten Steinen aus. Über ihren ästhetischen Wert hinaus dienten die Siegelsteine zur Beglaubigung von Unterschriften.

EINE MINOISCHE SEEMACHT

Der Ausbruch des Vulkans von Thera (Santorin) zwischen 1600 und 1500 v. Chr. hat die Stadt Akrotiri, das „Pompeji der Bronzezeit", vollständig zerstört. Mit ihrer Ausgrabung wurde 1967 begonnen. Das oben abgebildete Fresko aus einem Stadthaus stellt den Aufbruch von Seestreitkräften dar. Damit deutet es auf die Existenz einer Seemacht hin, die der minoischen Kultur die Expansion über das gesamte Mittelmeer ermöglicht haben könnte.

1600–1100 v. Chr. Späte Bronzezeit

1600–1100 v. Chr.	Errichtung von Palästen in Mykene	1450 v. Chr.	Gräber mit Rundgewölben (Tholos) in Griechenland
1500 v. Chr.	Vulkanausbruch auf Thera	1375 v. Chr.	Zerstörung von Knossos
1450 v. Chr.	Als Linear B bezeichnete Schrift	1200 v. Chr.	Ende der Besiedlung von Pylos
		1125–1075 v. Chr.	Ende der Besiedlung von Mykene

Die Eisenzeit *1100–700 v. Chr.*

*I*n der griechischen Vorstellungswelt stellte der Troianische Krieg, an dem alle griechischen Gemeinschaften beteiligt waren, das wichtigste Ereignis in ihrer heroischen Vergangenheit dar. Die Archäologie hat die Diskrepanz zwischen den homerischen Gesängen und der historischen Wirklichkeit enthüllt. Nach dem Bruch, den das so genannte dunkle Zeitalter bildete, entstanden neue Formen des religiösen, gesellschaftlichen und politischen Lebens.

ZU DEN WAFFEN!

Der Krieg scheint in dieser Periode im Zentrum der gesellschaftlichen Organisation gestanden zu haben. Diese Rüstung (Helm und Harnisch), die in einem Grab von Argos gefunden wurde, zeichnet den Verstorbenen als einen militärischen Führer aus, der der Aristokratie angehörte.

SAGENHAFTE MYTHOLOGIE

Der kleine Zentaur aus Terrakotta wurde auf Euboia ausgegraben. Er ist ein seltenes Beispiel der geometrischen Plastik und bezeugt die Existenz einer ausgearbeiteten Mythologie. Sie ging mit dem Heroenkult einher, der den großen Vorfahren gewidmet war.

DAS LEGENDÄRE TROIA

Die Stätte von Hissarlik in der Türkei (Hintergrundfoto) wurde von dem Deutschen Heinrich Schliemann ausgegraben. Er hat die Ruinen von neun übereinander liegenden Städten entdeckt, die zwischen dem 3. Jt. und dem 8. Jh. v. Chr. erbaut worden waren.

1050–900 v. Chr.   Protogeometrische Epoche

900–700 v. Chr.   Geometrische Epoche

850 v. Chr.   Beginn der Errichtung großer Heiligtümer (Delphi, Delos).

800 v. Chr.   Einführung des Alphabets

776 v. Chr.   Erste Olympische Spiele

ALPHABETISCHE SCHRIFT
In die Schenkel dieser Bronzestatuette ist eine Formulierung eingeritzt, die häufig in den homerischen Dichtungen vorkommt. Sie ist ein Hinweis auf die Verbreitung der alphabetischen Schrift. Die Körperform des Gottes (dreieckiger Torso und verlängerter Hals) ist typisch für die geometrische Kunst.

RELIGIÖSE ARCHITEKTUR
Dieses Terrakottamodell eines Hauses mit Vorbau und Apsis wurde in einem Heiligtum gefunden. Es entspricht der frühen religiösen Architektur. Die Säulen vor dem Gebäude markieren die Grenze zwischen dem außerhalb liegenden Raum der Menschen und dem Haus des Gottes.

GEOMETRISCHE EPOCHE
Dieses Zeitalter, das teilweise mit der Eisenzeit zusammenfällt, verdankt seinen Namen der Verzierung der Töpferwaren: Abwechselnd helle und dunkle Streifen, Kreise, Schleifen und Winkel sind regelmäßig angeordnet und betonen die Form der Gefäße, die gelegentlich von monumentaler Größe sind.

750 v. Chr.	Eingemeindung der Marktflecken um Athen (Synoikismos)
750–700 v. Chr.	Homer: *Ilias* und *Odyssee*
740 v. Chr.	Erste alphabetische Inschriften

740–720 v. Chr.	Sparta: Erster Messenischer Krieg
728–700 v. Chr.	Gründung von Kolonien im Westen
um 700 v. Chr.	Dichtungen Hesiods *(Theogonie, Werke und Tage)*

Die archaische Epoche *700–490 v. Chr.*

*I*n der archaischen Epoche entwickelte sich der Stadtstaat (Polis). Nach der Verwandlung von Gemeinschaften in eine Stadt musste die Aristokratie ihre Macht mit neuen gesellschaftlichen Gruppen teilen. Damit entstand ein breit gefächertes politisches Leben und der Begriff des Staatsbürgers. Stadtstaaten breiteten sich über den gesamten Mittelmeerraum aus. Es kam zu zahlreichen politischen Krisen, die manchmal in der Errichtung einer Tyrannis mündeten.

DIE GESETZE VON GORTYN

Die kretische Stadt Gortyn ist heute wegen einer langen Inschrift bekannt, die eine ganze Mauer bedeckt (Hintergrundfoto). Sie gibt die gesamten Gesetze wieder, die sich die Stadt in der archaischen Periode gegeben hat. Die Schrift ermöglichte die Formalisierung des Rechts und den Bezug auf feststehende Gesetze. Das Recht war nicht mehr Ergebnis eines zufälligen Urteils.

DAS GELD, SYMBOL DER STADT

Mit der Geburt der Stadtstaaten ging die Erfindung des Geldes im 7. Jh. v. Chr. einher. Jede Stadt schlug eigene Münzen mit ihren Symbolen, oft in Gestalt ihrer Schutzgottheit oder einer von deren Eigenschaften: Dionysos im sizilianischen Naxos, Hera in Argos, die Eule in Athen.

DIE DELPHISCHEN ORAKELSPRÜCHE

Sie spielten in der Geschichte der Städte eine große Rolle. Oft bildeten sie die Richtlinie für die Kolonisation. Diese monumentale Opfergabe aus Marmor, die auf etwa 570 v. Chr. datiert wurde, war offenbar dazu bestimmt, schon von weitem aus der ungeheuren Menge der Gaben an das Apollonheiligtum herauszuragen.

700–680 v. Chr. **Erfindung des Geldes**

    700 v. Chr. **Krieg zwischen Chalkis und Eretria**

    680 v. Chr. **Erstes Geld in Lydien**

650–620 v. Chr. **Kodifizierung des Rechts**

    650–620 v. Chr. **Sparta: Zweiter Messenischer Krieg**

    621–620 v. Chr. **In Athen kodifiziert Drakon die Gesetze, die von nun an schriftlich niedergelegt werden.**

DER RUHM DER KRIEGER

Dieser Bronzeharnisch wurde in Olympia gefunden, dem panhellenischen Heiligtum. Die Opfergabe – wahrscheinlich eine Prunkwaffe – diente dazu, Zeus zu danken und den Ruhm des Spenders zu fördern. Der eingravierte Dekor zeigt Apollon als Musiker und die Musen. Damit stellt er eine Verbindung zwischen der Rüstung und dem poetischen Gesang her, der die kriegerischen Heldentaten verewigte.

DIE FRAUEN

Die Frauen waren vom politischen Leben ausgeschlossen, spielten aber eine aktive, manchmal wesentliche Rolle bei den religiösen Praktiken. In Athen brachte man der Schutzgottheit der Stadt, Athene, in ihrem Heiligtum auf der Akropolis Statuen junger Frauen dar. Die Inschriften nennen zwar den Namen der Spenderinnen, sind aber keine Porträts, sondern idealisierte Skulpturen.

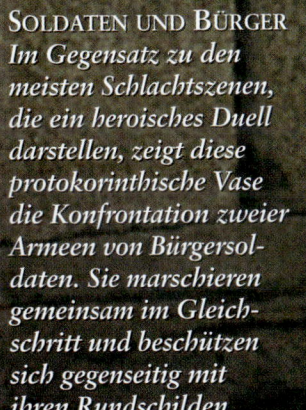

SOLDATEN UND BÜRGER

Im Gegensatz zu den meisten Schlachtszenen, die ein heroisches Duell darstellen, zeigt diese protokorinthische Vase die Konfrontation zweier Armeen von Bürgersoldaten. Sie marschieren gemeinsam im Gleichschritt und beschützen sich gegenseitig mit ihren Rundschilden.

595–508 v. Chr.   **Die Reformen**

595–590 v. Chr.	Erster heiliger Krieg um die Kontrolle über Delphi
594 v. Chr.	Solon Archont von Athen
561–527 v. Chr.	Peisistratos Tyrann von Athen
508 v. Chr.	Kleisthenes' Reformen begründen die attische Demokratie.

498–490 v. Chr.   **Vorspiel der Perserkriege**

498–494 v. Chr.	Ionischer Aufstand gegen die Perser
493 v. Chr.	Themistokles Archont von Athen
490 v. Chr.	Erster Perserkrieg Sieg über die Perser bei Marathon

15

Die klassische Epoche 490–338 v. Chr.

Die griechische Klassik wird oft als Jahrhundert des Atheners Perikles bezeichnet. Diese Formulierung unterstreicht die Bedeutung Athens in jener Epoche. Nach den Perserkriegen, in deren Verlauf sich die Mehrheit der Griechen vereinte, entwickelten sich im 5. Jh. zahlreiche Konflikte zwischen den Städten, insbesondere zwischen Athen und Sparta.

WOHNSITZ DER GÖTTER
In den Augen der Griechen war ein Tempel der Wohnsitz eines Gottes. Für diesen dorischen Tempel von Olympia, der zur Zeit seiner Erbauung (470–456 v. Chr.) der größte Griechenlands war, fertigte der berühmte Pheidias eine Kolossalstatue von Zeus an. Sie bestand aus Gold und Elfenbein und wurde zu den Sieben Weltwundern gezählt.

RELIGION, POLITIK UND ÄSTHETIK
Der kleine, Athena Niké gewidmete Tempel auf der Akropolis war mit einer Reihe geflügelter Frauengestalten geschmückt, die Allegorien des Sieges (Niké) darstellten. Das Bauwerk wurde zweifellos zur Feier des Sieges von Plataiai (479) errichtet, der das Ende der persischen Bedrohung markierte. Mittels dieser eleganten Figur schrieben sich die Athener den größten Anteil am Erfolg zu.

481–479 v. Chr. Zweiter Perserkrieg

480 v. Chr. **Sieg von Salamis**
479 v. Chr. **Sieg von Plataiai**
478 v. Chr. **Attischer Seebund**

469–460 v. Chr. Dritter Messenischer Krieg

461 v. Chr. **Reform des Ephialtes zuungunsten der athenischen Aristokratie**
449 v. Chr. **Frieden des Kallias mit den Persern**

447–438 v. Chr. Bau des Parthenon

446 v. Chr. **Frieden zwischen Athen und Sparta**
443–429 v. Chr. **Perikles Stratege**

DIE AKROPOLIS

Viele Städte verfügten über eine Akropolis (Oberstadt), in der sich die Tempel befanden. Die durch den Parthenon gekrönte Akropolis von Athen (Hintergrundfoto) ist die berühmteste. Nachdem die Perser sie zerstört hatten, ließ Perikles sie wieder aufbauen.

PERIKLES

Als Spross einer bedeutenden Adelsfamilie war Perikles der einflussreichste Führer der demokratischen Partei. Zwischen 443 und 430 v. Chr. wurde er jedes Jahr zum Strategen (Chef des Militärs) gewählt. Das Gesetz über die Staatsbürgerschaft, der Beginn des Kriegs gegen Sparta und die bedeutenden Arbeiten auf der Akropolis unter der Leitung von Pheidias sind ihm zuzuschreiben.

TRAGÖDIE IM AUFSCHWUNG

Im religiösen Kontext des Dionysoskults erfuhr die Tragödie während des 5. Jh. v. Chr. in Athen enormen Aufschwung und breitete sich vom 4. Jh. an in der griechischen Welt aus. Jede Stadt bemühte sich um die Errichtung eines Theaters. Das Theater von Epidauros – dem Heiligtum, das dem Gott der Heilkunst Asklepios gewidmet war – gilt als Musterbeispiel.

GEGEN DIE BARBAREI

Die Perserkriege und der griechische Sieg, die Herodot detailliert beschrieben hat, haben tiefe Spuren im Bewusstsein der Griechen hinterlassen. Insbesondere die Athener sahen in den Kriegen die Wiederholung von glorreichen Episoden des Troianischen Krieges. Die Perser verkörperten für sie die Barbarei.

431–400 v. Chr. | **Niedergang Athens**

431–404 v. Chr.	Peloponnesischer Krieg
420 v. Chr.	Alkibiades Stratege
404–403 v. Chr.	Tyrannis der Dreißig

400–338 v. Chr. | **Niedergang der Stadtstaaten**

| 399 v. Chr. | Verurteilung des Sokrates | 352 v. Chr. | Philipp II. von Makedonien unterwirft Thessalien |
| 359 v. Chr. | Beginn der Herrschaft Philipps II. von Makedonien | 338 v. Chr. | Krieg Philipps II. gegen Athen und Theben |

17

Alexander der Große und der Hellenismus
338–323 v. Chr.

*I*m 4. Jh. v. Chr. nutzte die makedonische Monarchie die Spaltung der Griechen aus, um die Stadtstaaten militärisch zu unterwerfen. Die als Hellenismus bezeichnete Epoche begann 336 v. Chr. mit der Machtübernahme Alexanders. In knapp 15 Jahren schuf er durch Eroberungen ein Reich, das sich bis nach Afghanistan ausdehnte.

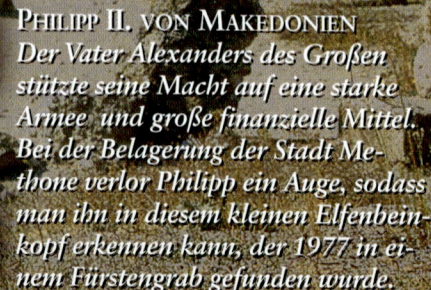

PHILIPP II. VON MAKEDONIEN
Der Vater Alexanders des Großen stützte seine Macht auf eine starke Armee und große finanzielle Mittel. Bei der Belagerung der Stadt Methone verlor Philipp ein Auge, sodass man ihn in diesem kleinen Elfenbeinkopf erkennen kann, der 1977 in einem Fürstengrab gefunden wurde.

LIEBER TOT ALS GEFANGEN
Demosthenes, athenischer Politiker und Redner, verkörperte den Widerstand der Demokraten gegen Makedonien. Seine glühenden Reden gegen Philipp (Philippika) sind ein Modell patriotischer Rhetorik. Diese im 3. Jh. auf der Agora errichtete Statue erinnerte die Athener an den Mann, der den Tod suchte, um dem Feind nicht in die Hände zu fallen.

338–336 v. Chr. Vorherrschaft Makedoniens

338 v. Chr. **Philipp II. von Makedonien besiegt die Griechen bei Chaironeia**

337 v. Chr. **Bund von Korinth unter der Führung Philipps**

336 v. Chr. **Ermordung Philipps. Sein Sohn Alexander besteigt den Thron**

336–323 v. Chr. Alexander der Große

335 v. Chr. **Alexander in Thrakien. Theben von Alexander zerstört**

334–326 v. Chr. **Eroberung des Orients durch Alexander**

DER PALAST VON PELLA
Der Sitz der makedonischen Könige umschloss vier große Höfe mit Säulengängen (Hintergrundfoto). In ihm waren Wohngebäude, Verwaltungsgebäude, eine Palästra und ein Bad untergebracht. Er bildete das Modell für neue Paläste, die in den hellenistischen Städten erbaut wurden.

AUSBREITUNG DER GRIECHISCHEN KULTUR
Nach den Eroberungen Alexanders breitete sich die griechische Kultur bis nach Indien aus. Die jeweiligen Völker übernahmen Aspekte der griechischen Klassik in ihre eigene Ikonographie. Die Skulpturen aus der Provinz Gandhara vereinen harmonisch die beiden Stile, indem sie teils griechische Gottheiten indisch darstellen, teils Buddhas mit einem ionischen Lächeln abbilden.

ALEXANDER
Als Alexander das Orakel von Zeus Amon in Ägypten befragte, wurde er als „Sohn Gottes" begrüßt. Auf dieser Münze ist der Herrscher mit Widderhörnern zu sehen, die ihm das Aussehen des ägyptischen Gottes Amon verleihen. Das Bild Alexanders wurde später vor allem durch Skulpturen und Münzen verbreitet.

EUROPÄER IN ASIEN
Der Sieg Alexanders 333 v. Chr. über den persischen König Dareios III. ebnete seiner Armee den Weg zu einem neuen Reich. Dieses Mosaik aus Pompeji ist die Reproduktion einer hellenistischen Vorlage. Es verdeutlicht die Panik des im eigenen Land besiegten orientalischen Herrschers angesichts der Energie des jungen Alexanders.

333 v. Chr.   Sieg Alexanders über Dareios bei Issos
331 v. Chr.   Gründung Alexandrias
327–326 v. Chr.   Alexander in Indien

323 v. Chr.   Beginn des Hellenismus
323 v. Chr.   Tod Alexanders in Babylonien
323–277 v. Chr.   Kriege zwischen den Nachfolgern Alexanders

Die griechische Zivilisation

Von François Chamoux

Einführung

Wir verdanken dem griechischen Geist unendlich viel: Auch heute noch bewegt sich unser Denken in Kategorien, die von den Griechen entwickelt worden sind; fast unser gesamtes geistiges Handwerkszeug und unsere ethischen Prinzipien haben wir von ihnen übernommen; selbst die Lehre des Christentums, die bis heute die abendländische Kultur durchdringt, ist durch die Vermittlung des griechischen Denkens zu uns gekommen. Griechischer Geist hat die Grundgedanken des Christentums weitergedacht und systematisiert. Vergessen wir nicht, dass die Sprache der Urkirche das Griechische war. Rom hat hier wie andernorts anfangs nur eine Nebenrolle gespielt, bevor es als Nachfolger und schließlich, kraft seines eigenen Genius, als Lehrer und Führer des Abendlandes auftrat. In keiner anderen Sprache steht der Forschung eine so reiche Literatur zur Verfügung, eine Literatur, die eine Geschichtsperiode von annähernd 3500 Jahren umfasst. Daneben besitzen wir für Griechenland eine reiche Fülle archäologischer Zeugnisse. Die von der Archäologie ausgegrabenen und untersuchten Denkmäler sind nicht nur von wissenschaftlichem Interesse, weil sie ein kulturelles Zeugnis ablegen, sie besitzen darüber hinaus oft einen ästhetischen Wert, für den wir heute noch, ungeachtet des zeitlichen Abstands, empfänglich sind. Nicht zuletzt fällt ins Gewicht, dass das Land, in dem die Griechen der Antike gelebt haben, für uns mühelos erreichbar ist. Eine Reise nach Griechenland ist heute etwas fast Alltägliches geworden, und wir sind in der glücklichen Lage, auf griechischem Boden noch dieselben Landschaften wiederzufinden, die schon Homer, Sophokles oder Platon einst mit ihren Augen gesehen haben. Von der Uniformität der Moderne sind sie bisher im Großen und Ganzen verschont geblieben.

Der Boden eignet sich für Gerste- und Weizenanbau, Weinbau, Oliven- und Feigenanpflanzungen. Das Großvieh findet nur in den Bergen oder auf der thessalischen

PRESSEN VON WEIN (attischer Krater, um 470 v. Chr.) Die Arbeit wird von den Begleitern des Dionysos ausgeführt, den Satyrn, die halb Pferd, halb Mensch sind.

ATHEN, THEATERSZENE (S. 20: attischer Krater, um 410 v. Chr.) Dem Leiter des Satyrnchors, der die Maske eines alten Manns schwenkt, steht ein Schauspieler gegenüber, der Herakles verkörpert.

21

BROT UND WEIN

Für die Griechen waren der Weinstock und der Weizen bestimmende Merkmale der Zivilisation. Ursprünglich hatten sich die Menschen von Wildkräutern und Eicheln ernährt, bis Demeter dem Triptolemos, Sohn des Königs von Eleusis, die erste Weizenähre überreichte. In Eleusis wurde Demeter aufgenommen, als sie die Erde auf der Suche nach ihrer Tochter Kora durchschweifte, die von Hades entführt worden war. In ihrer Trauer belegte sie die ganze Erde mit einer Hungersnot, sodass Zeus einen Kompromiss herbeiführen musste: Eine Jahreshälfte würde Kora mit ihrer Mutter auf der Erde verbringen, die andere sollte sie als Persephone mit ihrem Gatten über die Unterwelt herrschen. Demeter, die den Menschen gezeigt hatte, wie man die Erde bestellt, war seitdem die Herrin der bebauten Erde. Der Wein hingegen war für die Griechen ein Geschenk des Dionysos, der ihn dem König Ikarios überreicht hatte. Die erste Begegnung war dramatisch. Der König berauschte sich mit seinen Dienern. Diese glaubten, vergiftet worden zu sein, töteten ihren Herrn und warfen ihn in einen Brunnen. Seine Tochter Erigone fand den Leichnam und erhängte sich aus Verzweiflung. Zur Strafe belegte Dionysos die jungen Athenerinnen mit einem Fluch, der zur Folge hatte, dass sich viele von ihnen erhängten. Seither gab es ein Ritual, das jedes Jahr anlässlich der Feier der Aioren durchgeführt wurde: Zum Gedenken Erigones und zur Besänftigung des Gottes wurden die Bäume mit Schaukeln behängt, auf denen die Mädchen schaukelten. Dionysos kehrte noch einmal zurück, um den richtigen Gebrauch des Weines zu lehren. Wohl dosiert genossen ließ das göttliche Getränk die Sorgen vergessen. Wegen der Geschenke von Brot und Wein waren Demeter und Dionysos für die Griechen Wohltäter der Menschheit.

Ebene Weideplätze. Schafen, Ziegen und Schweinen ersetzt das Unterholz die Weide. Der Wildbestand war in der Antike außerordentlich groß. Es gab sogar große Raubtiere wie Bären, Wölfe und Löwen, die noch in klassischer Zeit in den Bergen des Nordens gejagt wurden. Der Fischerei boten sich in den Binnengewässern und auf See ergiebige Fanggebiete. Auch verstanden sich die Griechen bereits früh auf die Bienenzucht. Erdoberfläche und Erdinneres bargen Schätze: den weichen Kalkstein (*poros*) von Sykion, den graublauen Kalkstein des Parnass und Marmor, der auf den Kykladen, in Thasos oder Attika vorkam. Ton ermöglichte das Bauen mit ungebrannten Ziegeln und trug zum Aufschwung der Töpferkunst bei. Außerdem ist Griechenland reich an Nutz- und Edelmetallen: Auf Euboia kommt Kupfer vor; Silber findet man auf Thasos, auf der Kykladeninsel Siphnos und vor allem im Hügelland von Laureion; Gold auf Thasos und auf dem benachbarten thrakischen Festland. Eisenerz war nur von mäßiger Qualität, wurde dafür aber vielerorts gefunden. Auf Melos findet man den besonders in der Jungsteinzeit als Werkzeug geschätzten Obsidian im Überfluss, einen schwarzen Stein, der wie Glas schneidet.

Griechenland bietet also günstige Voraussetzungen für menschliche Besiedlung. Trotzdem lassen sich auch gewisse Nachteile nicht übersehen: Noch in unserer Zeit haben Korinth, Thera und Kephallenia die Macht der zahlreichen Erdbeben erfahren. Das Ackerland ist gut, doch nimmt seine Fläche nur 18 Prozent des Landes ein; der Bauer muss es unentwegt vor Erosion schützen und bewässern. Die starke Aufgliederung des Landes durch die Gebirge begünstigte das Entstehen kleinerer politischer Gemeinwesen, verhinderte aber die Bildung eines großen Staates. Das Meer, das bis weit ins Land hineindringt, erleichtert zwar die Verbindung zur Außenwelt, um Handelsbeziehungen anzuknüpfen, ist viel Arbeit notwendig. Denn Griechenland kann nur Fertigwaren ausführen – Wein, Öl, Parfum, Terrakotta und Metallgegenstände –, während es selbst Rohstoffe braucht, in erster Linie Getreide. Wegen seiner geringen Weizenerzeugung drohte ständig Hungersnot. Schon ein minimaler Bevölkerungszuwachs führte zu „Landmangel", *stenochôria*, einem der Hauptgründe für die Auswanderung der Griechen in die Fremde. Das griechische Volk ist also dazu verurteilt, tätig zu sein, seinen Geist nicht ruhen zu lassen und sich über seine Grenzen hinaus auszudehnen, wenn es nicht schnell zugrunde gehen will.

Die mykenische Kultur

Eine Schrift verändert die Weltgeschichte

Im Jahr 1953 wurde durch die beiden Engländer Ventris und Chadwick die bis dahin unverständliche so genannte Linear-B-Schrift entziffert; inzwischen haben weitere Forschungen bestätigt, was die beiden britischen Gelehrten von Anfang an erkannt hatten, dass nämlich die Sprache, die sich hinter dieser Schrift verbarg, Griechisch war. Diese Entdeckung ist von allergrößter Tragweite. Man wusste zwar wohl, dass im Laufe des 2. Jt. v. Chr. indogermanische Völker auf der Halbinsel eingedrungen waren, dass sie die Vorgänger der Griechen des Heroenzeitalters waren und mit ihnen eng verwandt. In Anlehnung an Homer nannte man sie Achaier und glaubte, ihren Namen in bestimmten ägyptischen und hethitischen Zeugnissen wiederzuerkennen. Man blieb aber bei der Überzeugung, dass zwischen der Blütezeit der mykenischen Kultur etwa im 14. und 13. Jh. v. Chr. und den Anfängen des archaischen Griechenland im 8. Jh. ein radikaler Bruch bestand. Das so genannte dunkle Zeitalter, das griechische Mittelalter, schien zwei Welten voneinander zu trennen: die vorgriechische Welt des 2. Jt., die im 12. Jh. in den Wirren, die auf die Dorische Invasion folgten, versank, und die Welt des eigentlichen Griechentums, die mit Homer begann.

Ventris und Chadwick, die als Erste die Zeugnisse in Linear B lesen konnten, haben nachgewiesen, dass die Mykener Griechisch sprachen. Seit die Wissenschaft dies weiß, kann sie sich nicht länger der Erkenntnis verschließen, dass Geschichte und Kultur der Griechen nicht erst im 8. Jh. v. Chr. beginnen, sondern bereits zu dem Zeitpunkt, zu dem die ersten lesbaren Texte auftauchen, gegen Ende des 15. Jh. v. Chr., wenn nicht noch früher.

Was aber ist die Linear-B-Schrift, deren Entzifferung von so weit reichenden Folgen ist? In den Jahren 1900 bis 1904 förderte Sir Arthur Evans bei seinen Grabungen in Knossos Tontäfelchen zu Tage mit Schriftzeichen, die offensichtlich einer nichtalphabetischen Schrift angehörten. Eine erste Einteilung ermöglichte es, zwei Systeme solcher Zeichen – es handelt sich um bildliche Darstellungen in vereinfachter Form – zu unterscheiden. Man nannte sie Linear-A- und Linear-B-Schrift. Die Zahl der Schriftdokumente von Knossos in Linear B beträgt etwa dreitausend. Im Jahr 1939 machte der amerikanische Archäologe Carl Blegen, der den Ort eines mykenischen Palastes im messenischen Pylos erforschte, einen Fund von sechshundert Täfelchen mit Inschriften in Linear B. Als die Grabungen nach dem Krieg wieder aufgenommen wurden, kamen

TONTAFEL IN LINEAR B *(um 1200 v. Chr.) Der Brand im Palast von Pylos hat zur Erhaltung von etwa 1000 Tontäfelchen dieser Art geführt, da sie dabei im Feuer gehärtet wurden. Auf ihnen sind die Archive und die Buchhaltung eines Jahres festgehalten.*

noch zahlreiche weitere hinzu. Schließlich fanden der englische Archäologe A. J. B. Wache und seine Mitarbeiter bei erneuten Nachforschungen in Mykene in Hausruinen nahe der Burg etwa fünfzig neue Schrifttafeln. Dieses Studienmaterial wird aufgrund weiterer Neuentdeckungen von Jahr zu Jahr reichhaltiger.

Von Anfang an hatten die Wissenschaftler viel Mühe auf die Deutung der Schriften verwandt. Sie konnten die Texte jedoch nicht entziffern, da ein zweisprachiges Dokument wie etwa der berühmte Stein von Rosette fehlte. Dann gelang es aber dem jungen britischen Architekten Michael Ventris gemeinsam mit seinem Landsmann John Chadwick, ein zusammenhängendes Transkriptionsverfahren zu entwickeln. 1953 gaben sie ihre ersten Ergebnisse bekannt. Ventris kam im Jahr 1956 bei einem Unfall ums Leben. Die Archäologie aber bemühte sich seitdem mit beharrlichem Eifer um die Entzifferung, und dabei bestätigt sich im Wesentlichen die Entdeckung des jungen Wissenschaftlers. Abgesehen davon, dass einige Zeichen für uns auch heute noch nicht deutbar und manche Transkriptionen nicht völlig gesichert sind, wurden seit 1953 doch ständig Fortschritte gemacht, und das von Ventris entdeckte Prinzip der Entzifferung gilt heute bei den meisten Forschern als unumstritten. Hervorragende Linguisten befassen sich damit, anhand dieser Texte die besonderen Züge der „mykenischen Philologie" zu bestimmen.

Die mykenischen Täfelchen haben uns keinerlei literarische Texte, weder Kontrakte noch Briefwechsel noch Verträge zwischen Herrschern überliefert. Bis heute besitzen wir nur Archivstücke aus der Verwaltung der Paläste von Knossos, Pylos oder Mykene. Es sind Güterverzeichnisse, Listen von Beamten, Arbeitern oder Soldaten, Eintragungen über die Abgaben beim Fürsten oder über Opfergaben für die Götter. Diese frühe Kultur bestand damals, als die mykenischen Täfelchen entstanden, bereits seit mehreren Jahrhunderten im Raum des Ägäischen Meeres. Es scheint, dass sich die ersten Hellenen zu Beginn des 2. Jt. v. Chr. von den Gebieten des Nordens Makedoniens und Thessaliens aus, in die sie schon vorher eingedrungen waren, im eigentlichen Griechenland ausbreiteten. Sie vermischten sich mit der dortigen Bevölkerung, deren handwerkliche Erzeugnisse aus dem Neolithikum (das etwa bis zur Mitte des 3. Jt. dauert) und der Älteren Bronzezeit (etwa von 2500–1900 v. Chr.) bekannt sind. Dieser Urbevölkerung zwangen die Neuankömmlinge ihre Sprache auf, eine Sprache des indogermanischen Zweigs, aus der das mykenische Griechisch hervorgehen sollte. Die Kultur der Mittleren Bronzezeit, die den Zeitraum von etwa 1900–1600 v. Chr. umfasst, ist das Ergebnis der Verschmelzung der Eindringlinge mit den bisherigen Bewohnern.

MYKENISCHER ARMREIF
Dieses goldene Schmuckstück mit elegantem Blumenmotiv stammt aus einem der königlichen Gräber, die sich innerhalb der Stadtmauern von Mykene befanden.

Das mykenische goldene Zeitalter

Zu Beginn der Jüngeren Bronzezeit (um 1600–1100 v. Chr.) suchten die Festlandgriechen, die vorher vor allem mit dem Nordosten der Ägäis und den Kykladen Beziehungen unterhalten hatten, häufiger Kontakt mit dem minoischen Kreta. Zu jener Zeit war Kreta ein zentralisiertes Staatswesen und wurde von seiner Hauptstadt Knossos aus, die mehr als 50 000 Einwohner zählte, durch einen reichen und mächtigen Monarchen regiert. Der Adel, der ihn umgab, liebte das höfische Leben, freskengeschmückte Paläste, behagliche Landsitze, Feste und Spiele. Dank einer großen Flotte blühte der kretische Handel auf. Die Griechen gerieten sehr schnell unter den Einfluss ihrer südlichen Nachbarn. Sie setzten um das Jahr 1450 v. Chr. auf die große Insel über, vernichteten die minoische Kultur und ließen sich dort selbst nieder. Die mykenischen Griechen herrschten etwa von der Mitte des 15. Jh. v. Chr. bis zum 12. Jh. über die Ägäis und verbreiteten ihre hand-

werklichen Erzeugnisse über ein sehr weites Gebiet, das von Syrien und Ägypten bis Süditalien und Sizilien reichte. Der Troianische Krieg, gegen Ende des 13. Jh. v. Chr., ist eine der letzten Episoden dieser Expansionsbewegung, die bald darauf, im Laufe des 12. Jh., von einem tief greifenden und unaufhaltsamen Verfall abgelöst werden sollte.

Wir haben uns also zunächst mit dem Zeitabschnitt zu befassen, der vom Ende des 15. Jh. v. Chr. bis zum Ende des 13. Jh. reicht; in diese Epoche fällt die Blütezeit der ersten griechischen Kultur. Sie verdankt den Namen „mykenisch", unter dem sie allgemein bekannt ist, der Bedeutung der Fundstätte Mykene in der Argolis, die der deutsche Archäologe Heinrich Schliemann im Jahr 1876 mit so außergewöhnlichen Ergebnissen erforscht hat. Der Forscher war von dem Wunsch besessen, Agamemnons Grab zu finden. Dies sollte ihm zwar versagt bleiben, aber der Boden von Mykene barg die gesamte griechische Kultur des 2. Jt. v. Chr., die damals völlig in Vergessenheit geraten war! In einer königlichen Nekropole mit unbeholfen behauenen Stelen wurden die Schätze der Schachtgräber geborgen, prächtige Waffen und Schmuckstücke, die man den Toten beigegeben hatte: Diademe, Ketten, Ringe, Armreifen, goldene Plättchen, die auf die Gewänder genäht wurden, Gürtel und Wehrgehenke, Goldmasken, die die Züge des Verstorbenen wiedergaben, Schalen und Vasen aus Edelmetall, Waffen mit Einlegearbeiten

„TRESOR DES ATREUS" GENANNTES GRABMAL *(um 1250 v. Chr.) Die gewölbte Grabkammer (tholos) in der Form eines Bienenkorbs liegt unter einem Grabhügel. Ihr ist ein Gang vorgelagert, der zu einer mit einem riesigen, monolithischen Sturz versehenen Tür führt.*

BEFESTIGUNG VON TIRYNS *(um 1200 v. Chr.) Die Burg ist von einer mächtigen Stadtmauer aus großen, unregelmäßigen Steinen umgeben, die man als „kyklopisch" bezeichnet. In der südöstlichen Zone waren Kasematten in die Befestigung eingelagert.*

und Goldbeschlägen. Diese Stücke findet man heute im großen mykenischen Saal des Nationalmuseums von Athen; sie zeugen vom Glanz der griechischen Dynastie, die im 14. Jh. v. Chr. in der Argolis herrschte.

Die Nachfolger dieser Dynastie im darauf folgenden Jahrhundert ließen sich in Gräbern von gänzlich anderer Form bestatten, die zu den außergewöhnlichsten Schöpfungen der Antike zählen. Man nennt sie *tholos*. Es handelt sich um runde Kammern, die aus dem Boden ausgehoben wurden; sie besitzen eine kegelförmige Kuppel aus sorgfältig behauenen Quadern. Durch einen oben offenen Gang oder *dromos* geht man auf eine reich verzierte monumentale Pforte zu. Das eindrucksvollste dieser Gräber trägt nach der

Überlieferung den Namen *Schatzhaus des Atreus*. Es wurde in der zweiten Hälfte des 14. Jh. in einen Hügelabhang hineingebaut und liegt der Burg von Mykene gegenüber. Die gewaltigen Ausmaße des Innenraums (er ist mehr als 13 m hoch und hat einen Durchmesser von 13,5 m), die mächtigen Steinblöcke, die als Türsturz dienen (einer allein wiegt mehr als 100 t), und schließlich die handwerkliche Meisterschaft des Mauerbaus überwältigten die Besucher immer wieder.

Dieselbe bauliche Leistung können wir in einiger Entfernung davon bei der Festungsmauer bewundern, die die Burg umgibt. Das berühmte Löwentor, von Festungsmauern und einer Bastion flankiert, stammt aus der Mitte des 14. Jh. v. Chr. Auf der Ebene der Argolis, etwa 15 km weiter südlich und kaum 2 km vom Meer entfernt, finden sich auf einem kleinen Hügel weitere Ruinen kyklopischer Bauwerke, die der Burg von Tiryns. Hier lässt sich auch beobachten, wie zum ersten Mal eine Architekturform auftaucht, an der die Griechen in Zukunft festhalten sollten: die *Propyläen*, das heißt, ein monumentales Eingangstor mit Säulenhallen zu beiden Seiten der Türöffnung. Dieser Gebäudetypus nimmt den Grundriss des griechischen Tempels vorweg. Aus dem Haus für den König sollte das Haus für den Gott hervorgehen.

Von allen mykenischen Palastfundamenten ist das des Palastes von Pylos in Messenien, unweit der berühmten Bucht von Navarino, das am besten erhaltene. Man schreibt den Palast der Dynastie des weisen Nestor zu, den Homer in der Ilias rühmt. Die Fundamente sind im Hauptteil noch besonders gut sichtbar: In der Mitte eines Rechtecks von 30 auf 55 m erkennt man das *megaron* mit vier Säulen und einer zentralen Herdstelle. Ihm vorgelagert sind die Vorhalle und der Torbau, der sich zu einem kleinen Innenhof hin öffnet. Um diesen Kern gruppiert sich eine Anzahl kleinerer Säle. In einem Raum links des Eingangs wurde das Archiv für die Schrifttäfelchen in Linear B entdeckt. Die Täfelchen aus weichem Ton wurden beim Brand des Palastes gehärtet und so auf wunderbare Weise bewahrt.

Herausbildung einer griechischen Identität

Die Ausschmückung des Palastes war in Tiryns wie in Mykene äußerst raffiniert: Den Boden bedeckten Gipsfliesen, die Wände waren mit Fresken geschmückt, die nach gründlichen Studien mit ziemlicher Sicherheit wieder hergestellt werden konnten. In der Bautechnik ist der kretische Einfluss unverkennbar: Die Fundamente der Mauern bestehen aus Quadern, die aufgehenden Teile bestanden aus ungebrannten Ziegeln; auch die Gesamtanlage mit der Vielzahl von Sälen, die sich um den Mittelhof verteilen, und schließlich die Hauptmotive der Dekoration muten kretisch an. Am bemerkenswertesten ist jedoch das *megaron*: Ein solcher zentral gelegener großer Saal mit Vorhalle und Torbau war in der minoischen Architektur unbekannt. Ebenso bedienten sich die Mykener immer wieder der kretischen Freskentechnik, um Themen zu malen, die wie die Kriegsszenen, einen völlig anderen Geschmack verraten als den der Kreter. Fürstensitze, Burgen und monumentale Grabbauten machen deutlich, dass die frühen Griechen der von anderen übernommenen Kultur ihre Eigenart aufzudrücken wussten.

Auf dem Gebiet der Keramik, welche für die Verbreitung der mykenischen Kultur und deren Chronologie von besonderer Wichtigkeit ist, liegen die Dinge ebenso. Heute ist man der Meinung, dass die mykenische Töpferei sowohl wegen der Fülle von Gefäßen, die sie erzeugt hat, als auch wegen ihrer Eigenart ein besonderes Studium verdient. Spezialisten haben ein Formen- und Motivrepertoire zusammengestellt, mit dessen Hilfe sich die Vasen chronologisch ziemlich genau einordnen lassen. Es gab zahlreiche Fabrikationszentren: in der Argolis, auf Rhodos, auf Zypern und in Attika, wo allein die Feinheit des

GOLDENE NADEL
Die in einem mykenischen Grab gefundene Nadel ist fein gearbeitet und mit einer Frauengestalt geschmückt. Sie bezeugt die hohe Kunstfertigkeit der in Diensten des Palastes stehenden Handwerker.

27

Tons und das Geschick der einheimischen Handwerker den örtlichen Erzeugnissen eine besondere Qualität verliehen.

Weitere wertvolle Zeugnisse für die Kenntnis der mykenischen Kultur sind die Elfenbeinschnitzereien. Die Inventare in der Linear-B-Schrift erwähnen wiederholt Möbelstücke, die mit Elfenbeinreliefs von Menschen oder Tieren verziert sind. Die Grabungen haben Elfenbeinplatten zu Tage gefördert, bei denen es sich sehr wohl um solche Möbelverzierungen handeln könnte. In der griechischen Welt hat sich diese Technik bis in die byzantinische Zeit erhalten.

Die Täfelchen der Linear-B-Schrift, die Grabstätten, die Burgen und Paläste, Tongefäße und Elfenbeinschnitzereien – die Gesamtheit dieser Überreste erlaubt es, ein ungefähres Bild von der mykenischen Kunst zu zeichnen. Sie zeigt uns ein Kriegsvolk, das straff in unabhängigen Fürstentümern organisiert ist. Der Herrscher, der die homerische Bezeichnung *anax* trägt, bewohnt eine reiche Residenz, deren Einfluss weithin spürbar ist, und überwacht mithilfe eines spezialisierten Beamtenstabs sämtliche Tätigkeiten des Volkes, dessen Oberhaupt er ist. Er verwaltet den Grundbesitz, gibt den Handwerkern Arbeit, er sorgt für die Einhaltung der kultischen Bräuche. Seine Truppen sind mit Bronzewaffen – Lanzen und Schwertern, Helmen, die mit Eberzähnen oder bunten Federbüschen geschmückt sind, und einem ledernen, mit Bronzeplatten besetzten Panzer – ausgerüstet. Die Reiterei ist noch unbekannt, jedoch befördern zweispännige Streitwagen die Elite des Heeres. Eine Kriegsflotte schützt die Handelsschiffe und ermöglicht Raubzüge an fremden Küsten. Das Piratentum, das als durchaus ehrenwert galt, und der Handel bringen diese kleinen Staaten mit der ganzen ägäischen Welt in Verbindung. Rege Handelsbeziehungen werden von Rhodos und Zypern aus, wo mykenische Kolonien festen Fuß fassen, mit der orientalischen Welt unterhalten. Die syrische Küste, Palästina und Ägypten nehmen die griechischen Erzeugnisse ab. Die mykenischen Handelsbeziehungen reichen bis nach Sizilien, den Liparischen Inseln, Ischia und vor allem nach Tarent. So breiten sich bereits im 14. und 13. Jh. v. Chr. die Griechen über das ganze östliche Mittelmeerbecken aus, und ihre Expansionsbestrebungen beginnen sogar im Westen fühlbar zu werden.

MYKENISCHER HELM *(16. Jh. v. Chr.) Der mit Wildschweinzähnen besetzte Lederhelm wurde aus Fragmenten rekonstruiert, die man in einem Grab von Dendra entdeckt hat. Er entspricht den Helmen, die Homer in der Ilias an mehreren Stellen erwähnt.*

Dieses Volk, das Handel treibt und das Schwert zu führen weiß, hegt auch eine besondere Liebe zur Kunst. Es hat das reiche Erbe Kretas empfangen. Von dort stammen sowohl die künstlerischen Vorbilder wie die Techniken. Aber fruchtbar gemacht haben die Griechen dieses Erbe, indem sie ihm ihren eigenen Stempel aufdrückten: Größe und Macht sowie jene beiden Eigenschaften, die sich zu widersprechen scheinen und die dennoch von Anfang an die griechische Kunst kennzeichnen, realistische Beobachtung und die Fähigkeiten zur Abstraktion.

Schon die Griechen der Frühzeit verehrten dieselben Götter, die auch die Gottheiten ihrer späteren Nachfahren bleiben sollten. Durch die Entzifferung der Linear-B-Schrift kennen wir die Namen zahlreicher Götter, denen die Mykener Opfer brachten; so wurde zu unserer Überraschung offenbar, dass schon im Lauf des 2. Jt. v. Chr. die meisten Gottheiten des klassischen Pantheon kultische Verehrung genossen. Nichts vermag besser zu beweisen, dass die Bevölkerung von Pylos, Knossos oder Mykene griechisch war, als die Tatsache, dass man auf ihren Täfelchen die Namen Zeus, Hera, Poseidon, Athene, Hermes, Artemis und Ares findet und sogar den des Dionysos, von dem man bisher annahm, dass er erst viel später in den Kreis der griechischen Götter aufgenommen wurde.

DEN VULKAN TRIFFT KEINE SCHULD!

Früher hat man den Untergang der minoischen Zivilisation einem verheerenden Ausbruch des Vulkans von Thera (Santorin) zugeschrieben. Noch immer kann man den eingefallenen Krater – die Kaldera – auf der Insel bestaunen. Der Ausbruch und die Flutwelle müssen auch auf Kreta zu spüren gewesen sein, weil man auf den umliegenden Inseln und sogar im Nildelta Reste der Asche gefunden hat. Die Katastrophe ereignete sich weniger plötzlich als in Pompeji, es blieb also genügend Zeit, die Bevölkerung zu evakuieren. (Sie hat dennoch ein Opfer gefordert, den griechischen Archäologen S. Marinatos, der bei der Ausgra-

bung des Städtchens Akrotiri in den Tod stürzte.) Das Ereignis hatte bleibende Spuren im Gedächtnis der Menschen hinterlassen. Es dauerte lange, bis die Insel wieder bewohnt wurde. Die jüngsten geologischen Untersuchungen siedeln die Katastrophe weit vor der Zerstörung von Knossos (1375 v. Chr.) an: im 16. oder 17. Jh. v. Chr. Der Vulkan ist also nicht für die Zerstörung der minoischen Welt oder für die Auflösung des mykenischen Palastsystems ein Jahrhundert später verantwortlich. Daher sind andere Hypothesen aufgestellt worden: Invasionen der Seevölker oder Aufstände der Bevölkerung gegen die Macht der Paläste.

Nach der Goldzeit kommt die Eisenzeit

Wie kam es dazu, dass diese lebenskräftige Kultur im Verlauf des 12. Jh. v. Chr. so schnell zusammenbrach? Noch vor kurzem zog man die Dorische Invasion heran, um den Untergang der mykenischen Welt und den Verfall vom 12. bis zum 10. Jh. v. Chr. zu erklären. Im Lauf eines langsamen Vormarsches, der sich über das 11. Jh. und einen Teil des 10. Jh. erstreckte, besetzten die Dorier, ein primitiver griechischer Stamm, von den Berggegenden im Nordwesten der Halbinsel aus Griechenland. Eine Begleiterscheinung dieser Einwanderung war ein grundlegender Wandel der Lebensgewohnheiten, wie ihn die Verwendung des Eisens mit sich brachte. Man war daher versucht, in der Ankunft dieser Eindringlinge den Grund für die Umwälzung zu sehen, die die mykenische Kultur vernichtete.

Diese Ansichten sind heute zum Teil umstritten. Eine genauere Untersuchung der mykenischen Stätten lässt nicht überall etwas von einer massiven Zerstörung erkennen. Es scheint, dass die weniger geschützten Gegenden mit zunehmender Unsicherheit mehr und mehr verlassen wurden. Das Eisen wie auch die neuen Sitten der Leichenverbrennung, die die Erdbestattung verdrängte, waren zweifellos schon vor der Einwanderung der Dorier vorhanden. Eine neuere Deutung besagt daher Folgendes: Im Lauf des 13. und 12. Jh. v. Chr. war der gesamte Vordere Orient rund um das östliche Mittelmeer Schauplatz von Wanderungsbewegungen. Diese Invasionen, sicher auch unter Beteiligung griechischer Stämme, erschütterten das politische Gleichgewicht schwer. Das Hethitische Reich ging unter, die Ägypter zogen sich auf das Nildelta zurück. Bisher waren die Handelsbedingungen im östlichen Mittelmeer günstig gewesen, nun verschlechterten sie sich auch wegen des Piratentums. Die Mykener wurden von ihren orientalischen Handelspartnern abgeschnitten und waren so auf die Erträge des eigenen Bodens angewiesen. Dieser Boden hatte noch nie reiche Ernte gebracht und die Bevölkerung war an Überfluss gewöhnt. In dieser Notlage sollen die mykenischen Fürstentümer einige Bruderkriege gegeneinander geführt und so selbst ihren Untergang eingeleitet haben.

TRINKGEFÄSS *(Rhyton aus Gold, 16. Jh. v. Chr.) Dieses Gefäß hat die Gestalt eines Löwenkopfs (die Mähne ist eingraviert) und wurde in den Gräbern Mykenes gefunden.*

Theater und Masken

Als Teil des Dionysoskults war das Theater eine politische und religiöse Institution. Die wichtigsten Aufführungen und Wettbewerbe erfolgten Ende März während der großen Dionysien (Feste) zu Ehren des Dionysos Eleutherios (Befreier). Seine Statue wurde in einer prächtigen Prozession ins Theater getragen. Dann fanden ein Opfer und ein großes Festmahl statt. Die Finanzierung der Wettbewerbe wurde durch die Choregen gesichert, Bürger, die das Fest vorbereiteten und den Chor zusammenstellten. Sie wurden von den höchsten Magistraten der Stadt ernannt, ebenso die Schauspieler, die drei miteinander konkurrierenden Dichter und die Jury. Nach dem Vortrag von Dithyramben (Kultlieder auf Dionysos) und mythischen Gesängen gab es einen dreitägigen Wettbewerb um die beste Tragödie und die beste Komödie. Ursprünglich ließ jeder der Konkurrenten eine Trilogie und ein satyrisches Drama aufführen. Am Ende wurden in jeder Kategorie drei Preise verliehen: an einen Dichter, einen Chorege und einen Darsteller. Zwei Tage später wurden die Ergebnisse von der Volksversammlung abgesegnet. Das große Ritual, das sich im Dionysostheater abspielte, war allen Griechen zugänglich. Neben den Athenern nahmen „Ausländer" an der großartigen Zeremonie teil, in der diese ihre Werte, inneren Widersprüche und Konflikte auf die Bühne brachten: Die Tragödie ließ die Heroen der Vergangenheit wieder aufleben, deren Ideale problematisch geworden waren, und konfrontierte sie mit dem Chor, der die zeitgenössischen Bürger vertrat. Das satyrische Drama lockerte die Spannung, indem es einige Themen der Tragödie mit der komischen Naivität der Satyrn behandelte. Die Komödie hatte das Recht, Grenzen zu überschreiten und damit die Politik direkter zu kritisieren. Allerdings wurden vor demselben Publikum die bürgerliche Ideologie und die Macht Athens in mehreren bedeutsamen Akten verherrlicht. Die zehn Strategen führten die Trankopfer zu Ehren des Gottes durch. Die von den Verbündeten geleisteten Tributzahlungen wurden im Orchester ausgestellt. Die Kriegswaisen durften – in Hoplitenausrüstung, die ihnen vom Staat, der ihre Erziehung übernahm, zur Verfügung gestellt wurde – in der ersten Reihe sitzen. Man verkündete die Namen verdienter Bürger, erhaltene Belohnungen und Ehrungen für Fremde. Die Stadt brachte sich selbst auf die Bühne.

DIONYSOS
Dieser Gott war vor allem für die Wahrnehmung zuständig: Er schuf Trugbilder, Halluzinationen und Illusionen. Gleichzeitig war er Herr über das Theater.

DIE MASKE
Das Griechische kennt für Maske, Rolle und Schauspieler nur ein Wort, „Prosopon", was „Gesicht" heißt. Hier ist Menandros, ein Komödiendichter, neben einer Maske zu sehen.

DER SIEG DES CHOREGEN
Eine Inschrift feiert den Sieg des Choregen mit dem Jungenchor. Darüber zeigt ein Fries die Metamorphose der Delphine in Piraten, die Dionysos entführt haben.

SIEGESRAUSCH
Dieser Krater erinnert an einen Sieg im Wettbewerb des satyrischen Dramas. Um den Dichter und den Musiker sind die Chormitglieder versammelt, die von Satyrn geführt werden. Sie halten die Masken in der Hand, außer einem, der sie auf dem Kopf trägt.

IM THEATER
Die kreisförmige Anlage und die abgestuften Sitzreihen lenkten die Aufmerksamkeit der Zuschauer auf die Handlung, die an zwei Orten spielte: in der „Orchestra", dem Ort des Chors, und auf der „Skené", dem der Helden.

DIE ORESTIE

Die Orestie des berühmten Tragikers Aischylos ist die einzige erhaltene Dramentrilogie. Sie umfasst die Rückkehr Agamemnons und seine Ermordung durch seine Frau Klytaimnestra; die Rache von Orestes, der auf die Anweisung Apollons seine Mutter tötet und daraufhin von den Erinnyen verfolgt wird; schließlich seinen Freispruch in Athen; sodann transformieren sich die Erinnyen in wohlwollende Göttinnen (Eumeniden). Orestes wird schließlich in den Wahnsinn getrieben. Die Götter geraten in Streit, als sie das archaische Blutrecht der neuen Vorstellung von Gerechtigkeit gegenüberstellen. Das Stück endet damit, dass gleichzeitig ein Kult und das Tribunal auf dem Areopag (ältester Gerichtshof im alten Athen) eingerichtet werden. Auf diese Weise werden die religiösen, politischen und rechtlichen Dimensionen der Tragödie verdeutlicht.

FRAUEN IM THEATER
Obwohl den Frauen der Zutritt zum Theater untersagt war, zeigten sie auf der Bühne Präsenz. Allerdings wurden ihre Rollen von Männern gespielt, die Frauenmasken trugen.

Die geometrische Epoche

Einheit in der Vielfalt

Die griechische Welt, der wir um das 9. Jh. v. Chr. wieder begegnen, hat nach einer langen Periode der Finsternis und Schwäche ihre Lebenskraft zurückgewonnen. Sie weicht jedoch in ihrer jetzigen Erscheinungsform sehr stark von der der mykenischen Zeit ab. Der Verfall der achaiischen Staaten und das Eindringen der dorischen Stämme hielt die Völker drei Jahrhunderte lang in Bewegung, und dadurch änderte sich in tief greifender Weise die Verteilung des griechischen Volkes im Raum der Ägäis. Während die Neuankömmlinge nach und nach den größten Teil des griechischen Festlands und des Peloponnes in Besitz nahmen, verließen die vorherigen Siedler diese Gebiete, um gastlichere Küsten aufzusuchen. Die Einzelheiten dieser Wanderungen, die sich über Jahrhunderte ausdehnten, sind nur wenig bekannt, und auch die Griechen haben die Erinnerung daran lediglich in Form von Sagen bewahrt. Es ist aber sicher, dass die Bewegung nach Osten hin gerichtet war, zu den Kykladen und der Küste Anatoliens, und dass sich die Griechen in ihrem Verlauf entlang dem gesamten westlichen Rand Kleinasiens niederließen und dort eine Reihe bevölkerungsreicher und blühender Kolonien gründeten. Da in den wichtigsten dieser Kolonien der ionische Dialekt gesprochen wurde, bezeichnete man gewöhnlich das geschichtliche Ereignis, das zu ihrer Gründung führte, mit dem Namen Ionische Wanderung. Diesem Begriff steht der Begriff der Dorischen Invasion gegenüber, und beide ergänzen sich zu einem anschaulichen Schema. Aber weder die Dorische Invasion noch die Ionische Wanderung dürfen als ein einfacher Vorgang angesehen werden.

Im Altertum schied man die Griechen nach großen sprachlichen Gruppen, da man annahm, dass stammesmäßige Zugehörigkeit und Dialekt sich entsprächen. So stellt sich die Besiedlung der Ägäis am Ende jener großen Wanderungen, die das griechische Mittelalter charakterisieren, wie folgt dar:

Aiolische Dialekte werden im nördlichen Abschnitt der anatolischen Küste, der von den Griechen kolonisiert worden war, gesprochen, und zwar in dem Streifen, der sich vom unteren Hermostal, nördlich von Smyrna, bis zur Höhe von Lesbos erstreckt, ebenso auf dieser Insel selbst. Die aiolischen Siedler stammen aus Thessalien und Boiotien. In Afrika, auf Euboia, auf den Kykladen (abgesehen von den südlichen), an der Küste Kleinasiens von Smyrna bis nördlich von Halikarnassos, ebenso auf den großen Inseln Chios und Sa-

PROTOGEOMETRISCHES GEFÄSS *(gefertigt in Korinth um 750 v. Chr.) Das streng lineare Dekor bildet einen Kontrast zur Fülle an Motiven, die charakteristisch für die minoischen und mykenischen Vasen sind.*

mos hat sich eine Ionisch sprechende Bevölkerung niedergelassen. Dorische Stämme haben die Megaris, Korinth, die Argolis, Lakonien, die nördlichen Kykladen, Kreta, Rhodos, die zwölf Sporaden und schließlich in Asien auf karischem Gebiet Halikarnassos und Knidos unterworfen. Die so genannten nordwestlichen Mundarten, die mit dem Dorischen nahe verwandt sind, werden im Nordwesten des griechischen Festlands sowie in Achaia und Elis auf dem Peloponnes gesprochen. In zwei weit voneinander entfernt liegenden Gegenden, in Arkadien und auf Zypern, hat sich schließlich ein Dialekt – der so genannte arkado-zyprische – erhalten, der mit dem alten mykenischen Griechisch am meisten gemeinsam zu haben scheint.

Auf kulturellem Gebiet blieb die Verschiedenheit der Dialekte lange Zeit ein wesentlicher Zug des Griechentums. Die Griechen empfanden zutiefst, dass ihre Verwandtschaft auf der Gemeinsamkeit der Sprache beruhte. Gerade der Gebrauch der griechischen Sprache war es ja, der sie von den Barbaren unterschied. So sehr die Vielfalt örtlicher Mundarten den politischen Partikularismus förderte, für Schriftsteller und Dichter bedeutete sie gleichzeitig eine Quelle sprachlichen Reichtums. Sehr früh entstanden mehrere Literatursprachen, welche die Besonderheit ihres Klangs dem einen oder anderen Dialekt oder einer Verbindung verschiedener Dialekte verdankten, wobei jeder gebildete Grieche diese Sprachen verstehen konnte. Das beste Beispiel dafür ist die epische Sprache, in der sich ionische und aiolische Elemente zu einer harmonischen Synthese verbinden und sich den Forderungen einer raffinierten Metrik anpassen: Die Chöre der attischen Tragödien sind nicht wie die übrigen Teile des Stücks in attischer Mundart abgefasst, sondern in einem eigenwilligen Dorisch, von dem man annahm, es eigne sich besser für die Chorlyrik. Aristophanes erzielte in seinen Lustspielen köstliche Effekte, indem er Fremde in ihrer Mundart sprechen ließ.

Zeiteinteilung mit Keramik

Man nennt das 9. und das 8. Jh. v. Chr. gewöhnlich die geometrische Epoche, und zwar wegen des besonderen Charakters der Keramik dieser Zeit. An den damals besiedelten Stätten findet man Vasen oder zumindest

BRONZETAFEL VON IDALION *(5. Jh. v. Chr.) In der klassischen Epoche bildete die Insel Zypern eine Ausnahme. Hier blieben ein eigentümlicher Dialekt und eine Silbenschrift erhalten.*

DAS DUNKLE ZEITALTER

Die drei Jahrhunderte, die den Untergang der mykenischen Zivilisation von der Entstehung der Stadtstaaten trennen (11. bis 9. Jh. v. Chr.), werden traditionell als das dunkle Zeitalter bezeichnet. Der Begriff legt fälschlich eine düstere Epoche nahe, obwohl er vor allem darauf beruht, dass es aus dieser Zeit wenig archäologische Zeugnisse gibt. Wie man heute weiß, handelte es sich um eine Periode entscheidender Veränderungen und der Entstehung neuer Lebensweisen. Früher ging man von einem bedeutenden kulturellen und wirtschaftlichen Rückschritt aus. Grabungen wie die von Lefkandi auf Euboia deuten jedoch auf eine Periode des Wohlstands hin, zumindest für das 10. Jh. v. Chr. Zwar waren die Städte verschwunden, aber die Entvölkerung wird nicht so groß gewesen sein, wie man angenommen hat (für das Festland ging man von Dreiviertel der Einwohnerzahl aus). Dass in einigen Gegenden der Ackerbau zugunsten der Viehzucht aufgegeben wurde, kann die Lebensweise des Hirten zur Folge gehabt haben, die weniger solide Behausungen erfordert und kaum Spuren hinterlässt. Andere Gegebenheiten – die Beibehaltung von Ortsnamen und die Wiedererweckung einiger Kulte – deuten darauf hin, dass die mykenische Periode nicht vergessen war.

Scherben, deren Bemalung im Wesentlichen aus geraden Linien und einfachen geometrischen Motiven besteht. Der geometrische Stil befreite sich langsam und stetig aus der mykenischen Tradition. Um die einzelnen Stufen dieser Entwicklung zweckmäßig zu bezeichnen, haben die Archäologen die Begriffe *submykenisch* und *protogeometrisch* geprägt, die es in Ermangelung aller zuverlässigen historischen Tatsachen erlauben, eine relative Chronologie dieser dunklen Jahrhunderte aufzustellen. Nach der üblichen Eintei-

GEOMETRISCHE AMPHORE
AUS ATTIKA *(750 v. Chr.)*
*Diese stattliche Amphore
sollte den Ort eines Grabes
markieren. Entsprechend
ihrer Funktion wurde auf
dem Dekor eine Bestat-
tungsszene dargestellt.*

lung erstreckt sich die submykenische Zeit ungefähr vom Ende des 12. Jh. bis zur Mitte des 11. Jh. v. Chr. (um 1100–1050) und die protogeometrische Epoche von der Mitte des 11. Jh. bis an den Beginn des 9. Jh. (um 1050–900). Innerhalb der eigentlichen geometrischen Zeit unterscheiden die Kenner antiker Keramik drei Stile: einen frühgeometrischen Stil von etwa 900 bis fast zur Mitte des 8. Jh., einen ausgearbeiteten oder reifen geometrischen Stil in der Mitte des 8. Jh., der herrliche Meisterwerke hervorbringt, bei denen neben den geometrischen Motiven auch schon die menschliche Gestalt in stilisierter Form auftritt, und schließlich einen spätgeometrischen Stil im letzten Abschnitt des 8. Jh. v. Chr., in dem die figürlichen Darstellungen immer größere Bedeutung erhalten und so eine rasche Auflösung des eigentlichen geometrischen Stils herbeiführen. Die geometrische Keramik ist in der griechischen Welt an vielen Orten nachweisbar, aber am besten lässt sich ihre Entwicklung seit der submykenischen Zeit in Attika verfolgen, dank der Grabungen, die in den Nekropolen vorgenommen wurden. Ihnen verdanken wir auch die Kenntnis der besonderen Anlage der Urnengräber. Man findet sie schon in submykenischer Zeit, im 10. Jh. sind sie allgemein üblich, und auch in den folgenden Jahrhunderten kommen sie noch vor. Ein einfaches Grab, aus dem Boden ausgehoben, nimmt die Aschenurne und einige Gefäße als Totenbeigabe auf. Zur Hälfte wird es mit Erde aufgefüllt, darüber wird eine als Grabstein dienende Stele aufgestellt, daneben befindet sich häufig ein großes, bauchiges Gefäß, bestimmt für die Aufnahme von Trankopfern, die ein wesentliches Element des Totenkults sind.

Die Form der Gefäße (Amphoren, Krater, Krüge, Schalen, Becher und runde Büchsen mit Deckel, so genannte *Pyxiden*) entwickelt sich in einer ganz bestimmten Richtung: Die verschiedenen Teile werden deutlicher voneinander abgegrenzt und gehen nicht mehr in unmerklichen Linien ineinander über, wie dies bei der mykenischen Keramik der Fall war. Es scheint, dass hier immer stärker ein Gefühl für die Struktur zum Ausdruck kommt, die Gefäße werden so geformt, als seien sie aus klar unterscheidbaren Einzelteilen zusammengesetzt. Mit der Kunstfertigkeit der Töpfer wächst auch ihre Kühnheit: Schließlich werden wahre Monumente aus gebranntem Ton geformt, wie die für den Totenkult bestimmten Amphoren und Krater der Dipylon-Werkstatt, die menschliche Ausmaße erreichen und eine enorme technische Leistung darstellen.

Eine Neuerung von großer Tragweite war es, als die Töpfer schließlich zur Darstellung der menschlichen Gestalt übergingen. Von nun an ist natürlich die Versuchung groß, die Menschen so zu gruppieren, dass sich eine Szene ergibt, wie etwa auf einer großen Amphore des Dipylon-Friedhofs: Im freien Rechteck zwischen den Henkeln sieht man die Beweinung des Verstorbenen; dieser liegt auf einer Totenbahre, um ihn sind sitzend oder stehend die Trauernden versammelt. Diese schematisierten Personen lassen sich weder durch ihre Kleidung noch durch ihr Geschlecht unterscheiden. Aber bereits die Geste der beiden Arme, die den Kopf halten, drückt ein Gefühl aus. Dass die rasche Entwicklung der Personenszenen gerade ein der geometrischen Kunst Attikas eigener Zug ist, unterstreicht die außerordentliche Begabung eines künstlerisch befähigten Volkes, das schon damals auf diesem Gebiet alle übrigen Griechen weit überragte.

Athen überstrahlt mit seiner führenden Stellung auf dem Gebiet der geometrischen Keramik alle anderen Formen der bildenden Kunst dieser Zeit. Von der Architektur sind nur die Grundrisse einzelner Tempel und Häuser bekannt. Eine ziemlich große Zahl massiv gegossener Bronzestatuetten geht auf das 8. Jh. v. Chr. zurück. Sie stellen stilisierte Tiere oder Menschen dar. Auf Bronzefibeln, einem Zubehör, das nötig war, um die dorischen Gewänder zu schließen, erscheinen Muster im geometrischen Stil. Die Terrakottastatuetten ahmen dieselben schematisierten Vorbilder wie die Bronzen nach. All dies fällt jedoch gegenüber den großen attischen Vasen wenig ins Gewicht. Doch hat das Griechenland der geometrischen Zeit noch weit größere Verdienste um die Kultur: Es schenkte uns das Alphabet und – Homer.

DIE KÜSTE VON ITHAKA
Eine Dichtung, die wie die „Odyssee" von den Irrfahrten der Griechen nach der Eroberung Troias berichtet, nannte man „Nostos", „Heimkehr". Odysseus wird von der Nostalgie, dem Heimweh, geplagt, bis er endlich auf seine Insel Ithaka zurückkehrt.

„Ilias" und „Odyssee"

Das phönikische Alphabet wurde von den Griechen wahrscheinlich im 9. Jh. v. Chr. oder zu Beginn des 8. Jh. übernommen. Als die Griechen das kunstreiche System von Lautzeichen, das von den Phönikern erfunden worden war, für ihren eigenen Gebrauch einrichteten, führten sie eine Neuerung von größter Bedeutung ein, nämlich eigene Zeichen für die Vokale, die den Semiten noch nicht bekannt waren. Die neue Schreibtechnik verbreitete sich rasch in der ganzen griechischen Welt. Aus ihr sollte die lateinische Schrift hervorgehen, ebenso die meisten der modernen Alphabete.

Es ist kein Zufall, dass die ersten großen literarischen Werke, *Ilias* und *Odyssee*, von den meisten Wissenschaftlern heute ins 9. oder häufiger noch ins 8. Jh. v. Chr. datiert werden, also in die Zeit, in der die Griechen beginnen, sich der Alphabetschrift zu bedienen.

Die Klassiker zweifelten nicht an der grundsätzlichen Einheit der beiden Epen. Nur wenige zogen wirklich die Möglichkeit in Betracht, *Ilias* und *Odyssee* könnten nicht vom selben Autor verfasst worden sein. Denn allein die Vollkommenheit der beiden Epen zeigt, dass sie das Endergebnis einer langen Tradition sind. Der Grund für den Verlust aller früheren literarischen Zeugnisse ist zweifellos, dass es kein geeignetes Schreibverfahren gab: Die mykenische Silbenschrift – wenn sie noch in Gebrauch war, was keineswegs sicher ist – war zu unvollkommen, als dass sie ein literarisches Werk dieses Umfangs für die Nachwelt hätte festhalten können. Homer aber hat sich für sein unübertroffenes Werk das neue Alphabet zunutze gemacht.

Gleichgültig, ob Homer auf Chios, in Smyrna, Ios oder in Kyme geboren wurde, sicher ist, dass der Dichter sein Werk im Bereich der ionischen Städte Kleinasiens geschaffen hat. Es waren zwölf Städte, die sich zu einem Bund zusammengeschlossen hatten. Zwischen ihnen bestand eine feste Bindung, begründet in der Verwandtschaft von Sprache und Religion. Sie besaßen ein festes Sozialgefüge, dessen wichtigstes Glied der Adel der Großgrundbesitzer war. In dessen Palästen wurden Ilias und Odyssee zum ersten Mal vorgetragen. Das eine Epos ließ ferne Zeiten erstehen, es verherrlichte einen Kriegszug, dessen sich die griechischen Siedler Kleinasiens mit Genugtuung erinnerten. Denn nicht zu Unrecht erblickten sie im Kampf der Achaier gegen Troia eine Parallele zur ionischen Kolonisierung Anatoliens; und da die Adligen sowohl leidenschaftliche Anhänger der Jagd als auch der Kriegskunst waren, lieb-

BÜSTE HOMERS
Homer genoss eine derartige Hochachtung, dass sieben Städte sich rühmen, sein Geburtsort zu sein. Nun musste man ihm auch ein Gesicht verleihen. Dieses Porträt aus römischer Zeit entspricht der Vorstellung eines zugleich blinden und hellsichtigen Dichters.

ten sie Erzählungen von unerhörten Heldentaten. Das andere Epos regte die Phantasie der Zuhörer mit Schilderungen von fernen Abenteuern in den westlichen Meeren an, Abenteuern, von denen – wie vorher die Phöniker – nun auch wieder die Seefahrer Euboias und des griechischen Mutterlands zu berichten wussten. Seit den Anfängen der mykenischen Archäologie und mehr noch seit der Entzifferung der Linear-B-Schrift heben die modernen Kommentatoren in der Homerischen Dichtung gern all das hervor, was zur mykenischen Tradition in Beziehung stehen könnte. Man darf aber nicht unberücksichtigt lassen, dass Homer, der in der geometrischen Epoche lebte, auch seiner eigenen Zeit viel verdankt – den Sinn für Kompositionen, der allein Werke dieses Umfangs zu gestalten vermag, sowie das lebhafte Empfinden für die hierarchischen Unterschiede auf religiösem, gesellschaftlichem und ästhetischem Gebiet; die beiden ionischen Epen beweisen es. Gleichzeitig treffen wir auf Meisterwerke der attischen Keramik des 8. Jh. v. Chr., deren Maler den figürlichen Darstellungen viel Raum ließen. Auf große Krater malten sie Szenen von Land- und Seeschlachten, deren Verwandtschaft mit ähnlichen Episoden aus der *Ilias* oft hervorgehoben worden ist. Dichter und Maler müssen ihr Handwerk vollkommen beherrschen; es liefert ihnen die Formeln und Schablonen, die von ihren Vorgän-

PANDORA, DIE ERSTE FRAU

Hesiods *Theogonie* ist eine Dichtung, die von der Geburt der Götter und der Ordnung des Universums handelt. Sie sagt nichts über den Ursprung der Männer. Hingegen berichtet sie von der Schöpfung der Frau. Gegen Zeus' Willen hat Prometheus den Menschen das Feuer gebracht. Zur Strafe beschließt Zeus, ihnen die Frau zu schicken. Er weist Hephaistos an, „das Bild einer züchtigen Jungfrau" zu schaffen, ähnlich der Göttin Athene: Gürtel, Silbergewand, ein prächtig bestickter Schleier, ein strahlendes Diadem, alles geschmiedet von Hephaistos. Die Grazien geben der Frau goldene Halsketten, die Horen Girlanden aus Blumen, Hermes aber füllt das Herz der Schönen mit Lügen, trügerischen Worten, Listen und Tricks. Und wer Pandora, die erste Frau, bewundert, gerät in eine Falle ohne Ausweg. Trotz der Warnungen des Prometheus hält sein Bruder Epimetheus um die Hand des gefährlichen Geschöpfs an. „Ihr entstammte das schlimme Geschlecht und die Stämme der Frauen." Die Männer sind fortan von Leiden und Tod bringenden Krankheiten geplagt, weil Pandora einen Tonkrug im Gepäck hatte, der diese Übel enthielt und dem seltsamen Geschöpf gestohlen wurde. Der Krug enthält nur noch die Hoffnung. Hesiods Bericht ist präzise und rätselhaft. Will er sagen, dass die Hoffnung eingeschlossen und den Menschen unzugänglich ist? Oder ist der Krug mit dem fruchtbaren Bauch der Frau zu vergleichen, sodass in ihr die Hoffnung liegt? Denn genau das ist die Frage. Mit der Frau sind Sterblichkeit und Fortpflanzung auf die Erde gekommen. Und auf die Frau, die nach und nach den Mann und seinen Besitz verzehrt, kann der Mann dennoch nicht verzichten, wenn er sich fortpflanzen will. Aber wie dem auch sei – Hesiods Dichtung ist auch ein Dokument eines jahrtausendealten Frauenhasses.

gern entwickelt worden sind. Aber ihr eigener schöpferischer Genius haucht diesen überlieferten Elementen neues Leben ein, formt sie um nach ihrem persönlichen, klaren und lebensnahen Weltbild.

Hesiod, der Bauerndichter

Die Gegenseite zum homerischen Glanz Attikas zeigt uns ein anderer Dichter, eine herbere Gestalt: Hesiod, der wahrscheinlich in der zweiten Jahrhunderthälfte, wenn nicht noch später, lebte. Er ahmte das Werk Homers gelegentlich nach, und eine in den Schulen des Altertums beliebte Legende lässt die beiden in einen Dichterwettstreit treten. Im Unterschied zu Homer hat der boiotische Bauer Hesiod nicht am Hof der Mächtigen gelebt. Seine beiden erhaltenen Gedichte sind in epischer Sprache verfasst: die *Theogonie*, eine Genealogie der Götter, und *Werke und Tage*, ein Lehrgedicht über das Los des einfachen Landvolks in der geometrischen Epoche. Dieses Los ist nicht beneidenswert. Der Bauer müht sich auf seinem Stück Erde hart ab – die Arbeit ist sein Gesetz. Nur der Erfolgreiche hat die Aussicht, zu Wohlstand und Ansehen zu gelangen. Aber Streitigkeiten innerhalb der Familie oder mit den Nachbarn geben Anlass zu Prozessen, die oft mit parteiischen Urteilen endeten. Hesiod beteuert inbrünstig sein Vertrauen in Zeus und dessen göttliche Gerechtigkeit. Sein ständiger Anruf an diese Gerechtigkeit zeigt aber auch, dass das Recht offenbar selten geachtet wurde. Daraus resultierende soziale Konflikte gaben im Lauf der folgenden Epoche den Anstoß zur Kolonisierung ferner Gebiete und zu tief greifenden politischen Umwälzungen.

BAUER UND PFLUG
(6. Jh. v. Chr.) Die Terrakotta-Kunstwerke aus Boiotien, die in der archaischen Epoche gefertigt wurden, erinnern an den Bauern, dessen mühseliges Leben der Dichter Hesiod beschreibt.

Notwendigkeit der Mythen

Mythen sind überlieferte Erzählungen über Götter und Heroen, über Ursprünge und das Jenseits. Sie bildeten die Grundlage des kollektiven Unbewussten der Griechen. Die Kinder hörten zu, wie ihre Mutter beim Spinnen diese Geschichten erzählte. In der Schule lernten sie die Werke der Dichter auswendig. Als Erwachsene strömten sie in die Theater, um zu sehen, wie die großen Tragiker die Mythen umgestalteten und erneuerten. Ihr ganzes Leben lang sahen sie Darstellungen der Mythen auf Tempeln und Vasen.

Die Mythen erklärten die Welt und machten sie verständlich. Sie erläuterten die Herstellung der Ordnung des Universums aus dem Chaos. Der Himmel wurde gewaltsam von der Erde getrennt, die er erdrückt hatte, um seinen Platz ganz oben einzunehmen. Zeus musste erbitterte Schlachten ausfechten, bevor er die Macht errang. Andere Mythen berichteten von den Taten der Heroen, die aus der Verbindung eines Gottes und einer Sterblichen hervorgingen. Sie waren die Ahnen der Menschen. Durch diese Mythen wurden die Identität von Staat und Familie bestimmt, politische Entscheidungen, Bündnisse und Militäraktionen gerechtfertigt.

Eine weitere Sorte von Mythen erklärt den Ursprung von Tieren und Pflanzen, etwa der Narzisse oder der Hyazinthe, die aus dem Blut junger Jäger spross. Sogar der Ursprung der Koralle wird erklärt. Demnach handelt es sich bei der Koralle um eine Alge, die versteinert wurde, als Perseus den Kopf der Medusa an ein Ufer legte. Meist sind die Pflanzen und Tiere durch eine Metamorphose entstanden, wie etwa die Spinne, die die Frechheit besaß, Athene zu trotzen, oder das Wiesel und die Eidechse, die zuvor Sterbliche waren, deren Geschwätz die Götter verärgert hatte. Auch die meisten Vögel waren der Legende nach Menschen gewesen, bevor sie von den Göttern verwandelt wurden.

Waren die Mythen unmoralisch? Sie enthalten immerhin einige Gräueltaten. Aber die Verbrechen werden meist bestraft. Die Mythen lehren vor allem die Einhaltung von Grenzen: Der Mensch darf sich nicht verhalten wie ein Gott. Und nicht zuletzt daraus folgt: Die Menschen können nicht ohne Mythen leben.

PERSEUS UND DAS HAUPT DER MEDUSA
Der Sohn Danaes musste die Gorgon Medusa enthaupten, deren Blick einen versteinern ließ. Es gelang ihm mithilfe von Athene und Hermes. Hier ist er abgebildet, wie er sich neugierig zu dem enthaupteten Ungeheuer umdreht.

DER HELD HERAKLES
Seine zwölf Arbeiten sind nur ein Teil der Heldentaten, die Herakles, Sohn des Zeus und der Alkmene, vollbringen musste (hier ist er im Kampf gegen einen Zentaur dargestellt). Danach konnte er in den Olymp gelangen, wo er von den Göttern aufgenommen wurde.

THESEUS
Der Held Athens war gleichzeitig Sohn Poseidons und des Königs Aigeus, dessen Nachfolger er wurde. Zuvor hatte er mithilfe Ariadnes im Labyrinth den legendären Minotaurus zur Strecke gebracht.

MYTHOS ÖDIPUS

In ihren Mythen haben die Alten stets nach einem verborgenen Sinn gesucht. Die historische Erklärung sieht in den Göttern und Heroen große Männer, die vom Volksglauben vergöttlicht wurden. Der allegorischen Interpretation zufolge waren sie kosmische Symbole oder Naturelemente: Hera war die Luft, Zeus der Äther … Oder sie waren Abstraktionen: Zeus die Intelligenz, Hermes die Sprache, die sich der Wahrheit bemächtigt. In der jüngeren Vergangenheit hat vor allem der Mythos von Ödipus eine wichtige Stellung eingenommen. Dessen berühmteste Interpretation stammt von dem Arzt und Psychologen Sigmund Freud. Er führte die Definition des Ödipuskomplexes als „unbewusstes Verlangen des Kindes nach dem gegengeschlechtlichen Elternteil und Feindschaft gegenüber dem gleichgeschlechtlichen" ein.

DER TOD VON AKTAION
Der in einen Hirsch verwandelte Aktaion wurde von seinen Hunden zerrissen. Damit wollte sich Artemis dafür rächen, dass Aktaion sie beim Baden überrascht hatte. Auch hatte er sich gerühmt, ein besserer Jäger zu sein als sie…

APHRODITES GEBURT
Aphrodite stieg aus dem Meer, das durch den Penis des Uranos (Himmel) befruchtet wurde, den sein Sohn Chronos und dessen Mutter Gaia (Erde) abgeschnitten hatten. Aus der ersten Kastration erwuchs also die Göttin der Schönheit und der Liebe.

KAPITEL 3

Das archaische Zeitalter

Die ersten Kolonien

Im letzten Kapitel haben wir auf die großen kulturellen Leistungen hingewiesen, die der geometrischen Epoche eine bestimmende Rolle in der Geschichte des Abendlands zugewiesen haben. Wir wollen nun die wichtigsten Ereignisse in der Geschichte des griechischen Volkes vom 8. bis zum 6. Jh. v. Chr. in groben Zügen nachzeichnen, von dem Zeitpunkt ab also, zu dem seine Geschichte für uns nach dem dunklen Zeitalter erstmals wieder greifbare Formen annimmt, bis zur Zeit der Perserkriege, in der das Geschick Griechenlands abermals ungewiss ist. Für jene Zeit sind Zeugnisse geschichtlicher Einzelheiten selten, und die Geschichte ist, vor allem anfänglich, stark mit sagenhaften Elementen vermischt. Die Einführung der Alphabetschrift macht es von nun an möglich, Urkunden wie Beamtenverzeichnisse, Orakelantworten, später auch Gesetzestexte, Erlasse und Verträge aufzubewahren. Eine Liste der Sieger bei den Olympischen Spielen, die sehr viel später allgemein zur Jahreszählung diente, erscheint erstmals 776 v. Chr., dem Jahr der Einführung dieser panhellenischen Feste. Mit dem Dichter Eumelos von Korinth, der am Ende des 8. Jh. v. Chr.

ARCHÄOLOGIE UND GESCHICHTE: DIE KOLONISATION

Historiker wie Herodot und Thukydides haben uns wertvolle Informationen über die Kolonien überliefert. Deren Gründungsdaten sind Gegenstand komplexer Diskussionen. Um die Daten zu bestätigen und zu ergänzen, hat sich die Archäologie in jüngster Zeit nicht nur mit der Analyse von Überresten beschäftigt, sondern auch mit der der Bodennutzung.

Die Stadtkolonien zeichnen sich oft durch die Aufteilung des Territoriums in Parzellen aus, die durch Bodenuntersuchungen und Luftfotografie sichtbar gemacht werden. Auf diese Weise hat man den Kataster von Chersonesos auf der Krim oder von Metapont in Süditalien rekonstruiert. Die Aufteilung des Landes in gleich große Teile entspricht einem politischen Modell, innerhalb dessen jedem Bürger der gleiche Grundbesitz (*Kleros*) zukommt.

Um die Geschichte dieser Städte nachzuzeichnen, ergänzen sich zwei Sorten von Material: einerseits die Texte – von Historikern verfasste Berichte über die Gründung, Inschriften und Münzen, die auf die Existenz eines städtischen Zentrums hindeuten und dessen Namen nennen –, andererseits archäologische Daten, die uns erlauben, das Verhältnis zwischen Stadt und Land (*Astos* und *Chora*) genauer zu bestimmen.

lebte, erscheinen die ersten bescheidenen Anfänge einer Art Geschichtsschreibung, die sich allerdings noch nicht ganz von der epischen Tradition gelöst hat. Herodot und Thukydides, die beiden großen Geschichtsschreiber des 5. Jh., haben diese Quellen in bestimmten Grenzen für ihre Zwecke verwendet. Die Texte werden manchmal durch die Archäologie ergänzt oder bestätigt. Sie ermöglichen es uns, die Geschichte dieser Epoche, in der sich langsam das klassische Griechentum herausbildet, in ihren wesentlichen Zügen zu skizzieren: Eine weithin verbreitete soziale Krise, die ihren Ursprung in der ungleichen Verteilung von Grund und Boden hat, führt zu einer umfassenden Auswanderungswelle, die weit über die Grenzen der ägäischen Welt hinaus, vom Schwarzen Meer bis nach Spanien, unzählige griechische Kolonien entstehen lässt. Da die

40

Auswanderung das Problem nicht löste, verschärften sich die Wirren im Innern der Städte und brachten neue Herrschaftsformen wie die Tyrannis mit sich. Für die gesamte Periode ist neben diesen politischen Ereignissen auch ein kulturelles von entscheidender Bedeutung: Mit dem Orient wurden wieder enge Beziehungen aufgenommen.

Die alten Griechen haben die soziale Krise, den wichtigsten Grund für die Auswanderung, etwas pauschal mit dem „Landmangel" – *stenochôria* – erklärt. Tatsächlich aber führen viele Gründe zum Aufbruch der Siedler in ein fremdes Land: Mal sind es die Rivalitäten zwischen politischen Führern, mal ist es Abenteuerlust, in anderen Fällen wird über einen Teil der Bürgerschaft ein Bann ausgesprochen; schließlich ist dabei auch ein Unternehmungsgeist im Spiel, der von politischem und kommerziellem Machtstreben genährt wird. Fast immer liegt aber die Notwendigkeit vor, durch ein Radikalmittel das Problem der Überbevölkerung und der Landverteilung zu lösen.

An den oft abenteuerlichen Umständen bei der Gründung neuer Kolonien entzündete sich die Phantasie der Siedler und ihrer Nachfahren so, dass gerade diese Gebiete für die Entstehung von Sagen einen besonders fruchtbaren Boden abgaben. Nichtsdestoweniger besitzen wir über einige Kolonien auch recht zuverlässige Berichte, die uns vom üblichen Verlauf eines solchen Unternehmens eine ziemlich genaue Vorstellung vermitteln.

Ein eindrucksvolles Beispiel ist Tarent; wir besitzen darüber den Bericht des Pausanias, des griechischen Reiseschriftstellers aus dem 2. Jh. n. Chr., der sich jedoch auf alte Quellen stützt: „Die Lakedaimonier haben Tarent kolonisiert, und der Gründer der Stadt war der

POSEIDONTEMPEL
Kolonisten aus Sybaris haben im Süden Neapels unter dem Schutz Poseidons die Stadt Poseidonia gegründet, deren latinisierter Name Paestum lautet.

41

SILBERSTATER AUS
TARENT
*Dem Gründungs-
mythos von Tarent
zufolge ist der Held
Taras von einem
Delphin an die Küste
Kalabriens gebracht
worden, wo er eine
Stadt gründete, die ihm
ihren Namen verdankt.*

Spartiate Phalanthos. Nachdem er zum Führer des Kolonisierungsunternehmens ernannt worden war, weissagte ihm das Delphische Orakel, dass er von einem Land und einer Stadt Besitz ergreifen werde, wenn er unter einem klaren Himmel Regen spüre. Er dachte nicht gleich über den Sinn des Orakelspruchs nach und versäumte es auch, sich ihn deuten zu lassen. Mit den Schiffen, die er kommandierte, landete er in Italien. Dort errang er mehrere Siege über die Eingeborenen, aber weder gelang es ihm, eine Stadt einzunehmen noch von einem Gebiet Besitz zu ergreifen. Nun erinnerte er sich an das Orakel und sagte sich, dass der Gott ihm etwas Unmögliches verheißen habe: Denn niemals würde es unter einem unbewölkten und heiteren Himmel regnen. Da er ganz entmutigt war, suchte ihn seine Frau, die ihn bei diesen Unternehmungen begleitete, zu trösten. Sie bettete seinen Kopf auf ihre Knie und begann, in seinen Haaren nach Läusen zu suchen. Während sie damit beschäftigt war und sie daran dachte, dass sich der Gemütszustand ihres Gatten nicht gebessert hatte, brach sie aus liebevollem Mitgefühl in Tränen aus. Ihre Tränen benetzten Phalanthos' Haupt, und dieser verstand nun plötzlich die Prophezeiung, denn seine Frau trug den Namen Aithra, das heißt „heiterer Himmel". Daher griff er in der folgenden Nacht Tarent, die größte und reichste Stadt der Küste, an und entriss sie den Barbaren."

Expansion in alle Richtungen

Es wäre lohnend, diese erstaunliche Expansion des griechischen Volkes bis ins Detail zu verfolgen. Aber allzuoft fehlen uns zuverlässige Dokumente, vor allem für die sehr frühe Zeit; andererseits sind die Gründungen zu zahlreich, um sie einfach wahllos aufzuzählen. Daher müssen wir uns darauf beschränken, die Kolonisierung in der üblichen Weise nach geographischen Einteilungen zu beschreiben.

Zu Beginn des 8. Jh. v. Chr. konnten sich die Griechen im östlichen Mittelmeer nur nach Norden hin ungehindert ausdehnen. Das Innere Anatoliens, das gebirgig und schwer zugänglich war, reizte ein Volk, das sich ungern vom Meer trennte, wenig. In Kilikien und Syrien standen ihnen die Assyrer und Phöniker im Weg, und da diese überdies auf Zypern Fuß gefasst hatten, mussten die Griechen dort ebenfalls mit ihnen rechnen. Auch das

DIE ARGONAUTEN

Die Griechen waren erfahrene Seefahrer und wussten daher märchenhafte Meeresabenteuer zu schätzen. Die *Odyssee* berichtet von der Irrfahrt des Odysseus, der auf der Reise von Troia nach Ithaka einsam und allein in einem phantastischen, feindseligen Nirgendwo verschwand. Die Expedition der Argonauten verlief genau umgekehrt. Um das Goldene Vlies zu erlangen, das ihm die Königswürde einbringen soll, versammelt Iason die großen Heroen Griechenlands auf dem Schiff Argo. Im gemeinsamen Abenteuer fördern die Fähigkeiten der einzelnen Helden Iasons Mut. Von den beiden Steuermännern ist einer der Sohn Poseidons, den anderen hat Athene in der Navigation unterrichtet. Die Fähigkeiten des Pollux, eines der Dioskuren, helfen beim Sieg über den König Amykos. Der Gesang des Orpheus besänftigt die Wellen und erlegt den Sirenen das Schweigen auf. Bei der Rückkehr profitieren alle vom Wettstreit der Zauberin Medea, die sich aus Liebe Iason angeschlossen hat. Der Bericht über ihre Seereise beschreibt den Mittelmeerraum realistischer als die *Odyssee*. Die Argonauten begannen ihre Reise in Thessalien und gelangten über Lemnos, Samothrake und den Bosporus nach Kolchis am Schwarzen Meer. Auf der Rückreise erkundeten sie Donau, Po und Rhône.

geschwächte und geteilte Ägypten im Süden war nicht leicht zu erobern, da seine Bevölkerung zu zahlreich war. Nur an der Nordküste der Ägäis lebte eine zahlenmäßig geringe und unorganisierte Bevölkerung. Dorthin zogen bereits in der ersten Hälfte des 8. Jh. v. Chr. Kolonisten aus Euboia.

Die Ioner der Kykladen zog es ostwärts an die Küste Thrakiens, die von kriegerischen Stämmen bewohnt war. Vom Olymp bis zur thrakischen Chersones befand sich der gesamte Küstenstreifen mit den vorgelagerten Inseln also von nun an im Machtbereich der Griechen.

Möglicherweise stießen die Griechen schon am Ende des 8. Jh. v. Chr. durch den Hellespont (die Dardanellen) und die Propontis (das Marmarameer) ins Schwarze Meer vor, doch wurden ihre ersten Ansiedlungen durch die kimmerischen Stämme zerstört; dadurch verzögerte sich die Besiedlung dieser Gebiete durch die Griechen um ein halbes Jahrhundert. Auswanderer aus Milet hatten in jedem Fall schon im 8. Jh. v. Chr. an der Südküste der Propontis Kyzikos gegründet. An der europäischen Küste des Hellespont siedelten sich bald in Sestos Aioler aus Lesbos an und etwas später, um 600 v. Chr., Ioner aus Samos in Perinthos. Doch nun begann eine Stadt im griechischen Mutterland, Megara, mit den griechischen Städten Kleinasiens in Wettstreit zu treten. 676 entsandte es eine Expedition nach Chalkedon am kleinasiatischen Bosporus. 16 Jahre später gründete es am gegenüberliegenden Ufer die Stadt Byzantion. Die megarischen Kolonien beherrschten den Eingang zum Schwarzen Meer.

Die Griechen nannten es Pontos Euxeinos, das gastfreundliche Meer, in euphemistischer Umschreibung; denn in Wirklichkeit können über das insellose Meer furchtbare Stürme heraufziehen und der Nebel und widrige Strömungen die Schifffahrt dort zu einem gefährlichen Unterfangen machen. Trotzdem stießen sie vom Bosporus aus die Küsten entlang vor und begannen, diese sowohl nach Osten, in Richtung Kaukasus und Kolchis – dem mythischen Land des Goldenen Vlies –, als auch nach Norden über die Mündungen der Donau hinaus bis zur Krim auszukundschaften. Wie in der Propontis spielte dabei Milet die Hauptrolle, und wie dort wurde es von Megara unterstützt.

Die meisten Kolonialstädte, die sich auf dieses ausgedehnte Gebiet verteilten, waren vor allem Handelsniederlassungen und lagen inmitten der Siedlungsräume von Barbarenvölkern, mit denen man sich häufig auf der Basis von Tributzahlungen einigen musste. Die Reichtümer dieser Länder ermöglichten aber einen fruchtbaren Handel. Die wichtigsten Güter, welche die Schiffe aus den Handelsniederlassungen am Schwarzen Meer mitnahmen, waren Eisen, Blei und Kupfer aus den Bergwerken Thrakiens, Holz vom Balkan, getrocknete oder geräucherte Fische aus den Fischereien der großen Flussmündungen, thrakische und skythische Sklaven und schließlich der Weizen, der auf der schwarzen Erde des heutigen Südrussland gedieh. Dafür brachten sie die Erzeugnisse der griechischen Handwerker mit: aus Gold und Silber geschmiedete Schmuckstücke und Gefäße, Töpferwaren, Weine, Öle und Parfums. Aus den Gräbern der eingeborenen thrakischen oder auf dem Boden des heutigen Südrussland lebenden Bevölkerung kamen Schätze zum Vorschein, die von der Bedeutung dieses Handels zeugen. Eine bestimmte Gattung attischer Vasen aus dem 4. Jh. ist in den Gräbern der Krim so zahlreich vertreten, dass man ihnen den Namen Kertscher Vasen gegeben hat.

GEOMETRISCHE SCHALE
(Rhodos um 720 v. Chr.)
Die Schale, die in einem Kindergrab der Nekropole von Ischia, im Golf von Neapel, entdeckt wurde, trägt eine ziselierte Inschrift, die – nicht ohne Ironie – an den Pokal Nestors erinnert, der in der „Ilias" beschrieben wird.

Ganz anders verlief die gleichzeitige Kolonisierung Italiens und Siziliens. Die dortigen Kolonien waren nicht nur Handelsniederlassungen, sondern volkreiche, blühende Tochterstädte, die, ebenfalls unabhängig vom Mutterland, viel zum Ruhm der griechischen Kultur beitrugen.

Cumae (Kyme) wurde in Kampanien schon im Jahr 757 v. Chr. gegründet. Um dieselbe Zeit ließen sich Einwohner von Chalkis auch auf Sizilien in Naxos nieder, und wenig später breiteten sie sich weiter nach Süden aus nach Katana und Leontinoi. Wiederum Chalkidier gründeten um 740 bis 730 Zankle (Messina) und am gegenüberliegenden Ufer der Meerenge, an der kalabrischen Küste, Rhegion. Ähnlich wie die Megarer am Bosporus beherrschten nun die Chalkidier diese strategisch wichtige Stelle auf dem Seeweg nach Norden. Im Jahr 733 v. Chr. gründete der Korinther Archias die Tochterstadt Syrakus, nachdem er die eingeborenen Sikuler von dem günstig gelegenen Platz vertrieben hatte. Syrakus wurde bald zur wohlhabendsten griechischen Stadt Siziliens.

Tarent, die mächtigste Stadt Süditaliens, war am Ende des 8. Jh. v. Chr. von den Spartanern gegründet worden. Seinen raschen Aufschwung verdankte es seinem Hafen und dem fruchtbaren Hinterland. Die Bewohner von Lokroi schließlich gründeten im ersten Viertel des 7. Jh. fast an der äußersten Spitze Italiens Lokroi Epizephyrioi. Von bevölkerungsreichen und betriebsamen griechischen Städten gesäumt, trug Süditalien den Namen Großgriechenland, der sich bald einbürgerte, wahrhaftig zu Recht.

Von Spanien bis zum Kaukasus

Im äußersten Westen wagten sich die Ioner am weitesten vor. Herodot berichtet uns dazu folgende Geschichte: „Ein Kaufmann namens Kolaios aus Samos kam auf der Überfahrt nach Ägypten im Jahr 639 vom Kurs ab und geriet zuerst an die Küste der Kyrenaika. Als das Schiff wieder auslief, wurde es von einem Sturm ergriffen und bis zu den Säulen des Herakles (der Meerenge von Gibraltar) abgetrieben. Nachdem es diese Meerenge passiert hatte, landete es in Spanien in der Nähe von Cádiz an der Mündung des Guadalquivir, in einem den Griechen bislang unbekannten Gebiet, das sie Tartessos nannten. Mit der Fracht, die er von dort mitbrachte, machte dieser Samier sein Glück, und er dankte den Göttern dafür, indem er ihnen im Heiligtum der Hera auf Samos ein riesiges Bronzegefäß weihte, das Herodot gesehen und beschrieben hat." Die ionischen Seeleute aus Phokaia spezialisierten sich wohl auf die Ausfuhr von Silber und Kupfer aus Spanien. Trotz der Konkurrenz der karthagischen Seeleute, die Handelsniederlassungen in Spanien, im Westen Siziliens, auf Sardinien und den Balearen unterhielten, liefen die Phokaier die spanischen Häfen auf dem nördlichen Seeweg an. Um 600 v. Chr. ließen sie sich in Massalia (Marseille) nieder.

STÄDTISCHE SIEDLUNGSMUSTER UND GEOMETRIE

Den Kern einer antiken Stadt bildete im Allgemeinen ein religiöses Zentrum, das aus den Tempeln der Stadtgottheiten bestand. Oft handelte es sich um eine Akropolis wie in Athen. Auf der *Agora*, dem Marktplatz und Diskussionsforum, fanden Handel und öffentliche Debatten statt. In Athen lag die *Agora* am Fuß der Akropolis. So bildete die gemeinschaftliche, politische und religiöse Tätigkeit das Gravitationszentrum der Siedlung. Mit der Gründung neuer Städte, vor allem der Kolonien, wurden Idealmodelle entwickelt, die geometrisch und rational waren und die Stadtplanung bestimmten. Die Regelmäßigkeit, mit der die Wohngebiete gestaltet wurden, entsprach dem Gleichheitswillen der Bürger. Die Griechen bezeichneten ihn als *Isonomie*, Gleichheit vor dem Gesetz. Der Philosoph und Architekt Hippodamos hat derartige Modelle systematisch entwickelt und in seiner Heimatstadt Milet sowie in Piräus, dem Hafen von Athen, umgesetzt. Die funktionale Aufteilung des Siedlungsraums nach dem Schachbrettmuster beruht auf einer Organisation, die die Stadt entsprechend den Klassen (Handwerker, Bauern und Krieger) und den Funktionen (religiöses Zentrum, Verwaltungszentrum, wirtschaftliches Zentrum und Wohngebiete) strukturiert.

Dieser Zustrom von Griechen im westlichen Mittelmeer rief Karthager und Etrusker gemeinsam auf den Plan. Im Jahr 540 kam es vor Sardinien zwischen ihren Flotten und der Flotte der Phokaier von Alalia zu einer Seeschlacht. Die Griechen verloren etwa zwei Drittel ihrer Flotte, sodass sie Korsika aufgeben und sich nach Süditalien zurückziehen mussten. In Spanien mussten die Phokaier unter dem Druck Karthagos Mainake (Málaga) aufgeben. Ihre Besitzungen in Gallien und Katalonien konnten sie halten. In Nordafrika, im Maghreb, setzten die Punier der griechischen Ausdehnung Grenzen. Aber die von Wüste umgebene grüne Hochebene der Kyrenaika zog in der zweiten Hälfte des 7. Jh. die griechischen Kolonisten an und wurde schnell zu einer der Kornkammern der antiken Welt.

Weiter im Osten, in Ägypten, dem reichen und dicht bevölkerten Land, das auf eine alte Kultur zurückblicken konnte, war an die Gründung von Kolonien nicht zu denken. In mykenischer Zeit hatten die Griechen mit Ägypten enge Beziehungen geknüpft, die jedoch während des dunklen Zeitalters zum Erliegen kamen. Solange die Assyrer Ägypten besetzt hielten, konnte an eine Wiederaufnahme der Beziehungen nicht gedacht werden. Erst als Psammetich I. im Jahr 663 v. Chr. begann, Ägypten vom Joch der Fremdherrschaft zu befreien, und wieder ein geeinigtes Reich schuf, öffnete sich das Land auch wieder den Griechen. Der saitische Pharao und seine Nachfolger nahmen nämlich ionische und

BEFESTIGUNGSANLAGEN UND TEIL DES HAFENS VON MARSEILLE
Durch die Renovierungs-arbeiten im Börsenviertel wurden oberhalb des heutigen alten Hafenviertels die Verlängerung des antiken Hafens und die Befestigungsanlage freigelegt, die den Sporn abgrenzt, auf dem sich die Phokaierstadt befand.

karische Söldner in Dienst. Ihre Namen, in Stein geritzt, sind noch heute in Abu Simbel im oberen Niltal zu sehen. Den griechischen Soldaten im Dienst ägyptischer Monarchen folgten Kaufleute nach, und der Handel zwischen der ägäischen Welt und Ägypten begann erneut aufzublühen. Allerdings ließen die Ägypter den Griechen bei der Gründung ihrer Handelsniederlassungen nicht freie Hand. Die Soldaten wurden wie üblich in Lagern untergebracht. Den Händlern wurde in Naukratis, in der Nähe der kanopischen Nilmündung im westlichen Delta, ein Platz zugewiesen, auf dem sie sich mit ihren Waren einrichten konnten. Die Griechen ließen sich dort im letzten Viertel des 7. Jh. v. Chr. nieder. Erst unter dem griechenfreundlichen Pharao Amasis (568–526 v. Chr.) erhielt Naukratis eine genaue Verfassung: Die Griechen durften ihre Handelsniederlassung selbst verwalten und ihre Kulte frei ausüben. Bis zur Eroberung Ägyptens durch Kambyses im Jahr 525 v. Chr. war Naukratis ungemein reich. Die griechischen Schiffe brachten Silber aus den siphnischen oder thrakischen Bergwerken und luden Weizen aus dem Nildelta.

Wie es scheint, haben Phöniker und Assyrer die Griechen von den Küsten Syriens und Palästinas systematisch ferngehalten. Zypern war zwischen den Griechen und den Semiten aufgeteilt. Was ereignete sich aber nun in jener Zeit im griechischen Mutterland und in Ionien, während das griechische Volk bis nach Spanien und bis zum Kaukasus vordrang?

Im 8. und 7. Jh. v. Chr. begegnet uns in der griechischen Welt erstmals die neue politische Form des Stadtstaats (*Polis*). Den Mittelpunkt eines solchen Staates bildet eine größere Stadt, in der die gemeinschaftlichen Einrichtungen ihren Sitz haben und die Staatskulte geübt werden. Die rasche Vermehrung der griechischen Stadtstaaten ist nicht weniger überraschend als die Ausdehnung ihrer Kolonien. Ihre Zahl geht in die Hunderte, sie erwiesen sich als sehr dauerhaft und lebenskräftig. Und so lässt sich die griechische Geschichte nur verstehen, wenn man sich dieser extremen politischen Zersplitterung bewusst ist, für die auch Konföderationen und Bündnisse nur wenig Ausgleich boten. Das Gemeinschaftsbewusstsein der Griechen, für das die erstmals im Jahr 776 v. Chr. abgehaltenen Olympischen Spiele Ausdruck und Symbol sind, verhinderte weder Rivalitäten noch Kriege. Zudem werden diese Konflikte durch den Lokalpatriotismus, den die Dichter verherrlichen, genährt und verschärft. Die Erfordernisse der Kriegsführung machen eine größere Anzahl Soldaten nötig, bedingen Änderungen in der Bewaffnung und Taktik. Dadurch wiederum wird das soziale Gleichgewicht gestört. So stellt sich uns das archaische Griechenland als eine Periode innerer Krisen und äußerer Kriege da.

Archaische Privilegien

Die meisten griechischen Stadtstaaten des 8. Jh. v. Chr. besaßen eine aristokratische Regierungsform, die sich auf die Vorherrschaft der Großgrundbesitzer stützte. Selbst als das erbliche Königtum noch existierte, hatten doch sie die eigentliche Macht in Händen. Ihnen gehörte das Land, sie besaßen die Pferde, die an die kriegsentscheidenden Streitwagen geschirrt wurden, auf denen nach archaischem Brauch die schwer bewaffneten Krieger in den Kampf zogen. Die Regelung der Erbfolge und die Schuldknechtschaft als unausweichliche Folge der Naturaldarlehen führten zur Konzentration des Grundbesitzes in den Händen weniger und zur Verarmung des kleinen und mittleren Bauerntums, das sich gegen sein Schicksal aufzulehnen begann. Hier kam ihm ein unerwarteter Umstand zu Hilfe: Die Kriegstaktik änderte sich. An die Stelle der Einzelgefechte zwischen den Adligen der beiden Lager, die auf ihrem Streitwagen zum Kampfplatz fuhren, trat eine weit wirksamere Kampfweise: die geschlossene Schlachtordnung des Fußvolks – die *phalanx*. Der Schwerbewaffnete oder *hoplites*, mit großem Rundschild, Helm, Panzer und Beinschienen ausgerüstet, kämpfte mit Lanze und Schwert

und bildete zusammen mit seinen Waffengefährten eine kompakte, Furcht erregende Masse, gegen die der einzelne Kämpfer im Streitwagen nichts auszurichten vermochte. Die Hopliten rekrutierten sich aus der Schar der mittleren und kleineren Grundeigentümer, die genügend besaßen, um sich eine Rüstung zu leisten und einen Trossbuben zu halten, aber wiederum nicht genug für den Kauf eines Pferdes. Da sie im Krieg unentbehrlich waren, forderte diese Gruppe bald ihren Anteil an der politischen Verantwortung. Viele Reformen späterer Zeit haben denselben Ursprung: Zu jener Zeit, als die Entwicklung der Kriegsflotte auch die Anwerbung einer großen Anzahl von Ruderern für die Geschwader nötig machte, verlangten diese – geringe Leute, die nichts als die Kräfte ihrer Arme anzubieten hatten – im Staat ein Mitspracherecht und beschleunigten damit die politische Entwicklung in einer Reihe von Seestaaten.

Der Kampf gegen die Vorrechte des Adels führte häufig dazu, dass einem einzigen Mann alle Gewalt in die Hand gegeben war. Er konnte Gesetze erlassen, und die Parteien verpflichteten sich, diese einzuhalten. Das archaische Zeitalter Griechenlands ist damit das goldene Zeitalter der Gesetzgeber. Gesetzgeber konnte durchaus ein Fremder sein, von dem man sich größere Unparteilichkeit erhoffte. So beruft Ephesos einen Athener, Theben einen Gesetzgeber aus Korinth. In anderen Städten schenken die Einwohner

MARSCHIERENDE ARMEE *(um 560 v. Chr.) Der attische Gefäßdeckel ist mit einer geschlossenen Hoplitenreihe (schwer bewaffnete Soldaten) dekoriert. Die Überlagerung der Schilde verband die Soldaten enger miteinander und machte sie weniger leicht verwundbar.*

47

einem Mitbürger ihr Vertrauen und beauftragen ihn, Ordnung und Recht wieder-
herzustellen. Drakon in Athen, der etwa von 525–620 wirkte, gehörte ebenso wie der zu
Beginn des 6. Jh. lebende Solon dem attischen Adel an. Die meisten Gesetzgeber hatten
sich mit den gleichen Problemen auseinander zu setzen: Zunächst war das Eigentumsrecht
neu zu regeln. Daher schenkten sie der Regelung des Erbrechts besondere Aufmerksamkeit, um einerseits eine allzu große Zerstückelung und andererseits eine zu starke
Konzentrierung der Vermögenswerte zu vermeiden. Damit im Zusammenhang standen
die Vorschriften gegen die Verschwendungssucht, eine der Ursachen für die Vergeudung
des Erbes. Die zweite Aufgabe der Gesetzgeber war es, das Rechtswesen so zu ordnen
wie etwa jenes des Drakon. Auch befassten sie sich mit dem Problem des Mordes. War
es bisher üblich, dass die Angehörigen eines Ermordeten selbst Rache übten, so
übernahm nun der Staat die Bestrafung der Schuldigen.

Von der Plautokratie zur Tyrannei

Mit dem Begriff Tyrann – *tyrannos* – wird zunächst jeder
bezeichnet, der die höchste Macht ausübt. Anfangs wird zwischen
Tyrann und König – *basileus* – kein Unterschied gemacht. Später nennt
man „Tyrannen" ausschließlich jene Usurpatoren, welche die Macht
erobert haben und sie mit Gewalt behaupten. Diese negative Bedeutung
ist schon bei Herodot spürbar und tritt bei Platon und den Philosophen
des 4. Jh. v. Chr. deutlich hervor. Der scharfsichtige Thukydides hat das
Wesentliche erfasst, wenn er schreibt: „Im Allgemeinen entstand die
Tyrannis im Stadtstaat dann, wenn die Einkünfte wuchsen." Er will damit
sagen, dass mit der Verbesserung der finanziellen Lage von Handwerk und
Gewerbe ein neuer sozialer Unruheherd im Staat entstand, der politische
Umwälzungen begünstigte. Da sich der Grund besitzende Adel weigerte, die
Forderungen dieser sozialen Klasse zu erfüllen, verließ sich diese schließlich auf
einen energischen und skrupellosen Mann, der mit Gewalt oder List die Macht an sich
riss und den Widerstand der Großen brach. Oft war der Tyrann selbst ein Adliger, der
im Staat bereits eine hohe Stellung innehatte.

Der Tyrann umgab sich mit einer Leibwache – den *doryphoroi* oder Lanzenträgern.
Oft warb er dafür Söldner an. Verweigerte der Adel einem Tyrannen die Anerkennung,
warf er ihn mithilfe dieser Schar nieder. So verbannt Peisistratos die Familie der
Alkmaioniden, Arkesilas III. konfisziert die Güter der Adligen Kyrenes und verteilt ihre
Ländereien an seine Anhänger. Thrasybulos von Milet rät Periandros von Korinth
(möglicherweise verhält es sich auch umgekehrt), alle Köpfe, die zu weit hervorragen,
abzuschlagen. Gleichzeitig aber verdankten der Mittelstand und das niedere Volk den
Tyrannen manche Erleichterungen. In Athen löst Peisistratos das Problem der
Verschuldung des bäuerlichen Eigentums. Die Tyrannen gaben große Bauten in Auftrag,
zum Teil aus Geltungsdrang, zum Teil aber auch, um den Handwerkern Arbeit zu
beschaffen und die Lebensbedingungen des Volkes zu verbessern.

Bildende Künste und Literatur wurden von den Tyrannen, die die Öffentlichkeit
beeindrucken wollten, eifrig gefördert. So holten Peisistratos und seine Söhne, die während
der Blütezeit attischer Kunst im 6. Jh. v. Chr. regierten, den lyrischen Dichter Simonides
von Keos und, nach Polykrates' Fall, auch Anakreon nach Athen. Die erste sorgfältige
Ausgabe der homerischen Dichtungen wurde von ihnen in Auftrag gegeben.

Welche Politik die Tyrannen den übrigen griechischen oder barbarischen Staaten
gegenüber verfolgten, lässt sich in wenigen Worten nur unvollkommen darlegen. Aber

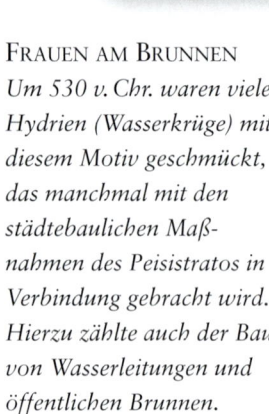

FRAUEN AM BRUNNEN
*Um 530 v. Chr. waren viele
Hydrien (Wasserkrüge) mit
diesem Motiv geschmückt,
das manchmal mit den
städtebaulichen Maß-
nahmen des Peisistratos in
Verbindung gebracht wird.
Hierzu zählte auch der Bau
von Wasserleitungen und
öffentlichen Brunnen.*

im Großen und Ganzen war den Tyrannen an Unternehmungen außerhalb ihres Gebiets wenig gelegen. Da es ihre Hauptsorge war, ihre Macht zu konsolidieren und ihrer Dynastie weiterhin die Herrschaft zu sichern, verstärkten sie ihre Streitkräfte vor allem, um sich gegen drohende Gefahren von innen und außen zu schützen, nicht aber um sich auf eine imperialistische Politik einzulassen.

Es versteht sich von selbst, dass die Tyrannis von ihren Gegnern, den Parteigängern des entmachteten Adels, gestürzt wurde, sobald Energie und Wachsamkeit des Tyrannen nachließ. Obwohl jeder Tyrann den Wunsch hatte, eine Dynastie zu begründen, gelang dies nur wenigen, und keine dieser Dynastien hielt sich länger als drei Generationen.

So ist zwar die Tyrannis zwischen der Mitte des 7. und der Mitte des 5. Jh. v. Chr. in der griechischen Welt ziemlich verbreitet, längere Lebenszeit ist ihr jedoch nirgends beschieden. Diese Regierungsform von relativ kurzer Dauer, die bei der Bevölkerung wegen der grausamen Methoden der Tyrannen gewöhnlich Verbitterung hervorrief, war in einigen Fällen eine notwendige Station auf dem Weg zur Demokratie. Das wird besonders deutlich in Athen, gilt aber auch für Korinth, Kyrene und die Städte Siziliens wie Syrakus oder Gela, wo auf die Tyrannis ein gemäßigtes aristokratisches Regime folgte. Vor allem förderten die Tyrannen oft die wirtschaftliche Entwicklung und das kulturelle Leben der von ihnen regierten Städte und trugen entscheidend dazu bei, die alten Gesellschaftsformen zu zerbrechen oder den neuen Gegebenheiten anzupassen. Die Phantasie der Griechen beschäftigt sich noch lange mit diesen außergewöhnlichen Männern, die sich durch ihre natürlichen Gaben, ihre Energie oder auch durch ihre Laster so deutlich von den gewöhnlichen Sterblichen unterschieden. Die Griechen lernten aus dieser Erfahrung, dass es die Menschen sind, die Geschichte machen, und dass sich die Massen gern einer glanzvollen Führerpersönlichkeit unterwerfen, wenn diese nur geschickt genug vorgeht.

Sparta: eine Alternative zur Tyrannis

Woran liegt es nun, dass Sparta, die größte und mächtigste der archaischen Städte im griechischen Mutterland „tyrannenlos" blieb? Seine politischen und gesellschaftlichen Institutionen schlossen die für einen Tyrannen notwendige Demagogie völlig aus, da ihnen eine strenge Verfassungsordnung zugrunde lag. Vielleicht war die Regierungsform Spartas sogar als eine „Alternative zur Tyrannis" entstanden, denn auch Sparta musste Mittel finden, um der inneren Krise entgegenzutreten, der es wie alle anderen griechischen Städte ausgesetzt war. Diese Reformen schrieb die antike Überlieferung einem berühmten Gesetzgeber zu, Lykurgos, einer legendären Gestalt, die Ende des 9. Jh. v. Chr. gelebt haben soll. Es hat jedoch den Anschein, dass sich die Institution und die Sitten Lakedaimons, wie Sparta auch genannt wird, erst nach und nach bis zur Mitte des 6. Jh. v. Chr. entwickelt haben. Danach blieben sie bis zum Ende der klassischen Zeit unverändert.

SPARTANISCHER KRIEGER
(Ende des 5. Jh. v. Chr.)
Die kleine Bronzearbeit zeigt die Sorgfalt, mit der sich die Krieger aus Sparta ihrer Ausrüstung und ihrem Helmbusch widmeten.

Ein wichtiger Grund dafür ist die Expansionspolitik des spartanischen Staates, die dieser schon seit dem Anfang der archaischen Zeit verfolgte, um sein Territorium zu vergrößern.

Die dorischen Eroberer, die sich im fruchtbaren Tal des Eurotas niedergelassen hatten, wollten ihren Machtbereich nach Osten bis ans Ägäische Meer ausweiten; so stießen sie mit den Interessen von Argos zusammen, das diese Küste bis nach Kythera beherrschte. Es kam zu einem lange dauernden Konflikt, in dem Sparta schließlich die Oberhand behielt. Die beiden Nachbarstädte blieben verfeindet. Von größter Tragweite war jedoch ihr Entschluss, jenseits der Gebirgskette des Taygetos in Messenien einzufallen. Sparta eroberte dieses Gebiet, musste aber zwanzig Jahre lang gegen die Messenier Krieg führen (um 740–720). Als deren Widerstand gebrochen war, geriet das ganze Land in Knechtschaft, seine Einwohner wurden zu Heloten gemacht und damit praktisch versklavt. Die reiche Ebene Messeniens, die sich zwischen dem Taygetos und dem Berg Ithome erstreckt, konnte dank der Arbeit der Heloten später Spartas Bedarf an Lebensmitteln im Wesentlichen decken. Diese Eroberung hielt Sparta davon ab, Kolonien zu gründen; eine Ausnahme bildet die Gründung Tarents, die aber wiederum eine unmittelbare Folge dieses Eroberungszugs war: Die Kolonisten, die mit Phalantos fortzogen, waren Bastarde, die während der langen Abwesenheit der spartanischen Hopliten in Sparta geboren worden waren.

Der Besitz Messeniens macht Sparta zum mächtigsten Staat des Peloponnes. Der Aufstand der messenischen Heloten um die Mitte des 7. Jh. v. Chr. aber brachte Lakedaimon an den Rand des Untergangs und zwang es zum II. Messenischen Krieg (etwa 650–620), aus dem es als Sieger hervorging. Um drohenden Gefahren jederzeit begegnen zu können, regelten die Spartaner von nun an ihr Leben ganz nach militärischen Erfordernissen: Gehorsam, Gemeinschaftsleben, ständige militärische Übungen, Vereinigung der Befehlsgewalt in der Hand weniger. Nach einer glanzvollen Zeit, die auf den II. Messenischen Krieg folgte, verfiel die Kultur Spartas seit der Mitte des 6. Jh. v. Chr. schnell. Lakedaimon wurde eine gefürchtete Macht, und die

ZITADELLE BEI KORINTH
Die beeindruckende Anlage beherrscht den Zugangsweg zum Peloponnes. Sie war von Anfang an befestigt und hat ihre strategische Bedeutung bis zur byzantinischen Epoche behalten.

50

Vorherrschaft in Griechenland machte ihm kaum jemand streitig. Der ganze Peloponnes, Argos und Achaia ausgenommen, trat in ein Bündnissystem ein, in dem Sparta eine Führungsrolle spielte, wie die Redewendung „Die Spartaner und ihre Verbündeten" beweist, die bald allgemein geläufig wurde. Sparta nutzt diese Macht aber nicht, um große Politik zu treiben, vielmehr zieht es sich auf sein Territorium zurück. Seine kriegerische Tapferkeit und seine strenge Tugend stehen bei den anderen griechischen Städten in hohem Ansehen.

VOTIVTAFEL AUS KORINTH
*(um 580 v. Chr.) Auf dieser
Darstellung tragen Arbeiter
den Ton für die korinthi-
schen Töpfer ab.*

Krieg und Handel

Auch außerhalb des Peloponnes kommt es häufig zu Auseinandersetzungen. Die beiden Städte auf Euboia, Chalkis und Eretria, führten am Ende des 8. Jh. v. Chr. um den Besitz der Lelantischen Ebene, die sich zwischen ihnen erstreckt, Krieg. An diesem Lelantischen Krieg, in dem Eretria schließlich unterlag, nahmen, wie Thukydides berichtet, die meisten griechischen Städte teil. Andere Kämpfe brachen am Anfang des 6. Jh. zwischen Megara und Athen um den Besitz der Insel Salamis aus. Er wurde von Solon und danach von Peisistratos zu Athens Gunsten entschieden. Ein lokaler Streit zwischen zwei phokischen Städten, Delphi und Krisa, hatte

ernste Folgen: In Delphi lag eine dem Apollon geweihte Orakelstätte, gleichzeitig aber war es auch Sitz der Amphiktionie, in der sich zwölf Staaten aus dem Nordosten Griechenlands zusammengeschlossen hatten. Dieser Bund griff nun in den Zwist ein und beschloss gegen Krisa den ersten Heiligen Krieg (600–590 v. Chr.). Krisa wurde besiegt, zerstört und sein Gebiet Apollon geweiht. Wenig später (582) wurden zum ersten Mal die Pythischen Spiele abgehalten. Delphi gewann dadurch sehr an Ansehen, und die Thessalier, denen im Krieg gegen Krisa die Führung anvertraut worden war, spielten noch für lange Zeit die führende Rolle innerhalb der Amphiktionie.

Kriege zwischen den Städten Griechenlands in archaischer Zeit waren also eine ständige Quelle der Beunruhigung. Und doch vermochte der Krieg keineswegs die wirtschaftliche Entwicklung einer Stadt zu verhindern. Ein bezeichnendes Beispiel ist Korinth: Seine Lage am Isthmos ist äußerst günstig. Es besitzt zwei Häfen, einen im Westen, in Stadtnähe, einen anderen im Osten, am Saronischen Golf; die Handelswege zwischen Ägäischem und Ionischem Meer führen unmittelbar über Korinth. Korinth war aber nicht nur ein wichtiger Platz für den Transithandel, sondern auch ein bedeutendes Zentrum des Kunsthandwerks. Die korinthische Keramik, für die bereits aus der geometrischen Epoche Zeugnisse vorhanden sind, wurde in großen Mengen hergestellt und war in der gesamten griechischen Welt, vor allem im Westen, weit verbreitet. Auch der Handel mit Metallwaren wie Waffen, Spiegeln und Bronzegefäßen brachte beträchtliche Gewinne. Um seinen Handel zu schützen, schuf sich Korinth eine mächtige Kriegsflotte. So wurde Korinth in der ersten Hälfte des 6. Jh. v. Chr. durch seine Künstler, seine Flotte und seinen Handel zur reichsten Stadt im griechischen Mutterland.

Auf die Entwicklung des Handels wirkte sich in der damaligen Zeit eine neue Erfindung besonders günstig aus: die Münzprägung. Pheidon, der König von Argos, prägte um die Mitte des 7. Jh. v. Chr. die ersten Silbermünzen und führte gleichzeitig ein Maß- und Gewichtssystem ein. Von nun an verfügten die Griechen über ein weit praktischeres Zahlungsmittel als es die Eisenspieße – *oboloi* – waren, die ursprünglich diesen Zweck erfüllt hatten.

GELDSTÜCK AUS AIGINA
*(um 350 v. Chr.) Die
Schildkröte, welche die
ersten Münzen aus Aigina
ziert, hat sich zum
Wappentier der südlich von
Attika gelegenen Insel
entwickelt.*

Jede Stadt von Bedeutung besaß bald ihre eigene Münzprägung, die durch ein besonderes Emblem gekennzeichnet und geschützt war. Neben Pheidons Maß- und Gewichtssystem, auch aiginetisches System genannt, setzten sich noch andere Systeme durch, besonders das von Euboia, welches Korinth übernahm und das auch von Athen eingeführt wurde. Letzteres nimmt am Wirtschaftsleben Griechenlands erst zu Beginn der Münzprägung aktiv teil, also seit dem Anfang des 6. Jh. v. Chr. Es ist merkwürdig, dass gerade Attika, dessen Kultur in mykenischer und geometrischer Zeit auf so hoher Stufe stand, im 7. Jh. v. Chr. eine Art Schattendasein führte. Athen krankte an derselben politischen und sozialen Krise wie die übrigen griechischen Städte. Ein Übermaß an Macht lag in der Hand der großen Familien, der *gene;* die Bauern waren hoch verschuldet, die Rechtsprechung lag im Argen und das Volk griff immer häufiger zur Selbstjustiz. Einige allzu zaghafte Reformversuche scheiterten. Ein junger, ehrgeiziger Adliger, Kylon, versuchte die Tyrannis wieder einzuführen, jedoch verhinderte dies der Adel, der sich unter der Führung des Geschlechts der Alkmaioniden und ihrem Oberhaupt Megakles zusammengeschlossen hatte. Einige Anhänger des Kylon, die in einem Heiligtum Zuflucht gesucht hatten, wurden unter Verletzung des Asylrechts getötet. Dieser Frevel lastete lange auf dem Geschlecht der Alkmaioniden. Noch zweihundert Jahre später wurde Perikles, einem der Nachfahren dieser Familie, der Mord an den Anhängern Kylons als ererbter Makel vorgeworfen. Die Stadt wurde von dem Kreter Epimenides 632 v. Chr. entsühnt.

Drakonische Gesetze

Nach diesem fehlgeschlagenen Umsturzversuch wurde der athenische Gesetzgeber Drakon mit der Reform des Rechtswesens beauftragt. Er schrieb harte Gesetze. Drakonische Strenge ist noch heute sprichwörtlich. Doch war damit die soziale Krise noch nicht gelöst. Diese Aufgabe fiel dem weisen Solon zu, der gleichzeitig Dichter, Politiker und Händler war.

Ihm wurde im Jahr 594–593 das hohe Amt eines Archonten übertragen, mit unbeschränkter Vollmacht, Gesetze zu erlassen. Solon verkündete zunächst einen allgemeinen Schuldenerlass und schaffte die Schuldknechtschaft ab. Gesetze gegen den Luxus verboten bei Bestattungen, wo die Geschlechter ihren Reichtum und ihre Macht zur Schau stellten, jede Prachtentfaltung. Solon reformierte Maße und Gewichte und führt das euboiische Geldsystem ein. Auf diese Weise entzog sich Athen dem Zugriff Aiginas, das nach dem pheidonischen System rechnete. Die unter Solon geprägten Silbermünzen stellten bald einen anerkannten Wert auf dem internationalen Markt dar.

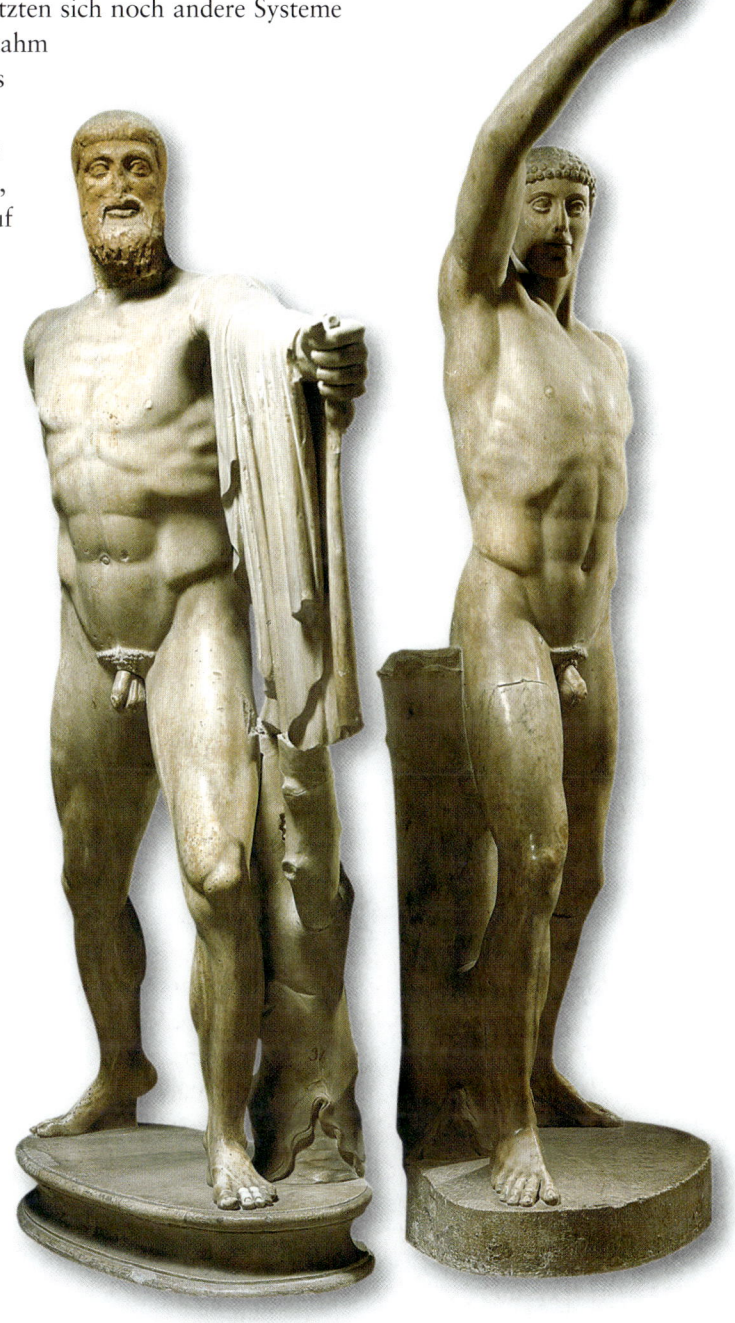

DIE TYRANNENMÖRDER *(römische Kopie aus dem 1. Jh. n. Chr.) Zu Ehren der Helden Harmodios und Aristogeiton, die zu Symbolen der Freiheit wurden, haben die Athener oft reproduzierte Statuen errichtet.*

GESICHT GORGONS
(Stirnziegel aus Terrakotta, 6. h. v. Chr.) Das Gesicht der Gorgon Medusa diente auf Dachziegeln zum Schutz und zur Abschreckung. Mit langer Zunge, weit aufgerissenen Augen und zerzausten Haaren, die aus Schlangen bestanden, ließ sie jeden versteinern, der ihrem Blick begegnete.

Andere Maßnahmen waren politischer Art. Jeder Bürger gehörte von Geburt an einer der vier ionischen Stammesphylen an, gleichzeitig wurde er nach dem Einkommen aus seinem Grundbesitz in eine der vier Steuerklassen eingestuft. Solon machte den Zugang zu den öffentlichen Ämtern von der Steuerklasse abhängig; dadurch standen diese Ämter jedem, dessen Besitz größer wurde, offen. Er führte einen Rat ein, der die Arbeit der Volksversammlung vorbereiten sollte. Deren vierhundert Abgeordnete – hundert aus jeder Stammesphyle – wurden jährlich neu bestimmt. Auch schuf er ein Volksgericht – *heliaia* –, dessen Richter aus allen Bevölkerungsgruppen stammten und das in der athenischen Demokratie eine große Rolle spielte.

Doch dreißig Jahre nach den Reformen, im Jahr 561–560, besetzte Peisistratos, ein Adliger aus Brauron, die Akropolis und begründete die Tyrannis. Zweimal wurde er vertrieben, gewann aber jedes Mal die Macht zurück. Bei seinem Tod im Jahr 528 oder 527 überließ er die Macht seinen Söhnen Hippias und Hipparchos, die friedlich regierten, bis 514 v. Chr. Harmodios und Aristogeiton Hipparchos ermordeten. Hippias behauptete sich, bis es den Alkmaioniden 510 v. Chr. gelang, ihn zu vertreiben.

Nach Hippias' Sturz bildeten sich zwei Parteien; die eine unterstützte den Adel und das Bündnis mit Sparta, die andere wurde von dem Alkmaioniden Kleisthenes angeführt, der auf der Seite des Volkes stand. Kleisthenes trug den Sieg davon, nachdem Sparta erfolglos einzugreifen versucht hatte. Mit seiner Verfassungsreform war die athenische Demokratie geboren. Sparta, Korinth, Chalkis und die Boioter fanden sich zu einer Koalition zusammen, die sich aber rasch wieder auflöste, ohne Erfolge errungen zu haben. Boioter und Chalkidier, der Rest der Koalition, wurden im Jahr 506 v. Chr. besiegt. Dieser Sieg brachte Athen in den Besitz einiger Gebiete auf der Insel Euboia, wo es Kolonisten ansiedelte, die Bauern und Soldaten zugleich waren – die Kleruchen. Mit seiner neuen politischen Ordnung und einer schlagkräftigen Armee war die Stadt der Pallas Athena von nun an in der Lage, bei der Auseinandersetzung zwischen dem Griechentum und dem Perserreich eine entscheidende Rolle zu spielen.

Die Bedrohung aus dem Orient

Schon sehr früh sind auf allen Gebieten der griechischen Kultur die Einflüsse des orientalischen Denkens und vor allem der orientalischen Kunst spürbar. Das ganze 7. Jh. und die erste Hälfte des 6. Jh. werden in der archäologischen Einteilung orientalisierende Periode genannt. Durch den Handel mit den Märkten des Orients, und zwar zunächst über die Phöniker, später auf dem Seeweg und auf den Handelswegen Kleinasiens, wurden die Erzeugnisse des asiatischen Kunstgewerbes in der griechischen Welt verbreitet. Religiöse Mythen entstehen nach dem Vorbild orientalischer Überlieferungen. Die ephesische Artemis, die Aphrodite von Paphos und der Apollon von Didyma in der Nähe Milets haben manche Züge asiatischer Götter bewahrt. Fabelwesen wie Sphinx, Greif, Sirene und Pegasos entstammen dem Volksglauben der Asiaten. Auch auf dem Gebiet der Musik ist ihr Beitrag beträchtlich.

GRIECHENLAND UND DER ORIENT

Die Kontakte zwischen Griechenland und dem Orient bestanden selbstverständlich nicht nur in Konflikten. So hat man im Bereich der Mythen zahlreiche Parallelen zwischen den Abenteuern des Herakles und dem babylonischen Gilgamesch-Epos gefunden sowie in den Dichtungen Hesiods Elemente der orientalischen Kosmogonien. Der künstlerische Stil Griechenlands wurde so stark durch den Orient beeinflusst, dass man die Kunst zu Beginn des archaischen Zeitalters als orientalisierend bezeichnet hat. Die zu dieser Zeit benutzten Motive – Tier- und Pflanzendekors – stellten Abwandlungen von Mustern dar, die aus der assyrischen und phöni-kischen Welt stammten. Auch das tägliche Leben in Griechenland war vom Vorderen Orient beeinflusst. In den Handelsbeziehungen und im Bereich der großen panhellenischen Heiligtümer sind zahlreiche Kontakte belegt. Kroisos, König von Lydien, ist für seine reichen Opfer an Apollon, den Gott von Delphi, bekannt. Im 5. Jh. v. Chr. war in Athen der lydische Stil in Mode. Mit der Ankunft des Dichters Anakreon, der vor den Persern aus Ionien geflohen war, wurde ein Kleidungsstil eingeführt, der auf zahlreichen Trinkgefäßen abgebildet ist: Die Männer tragen lange Gewänder und Ohrringe, weshalb sie als verweichlichte Orientalen verleumdet wurden.

Gleichzeitig zieht im Osten jedoch eine ungeheure Gefahr herauf: Im Herzen des Iran war in der Mitte des 6. Jh. v. Chr. unter dem Achaimeniden Kyros die Macht der Perser entstanden. Im Verlauf weniger Jahre wurde Kyros nicht nur zum Herrscher über das Königreich Medien, er schlug auch die Macht des Kroisos (546), eroberte ganz Kleinasien und brachte die griechischen Küstenstädte und mehrere Inseln des Ägäischen Meeres unter seine Kontrolle. Danach unterwarf er Babylon und ganz Vorderasien. Sein Sohn Kambyses eroberte Ägypten (525 v. Chr.). Nach 522 v. Chr. herrschte Dareios über das Reich der Achaimeniden. Er trachtete danach, die Grenzen seines Reiches auszudehnen. Schon mehrmals waren den Persern dabei die Griechen des Mutterlands im Wege gestanden: Sparta hatte Kroisos gegen Kyros unterstützt und nahm dem persischen Reich gegenüber eine feindliche Haltung ein. Athen versagte seine Zustimmung, als Hippias mit persischer Unterstützung zurückkehren wollte. Im Jahr 499 v. Chr. schlug der Versuch der Perser fehl, die Kykladeninsel Naxos zu besetzen. Dies war für die Ioner das entscheidende Signal zum Aufstand. Athen und Eretria sandten Schiffe zur Verstärkung. Daraufhin fielen ionische Truppen in das Tal des Hermos ein, eroberten und verbrannten Sardes.

KRETISCHES RELIEF
Das Motiv zweier gegenüber stehender Phantasietiere, die ein Pflanzenornament zwischen sich haben, entspringt einer alten orientalischen Tradition.

Nun erhoben sich alle griechischen Städte Asiens, während die Athener wieder heimkehrten. Aber Dareios schlug den Aufstand nieder. Die Einnahme von Milet im Jahr 494 v. Chr. bedeutete schließlich das Ende der Erhebung. 492 v. Chr. überquerte ein persisches Heer unter Mardonios die Dardanellen, um Thrakien und Makedonien wieder unter die Herrschaft des Dareios zu bringen. Zwei Jahre später brach ein Zug unter Führung von Datis und Artaphernes von Kilikien auf: Unmittelbares Ziel war es, Athen und Eretria für die Unterstützung des Ionischen Aufstands zu bestrafen. Gewiss wurde dabei aber auch eine machtpolitische Absicht verfolgt: Ganz Griechenland sollte außerdem in die Abhängigkeit des Großkönigs geraten. In den Perserkriegen stehen Zukunft und Unabhängigkeit der griechischen Kultur auf dem Spiel. Athen gebührt der Ruhm, dies sofort erkannt und der Gefahr furchtlos entgegen getreten zu sein.

Der Platz der Frauen

AUF DER FLUCHT
Das Motiv der fliehenden Frau – oft verfolgt von einem Gott mit unheilvollen Absichten – kommt in der griechischen Kunst häufig vor. Diese junge Nereide zeigt die Kombination von Schrecken und Verführung.

WIE DIE JUNGEN
Diese Bronzefigur stellt die Kraft der spartiatischen Mädchen dar, die wie die Jungen unter der Kontrolle der Artemis erzogen und initiiert wurden.

Thales von Milet, Mathematiker und einer der Sieben Weisen, fand drei Gründe, den Göttern zu danken: als Mensch und nicht als Tier, als Grieche und nicht als Barbar sowie als Mann und nicht als Frau geboren zu sein. Daraus muss man schließen, dass die Stellung der Frau nicht beneidenswert war.

Das Wesen der Frau inspirierte die Männer zu unbedachten Widersprüchen. Die Frau sei ein wildes Geschöpf, das durch die Ehe domestiziert werden müsse. Sie sei auch die prächtige Pandora, die zum Unglück des Mannes geschaffen wurde.

Die griechische Frauenfeindschaft kannte zahlreiche schreckliche Figuren wie kriegerische Amazonen, die männliche Kinder töteten, oder herrschsüchtige und mordlüsterne Ehefrauen (Klytaimnestra, Medea). Ferner gab es eine Unzahl weiblicher Ungeheuer: Sirenen, Gorgonen, Harpyen, Erinnyen. Und die schönste Frau, Helena, war Ursache des Trojanischen Krieges.

Das ist natürlich die männliche Sichtweise. Alle überlieferten Zeugnisse – die Produkte der Einbildungskraft wie auch die der Wirklichkeit – stammen von Männern. Das demokra-

tische Zeitalter war das nachteiligste für die Frauen, weil die Stadt sich auf die politische Tätigkeit stützte, von der sie ausgeschlossen waren. Sie hatten keine Rechte und standen immer unter der Vormundschaft des Mannes. Selbst die scheinbar freien Kurtisanen, von denen einige Reichtum, Bildung und Einfluss besaßen, mussten sich Beschützern unterwerfen.

Dennoch hatte die Frau eine wichtige Rolle inne; sie hatte den Haushalt – und die Sklaven – zu führen und nahm aktiv am religiösen Leben teil. Im Haus führte sie die Rituale aus, die die wichtigsten Ereignisse des Lebens begleiteten: Geburt, Heirat und Tod. In jeder Altersgruppe gab es Frauen, die an den Kulten beteiligt waren. Junge Mädchen nähten den Peplos für die panathenischen Feste, Kanephoren (Korbträgerinnen) trugen die Opferinstrumente. Einige Feste waren sogar allein ihnen vorbehalten: etwa die Thesmophorien zu Ehren Demeters und der ekstatische Dionysoskult. Sie erfüllten auch priesterliche Funktionen. Einige Priesterinnen, wie die der Athena Polias und der Demeter von Eleusis, genossen die gleiche Wertschätzung und die gleichen Vorrechte wie Priester. Doch wurden sie immer von Männern ausgewählt und ernannt.

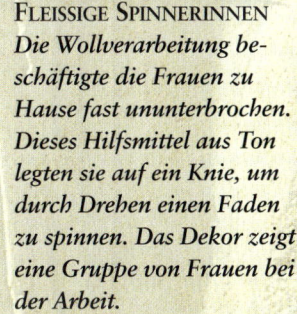

RELIGIÖSE FUNKTIONEN
Die Frauen waren von der Politik ausgeschlossen, spielten aber eine wesentliche Rolle im Bereich der Religion. Der von einer Flötistin angeführte Chorreigen bewegt sich auf einen Altar zu, auf dem ein Wollkorb steht. Die Schale – eine Phiale – diente für Trankopfer.

FLEISSIGE SPINNERINNEN
Die Wollverarbeitung beschäftigte die Frauen zu Hause fast ununterbrochen. Dieses Hilfsmittel aus Ton legten sie auf ein Knie, um durch Drehen einen Faden zu spinnen. Das Dekor zeigt eine Gruppe von Frauen bei der Arbeit.

FRAU UND MUTTER
Die Frau sollte vor allem männliche Kinder gebären, spätere Bürger. Die Kinder wurden bis zum Alter von sieben Jahren von der Mutter zu Hause erzogen. So fand die Frau ihre Erfüllung in der Ehe, wie der Mann sie im Krieg fand.

DIE EHE

D ie Ehe war eine private Angelegenheit und resultierte aus einer Vereinbarung zwischen dem Vater eines Mädchens – oft spielten die Gefühle der jungen Frau keine Rolle – und dem späteren Gatten. Die Frau war lebenslang unmündig. Erst war sie vom Vater abhängig, dann von ihrem Mann und als Witwe von einem ihrer männlichen Verwandten. Die Ehe bedeutete für die Frau den Wechsel von einem Haus in ein anderes, der oft als Raub gedeutet wurde. Die Mitgift der Frau musste bei einer Scheidung rückerstattet werden. Diese war möglich, wenn eine Frau kinderlos blieb. Das Ziel der Ehe bestand in der Zeugung legitimer Nachkommen, die in das Stadtregister aufgenommen wurden. In Athen mussten ab 451 v. Chr. Vater und Mutter Athener sein, damit man als Bürger anerkannt wurde. So spielte die Frau eine entscheidende Rolle bei der „Produktion" von Staatsbürgern.

SYMBOLISCHE GEGENSTÄNDE
Die kleine, der Demeter dargebrachte Tafel zeigt eine Frau in ihrem Haushalt, der durch einige symbolische Gegenstände charakterisiert wird: der Spiegel für die Schönheit, der Wollkorb für die Arbeit, Gefäße für Parfum und Trankopfer, die Truhe zum Verstauen der Wäsche des Hauses, über das sie zu wachen hat.

SPEIS UND TRANK
Die Zubereitung von Nahrung war größtenteils die Arbeit von Sklaven. Diese Terrakotta, die eine Frau vor einem Mörser zeigt, diente als Grabbeigabe, die den Toten an die Welt der Lebenden erinnern sollte.

KAPITEL 4

Das klassische Zeitalter

„Wanderer, kommst du nach Sparta …“

Der persische Kriegstross, der unter dem Befehl von Datis und Artaphernes stand, stellte eine gewaltige Macht dar: Schätzungsweise 25 000 Mann Fußtruppen und Reiterei schifften sich unter dem Schutz der Kriegsflotte ein. Hippias, der Sohn des Peisistratos, vormals Tyrann Athens, begleitete die Expedition in der Absicht, mithilfe der Perser wieder die Herrschaft über Attika zu erlangen. Unterwegs äscherte die Flotte Naxos ein, eroberte die Kykladen, verwüstete das Stadtgebiet von Karystos auf Euboia und gelangte schließlich nach Eretria, das durch Verrat fiel. Schließlich lief die Flotte Attika an und setzte die Invasionstruppen in der Bucht von Marathon, Euboia gegenüber, an Land.

Athen sandte angesichts dieser Gefahr einen Eilboten nach Sparta mit der Bitte um Hilfe. Aber die Lakedaimonier warteten aus religiösen Gründen erst den Neumond ab, bevor sie sich – sechs Tage später – in Marsch setzten. Als sie ankamen, waren die Würfel bereits gefallen. Die athenische Volksversammlung hatte beschlossen, sich dem Feind auf offenem Feld zum Kampf zu stellen, anstatt den Angriff hinter den Mauern der Stadt abzuwarten. Dieser Beschluss war vor allem durch die Fürsprache des Strategen Miltiades zustande gekommen. Im Morgengrauen eines Septembertags im Jahr 490 v. Chr. stießen die beiden Heere zusammen. Verstärkt von tausend Soldaten, die Plataiai, der treue Verbündete Athens, geschickt hatte, griffen die Hopliten im Laufschritt die mindestens doppelt so starken persischen Fußtruppen an und schlugen sie nach hartem Nahkampf in die Flucht. Die feindliche Flotte nahm die Besiegten an Bord und lichtete die Anker.

In Dareios' Augen konnte die Expedition als halber Erfolg gelten. Zwar war Athen der Strafe des Großkönigs entgangen, doch hatte man die Stadt Eretria, die ebenfalls den Aufstand der Ioner unterstützte, hart bestraft. Dareios bereitete nun eine Invasion in großem Maßstab vor, doch verzögerte sich ihre Ausführung wegen eines Aufstands in Ägypten. Darüber starb der König (486), und sein Nachfolger Xerxes musste erst in Ägypten die Ordnung wiederherstellen, bevor er einen Kriegszug in Europa planen konnte.

Was für die Perser nur eine kleine Schlappe war, erschien den Griechen als bedeutender Sieg. Erstmals war die gefürchtete persische Armee, die als unbesiegbar galt, in offenem Feld von den athenischen Hopliten allein in die Flucht geschlagen worden. Neben Sparta, dem bis dahin niemand auf militärischem Gebiet ebenbürtig war, gewann Athen nunmehr ein Ansehen, das seinen aufkeimenden Ehrgeiz anstacheln sollte. Vor allem aber hatte Dareios' Angriff den Griechen ins Bewusstsein gerufen, was angesichts dieses mächtigen asiatischen Reiches, Griechentum bedeutete. Die junge athenische Demokratie, die dem feindlichen Einfall mannhaft entgegentrat, stand stellvertretend für das ganze griechische Volk, das sich nicht unter das Joch dieser Knechtschaft beugen wollte.

Einen völlig anderen Charakter trug der zweite Perserkrieg. Dass Xerxes seit dem Jahr 483 v. Chr. zum Krieg rüstete, war bekannt. Er sammelte nicht nur enorme Land- und Seestreitkräfte, sondern ließ auch gewaltige Arbeiten ausführen – so auf der Landenge von

Läufer von Marathon
*(attische Stele, um
510 v. Chr.) Die rennende
Bewegung des jungen Ath-
leten mit Helm erinnert an
den Soldaten, der die Nachricht vom griechischen Sieg
bei Marathon überbrachte.
Wahrscheinlich aber han-
delt es sich nur um einen
„pyrrhischen" (bewaffne-
ten) Tänzer.*

Akte auf der Chalkidike, jener Halbinsel also, auf welcher der Berg Athos liegt. Dort
wurde ein Kanal gegraben, damit die persische Flotte, die zehn Jahre zuvor bei den
Kriegshandlungen an der Nordküste der Ägäis so schwere Verluste erlitten hatte, das ge-
fährliche Kap nicht umschiffen musste. Es war offensichtlich, dass eine Invasion bevor-
stand und dass das Ziel des Großkönigs diesmal ganz Griechenland war.

Xerxes' Streitkräfte, die im Nordwesten Kleinasiens zusammengezogen worden waren, überschritten Anfang Juni des Jahres 480 v. Chr. den Hellespont auf Schiffsbrücken,
die von persischen Pionieren unter dem griechischen Ingenieur Harpalos zwischen Abydos und Sestos über die Meerenge gebaut worden waren. Eine Flotte von 1200 Schiffen
deckte die Landoperationen und half, die mehrere hunderttausend Mann starken Truppen zu versorgen. Alle Provinzen des riesigen Reiches hatten Kontingente gestellt. Die

Flotte bestand aus phönikischen, ägyptischen, kilikischen und zyprischen Geschwadern, aber auch aus 300 griechischen Schiffen, die mit Ionern und den auf den Inseln ansässigen Untertanen des Königs bemannt waren. Xerxes zog durch Thrakien und seine griechischen Kolonien, die bereits zu Satrapien umgewandelt waren, durch Makedonien, das mit der achaimenidischen Monarchie verbündet war, gelangte ins Gebiet des Olymp und fiel in Thessalien ein. Die Griechen hatten die Verteidigungslinie weiter nach Süden verlegt. Die Thessaler und Boioter schlossen sich Xerxes an.

Die erste Landschlacht fand in den Thermopylen statt, dem einzigen Pass zwischen dem Meer und dem Kallidromosgebirge, das für ein Heer als unüberwindlich galt. Gleichwohl gelang es den Persern 480 v. Chr. die Verteidigungsstellung zu erstürmen, da eine ihrer Abteilungen auf einem Gebirgspfad in den Rücken der Griechen gelangt war. Die griechischen Truppen zogen sich rechtzeitig auf den Isthmus von Korinth zurück. Der Spartanerkönig Leonidas, seine dreihundert Spartiaten und eine Anzahl Boioter aus Thespiai verteidigten die Stellung bis zum letzten Mann. Der Dichter Simonides rühmte die heldenhaften Spartaner in einem Epigramm, das später auf ihrem Grabmal eingemeißelt wurde und in der Schiller'schen Fassung lautet: „Wanderer, kommst du nach Sparta, verkündige dorten, du habest uns hier liegen gesehen, wie das Gesetz es befahl."

Zwei bedeutende Siege

Als die griechische Flotte die Nachricht erhielt, dass die Thermopylen aufgegeben worden waren, zog sie sich nach Süden zurück und ging bei Salamis vor Anker, um die Befestigungen auf dem Isthmus von der Flanke her zu beschirmen.

Die Perser verwüsteten Phokis und gelangten durch Boiotien, wo sie als Verbündete aufgenommen wurden, nach Attika. Die Athener hatten gemäß dem Rat des Orakels ihre Stadt geräumt. Die Bevölkerung war von der Flotte nach Salamis und Troizen in Sicherheit gebracht worden. Die Besatzung, die auf der Akropolis zurückgelassen worden war, verteidigte sich tapfer, ehe sie niedergemetzelt wurde. Athen wurde geplündert und niedergebrannt.

Bevor der König darangehen konnte, die Verteidigungsstellung auf dem Isthmus anzugreifen, musste erst die griechische Flotte, die noch immer bei Salamis lag, vernichtet werden. An einem Morgen Ende September 480 v. Chr. drang die Flotte des Großkönigs in die Meerenge zwischen Salamis und der attischen Küste ein, die hier kaum einen Kilometer breit ist. Xerxes hatte sich an den Hängen des Gebirges Aigaleos einen Thron errichten lassen, um dem Sieg seiner Geschwader beizuwohnen. Doch nach einer Taktik, zu der ihnen Themistokles geraten hatte, rammten die Griechen die gegnerischen Schiffe, die zu

MARATHON UND SALAMIS

Der Sieg bei Marathon (490 v. Chr.) über die Perser wurde zu Land von der Infanterie errungen, die aus schwer bewaffneten Hopliten bestand. Der Sieg bei Salamis (480 v. Chr.) war das Ergebnis einer Seeschlacht und den Ruderern zu verdanken, also dem einfachen Volk, das sich keine Rüstung leisten konnte. Ende des 5. Jh. v. Chr. haben die athenischen Redner, die auf Seiten der Aristokraten standen, beide Siege miteinander verglichen, um ersteren, der unter Miltiades errungen wurde, zu loben und Themistokles, den Sieger von Salamis, zu kritisieren. Diesem warf man vor, „das athenische Volk zur Bank und zum Ruder verurteilt" zu haben. Die Kritik führte zu dem Scherbengericht (Ostrakismos) von 471 v. Chr. und zu seinem Exil. Themistokles hatte die politische Vision einer Stadt, die nicht an ihren Stadtmauern endete. Nachdem er die Erlaubnis hatte, das Silber aus den Minen von Laureion zum Bau einer Flotte zu verwenden, verwandelte er Athen in eine Seemacht mit einem neuen Hafen in Piräus (493/492) und der größten griechischen Flotte jener Zeit. Dank der „Mauern aus Holz", die das Orakel von Delphi empfohlen hatte, konnten die Athener ihre Stadt schützen und ein widerstandsfähiges Reich errichten. Im Zuge dieser Entwicklungen wuchs dem einfachen Volk mehr Macht zu.

eng formiert waren und sich so gegenseitig behinderten. In den Kämpfen Bord an Bord behielten die besser bewaffneten griechischen Hopliten die Oberhand. Die Schiffe des Großkönigs flohen, während die Griechen ihre schiffbrüchigen Gegner niedermetzelten. Kaum 400 griechische Schiffe hatten der um das Dreifache überlegenen persischen Flotte eine vernichtende Niederlage beigebracht.

Trotz ihrer schweren Verluste war die persische Flotte immer noch ein gefürchteter Gegner. Auch die persische Armee hatte ihre alte Schlagkraft wiedergewonnen. Doch Xerxes gab den Befehl zum Rückzug: Die Flotte fuhr geradewegs zum Hellespont, er selbst kehrte mit dem Heer auf dem Landweg nach Asien zurück. Seinen Feldherrn Mardonios ließ er mit einem großen Heer in Thessalien überwintern.

Anfang Juli des Jahres 479 v. Chr. fiel Mardonios in Attika ein, dessen Bewohner sich abermals auf Salamis in Sicherheit gebracht hatten. Er erwartete die Griechen am Ausgang der Pässe des Kithairongebirges in der Nähe des Flusses Asopos. Mardonios verfügte über ein sehr starkes und gutes Heer: Zu den persischen und asiatischen Fußtruppen waren boiotische und phokische Hoplitenkontingente gestoßen; die Reiterei galt als besonders gefährlich. Das griechische Heer, das der Spartaner Pausanias, ein Neffe des Königs Leonidas, befehligte, zählte ohne die leichten Truppen ca. 40 000 Hopliten, darunter 10 000 Lakedaimonier und 8000 Athener. Das Heer ging bei Plataiai am Fuß des Gebirges, gegenüber den feindlichen Linien, in Stellung. Die Gegner beobachteten sich drei Wochen lang. Die Griechen hatten in dieser Zeit sehr unter den Störmanövern der feindlichen Reiter zu leiden. Als aber eine Rückzugsbewegung, die Pausanias angeordnet hatte, von den Truppen schlecht ausgeführt wurde, hielt Mardonios den Augenblick für gekommen, den Asopos zu überschreiten und das verwirrte griechische Heer anzugreifen. Doch dieses hielt dem Angriff stand. Vor allem die Lakedaimonier stellten ihre sprichwörtliche Tapferkeit unter Beweis. Sie fingen den Angriff der Perser auf, gingen zum Gegenangriff über und schlugen den Feind in die Flucht. Mardonios fand in der Schlacht den Tod. Die Athener auf dem linken Flügel hatten die Boioter zum Rückzug gezwungen. Die Reste des Invasionsheeres zogen sich unter dem Schutz ihrer Reiterei nach Norden zurück. Theben lieferte nach zwanzigtägiger Belagerung die Anhänger der Perser aus. Griechenland war endgültig gerettet.

Die Schlacht bei Plataiai beseitigte, ein Jahr nach Salamis, die Gefahr, in der die Griechen seit 15 Jahren geschwebt hatten. Am Tag, an dem Mardonios besiegt worden war, errang die griechische Flotte bei Kap Mykale an der kleinasiatischen Küste einen weiteren Sieg, der den Griechen die Vorherrschaft in der Ägäis verschaffte. Die Ioner vertrieben die Besatzungen der persischen Garnisonen und die Stellvertreter des Großkönigs. Die griechische Flotte fuhr zum Hellespont, um die von Xerxes errichteten Schiffsbrücken zu zerstören, doch war ihnen ein Sturm zuvorgekommen. Im Frühling 478 brachte der athenische Stratege Xanthippos reiche Beute nach Athen, darunter die Taue, welche die Schiffe, die Xerxes' Brücken trugen, miteinander verbunden hatten. Diese Trophäen mehrten den Ruhm Athens, das gegen Asien nun selbst die Initiative ergriff.

ATTISCHE OINOCHOE *(um 430 v. Chr.) Auf diesem Weinkrug, der an die Perserkriege erinnern sollte, kontrastiert die heroische Nacktheit des griechischen Hopliten mit der farbenprächtigen Kleidung des fliehenden Barbaren.*

Athen und Sparta – geboren, um sich zu bekämpfen

Sparta, dessen Vormacht bis dahin unbestritten war, beobachtete besorgt, wie Athen ihm sogar auf dem Peloponnes den Einfluss streitig machte. Dieser Machtzuwachs Athens war für die gesamte abendländische Kultur von entscheidender Bedeutung. Denn erst der

Aufstieg zur führenden politischen und militärischen Macht ermöglichte es Athen, alle seine schöpferischen Kräfte, sei es in der Philosophie, der Literatur oder der Kunst, frei zu entfalten. Die drei Jahrzehnte zwischen 460 und 430 v. Chr. sind zu Recht als Perikleisches Zeitalter in die Geschichte eingegangen: Unter Perikles erreichte die griechische Kultur ihre höchste Blüte. Bereits im Altertum galt diese Zeit als klassische Epoche.

Im Winter 478/477 hatte sich Athen mit den ionischen Städten Kleinasiens und den Inseln zu einem Bündnis zusammengeschlossen, um den Krieg gegen die Perser weiterzuführen. Denn nach wie vor war zu befürchten, dass die Feindseligkeiten wieder eröffnet würden. Athen stellte dem Bund seine Flotte zur Verfügung und übernahm selbst den Oberbefehl über die Streitkräfte der Verbündeten. Die Staaten, die nicht in der Lage waren, ein eigenes Schiffskontingent zu stellen, verpflichteten sich, einen jährlichen Tribut zu zahlen, dessen Höhe von Aristeides in sehr gerechter Weise festgelegt und auf die einzelnen Partner verteilt wurde. Die Kasse des Bundes wurde von athenischen Schatzmeistern verwaltet und auf der Kykladeninsel Delos im Heiligtum des Apollon aufbewahrt. Das Bundesheer unternahm unter dem Befehl athenischer Feldherren eine Reihe erfolgreicher Feldzüge: So erlangte der Bund die Kontrolle über die Dardanellen, wurde die persische Besatzung aus Thrakien vertrieben und so wurden die Voraussetzungen geschaffen zur Gründung athenischer Militärkolonien (Kleruchien). Um 467 schließlich erfocht Kimon, der Sohn des Miltiades, einen Doppelsieg zu Lande und zur See über die Perser. Die griechischen Städte der Ägäis waren von nun an sicher.

Während Athen in Kimon einen Führer gefunden hatte, der imstande war, die kühne Machtpolitik fortzusetzen, kämpfte Sparta mit großen Schwierigkeiten. Es hatte abermals gegen seinen alten Feind, das benachbarte Argos, ins Feld ziehen müssen. Dann brach ein Helotenaufstand aus, der zu dem dritten, fast zehn Jahre währenden Messenischen Krieg führte (469–460). Im Jahr 464 v. Chr. wurde Sparta durch ein heftiges Erdbeben fast völlig zerstört. Nur die Tatkraft des Königs Archidamos und die spartanische Disziplin bewahrten die Stadt vor dem Ruin. Als in den Jahren 465 und 464 die der thrakischen Küste vorgelagerte Insel Thasos den Athenischen Bund verlassen wollte, bat sie Sparta vergebens um Beistand. So konnte Kimon die aufsässige Stadt nach zweijähriger Belagerung wieder zum Gehorsam zwingen. Sparta musste sogar Athen zu Hilfe rufen,

THESEUS ALS VATER DER DEMOKRATIE

Obwohl man annimmt, dass Theseus, ein Zeitgenosse des Minos, vor dem Troianischen Krieg (den die offizielle Chronologie um 1180 v. Chr. ansetzt) gelebt hat, schrieben die Athener ihm mehrere wichtige Taten in ihrer Geschichte zu. Da er bei seiner Rückkehr vergessen hatte, das schwarze Segel seines Schiffes durch ein weißes zu ersetzen, um den Erfolg seiner Expedition anzuzeigen, wurde sein Vater, Ägäis, umgebracht. Sodann, berichtet Plutarch, vereinte er die Bevölkerung Attikas in einer Stadt mit dem Namen Athen. Um die Bewohner der Umgebung zu bewegen, ihre angestammten Rechte aufzugeben, versprach er ihnen, die Macht gleichmäßig unter ihnen aufzuteilen. Er hielt Wort, schaffte das Königtum ab und errichtete die Demokratie. Allerdings wurden die Athener in drei Klassen eingeteilt (Adlige, Bauern und Handwerker). Theseus bestimmte auch die religiösen Feste und rief die Isthmischen Spiele

ins Leben. Aus Abenteuerlust verließ er jedoch Athen zu militärischen und Liebesabenteuern. Seine politischen Feinde, die er ihrer Macht beraubt hatte, nutzten die Gelegenheit zu einer Verschwörung. Nach seiner Rückkehr wurde Theseus ins Exil geschickt, wo er auch starb.

475 suchte Kimon, Sohn des Miltiades, des Siegers von Marathon, und mittlerweile selbst siegreicher Feldherr, auf Geheiß der Pythia die Gebeine des Theseus und brachte sie in einem Triumphzug nach Athen zurück. Dort rief man einen Kult zu Ehren des Heroen ins Leben. Wahrscheinlich schrieb man ihm zu jener Zeit auch die politischen Neuerungen zu. Die Athener haben ihre Mythen oft zu ideologischen Zwecken eingesetzt. Sie hielten es für sinnvoll, die Demokratie als Erfindung zum Wohl der Zivilisation auf der Basis von Heldentaten ihres mythischen Heroen zu legitimieren.

um mit dem Widerstand der Messenier fertig zu werden. Kimon scheiterte bei seinem Versuch. Daraufhin sandten die Lakedaimonier die athenischen Truppen wieder zurück. Dies war der Anlass zum offenen Bruch zwischen den beiden Stadtstaaten. Nachdem sie sich zwanzig Jahre lang als geheime Rivalen gegenübergestanden hatten, kam es zu einer bewaffneten Auseinandersetzung.

Das Jahrzehnt zwischen 460 und 450 v. Chr. ist für Athen von größter Bedeutung. In dieser Zeit wird Perikles zum einflussreichsten Führer der athenischen Politik. Perikles, um 495 v. Chr. geboren und aus adliger, mit dem Geschlecht der Alkmaioniden verwandten Familie stammend, war eine kultivierte Persönlichkeit, ein hervorragender, mitreißender Redner und ein erfahrener Kriegsmann. Er genoss das volle Vertrauen der Demokraten, die, seiner großen Fähigkeiten wohl bewusst, an seiner Redlichkeit in politischen und finanziellen Dingen nicht zweifelten und ihm die Treue hielten. Da Perikles von den außergewöhnlichen Fähigkeiten des athenischen Volkes überzeugt war, sprach er ihm auch das Recht auf die Hegemonie zu. Im Grunde war dies eine imperialistische Doktrin. Das Volk konnte durchaus damit zufrieden sein, denn vom Führer einer Konföderation wurde Athen nun zum Führer eines Reiches, und außerdem flossen ihm aus den Geldmitteln des Bundes Subsidien zu. Insgesamt lebten von diesen Geldern – wie uns Aristoteles berichtete – mehr als 20 000 Bürger: Den Richtern der *heliaia* wurde ein täglicher Sold bewilligt, in der Metropole und im Reich eine große Anzahl Beamter neu eingesetzt, dazu kamen der Kriegssold und die Entschädigungen. Außerdem gaben die Prachtbauten, die Perikles auf der Akropolis ausführen ließ, ungezählten Arbeitern mehr als zwanzig Jahre lang Arbeit. Im Jahr 454/453 wurde der Bundesschatz von Delos nach Athen gebracht und stand somit nicht mehr unter dem Schutz Apollons, sondern Athenas. Diese Maßnahme ließ sich zwar damit rechtfertigen, dass nach einer vernichtenden Niederlage, die Athen in Ägypten erlitten hatte, den Kykladen durch die persische Flotte Gefahr drohte, doch handelte es sich letztlich um einen politischen Schachzug, der bedeutete, dass Athen nunmehr die Angelegenheiten des Bundes ganz in seine Hand zu nehmen gedachte.

Vorherrschaft Athens über die Verbündeten

Die imperialistischen Neigungen Athens hatten zum Abfall mehrerer verbündeter Städte geführt, wobei diesen von den Persern Beistand geleistet worden war. Um den Rücken frei zu haben, schlossen die Athener mit Sparta einen Waffenstillstand. Dann gingen sie daran, ihre abtrünnigen Verbündeten wieder unter ihre Botmäßigkeit zu bringen. Nachdem die athenische Macht wiederhergestellt war, wurde der Krieg gegen die Perser von Neuem aufgenommen. Ein Geschwader fuhr unter Kimon in die zyprischen Gewässer. Nachdem Kimon dort Erfolge errungen hatte, starb er. Im Jahr 449/448 fanden Verhandlungen statt; der Vertrag zwischen Persien und Athen, der dabei zustande kam, wird nach dem wichtigsten athenischen Unterhändler Kallias-Frieden genannt. Den griechischen Städten Kleinasiens wird darin ihre Selbstständigkeit garan-

ATHENA PARTHENOS VON PHEIDIAS *(römische Kopie) Der Glanz der Kolossalstatue aus Gold und Elfenbein symbolisierte den gebieterischen Stolz Athens auf der Höhe seiner Macht.*

tiert. Die Kriegsschiffe des Großkönigs durften sich nicht mehr zwischen Pamphylien und dem Bosporus zeigen. Athen verpflichtete sich, die Gebiete des Großkönigs nicht anzutasten. Daraufhin lebten die Ioner in Sicherheit, und auch der Seehandel konnte sich wieder frei entfalten.

Athen machte sich die Situation zunutze, um seine Machtstellung gegenüber seinen Verbündeten zu stärken: Es gründete auf ihrem Boden eine Vielzahl von Militärkolonien, nahm häufig auf die Innenpolitik dieser Staaten Einfluss und unterstützte dabei die Demokraten. Außerdem zwang Athen diesen Staaten attisches Geld und das attische Maß- und Gewichtssystem auf. Indessen war Sparta auf dem Festland auch nicht untätig. Um die Selbstständigkeit von Delphi vor den Phokern, den Bundesgenossen Athens, zu schützen, führte es gegen diese den II. Heiligen Krieg. Athen griff ein, sah sich aber in Mittelgriechenland, wo ihm mehrere boiotische Städte den Gehorsam verweigerten, großen Schwierigkeiten gegenüber. Ein athenisches Heer erlitt im Jahr 447 v. Chr. bei Koroneia eine vernichtende Niederlage. Nun erhoben sich Megara und Euboia gegen die athenische Herrschaft. Schließlich gelangte ein lakedaimonisches Heer bis nach Eleusis. Zum Glück für Athen trat der Führer dieses Heeres bald den Rückzug an. Perikles nutzte die Gelegenheit, um die rebellischen Euboier hart zu strafen. Im Jahr 445 v. Chr. schloss er mit Sparta einen Frieden auf dreißig Jahre, der ein gewisses Gleichgewicht der Kräfte herstellte zwischen dem Athenischen Reich, das die meisten seiner Verbündeten auf dem Festland (Plataiai und Naupaktos ausgenommen) verloren hatte, aber immer noch Herr über die Ägäis war, und dem Peloponnesischen Bund unter Führung Spartas, der nun durch den Beitritt Megaras und Boiotiens an Macht gewonnen hatte.

Athen befand sich trotz seiner Verluste im Mutterland wirtschaftlich und politisch auf dem Höhepunkt seiner Macht. Auf Betreiben von Perikles wurde ein Teil der Tributzahlungen für die Bauten und Marmorskulpturen der Akropolis verwendet. In den Jahren 447 bis 438 wurde der Parthenon erbaut. Das Plateau der Akropolis war bis 432 v. Chr. von reger Bautätigkeit erfüllt. Gleichzeitig unterhielt Athen seine Kriegsflotte. Sechzig Trieren befanden sich nun acht Monate im Jahr in ständiger Alarmbereitschaft.

In Akarnaien wie auch auf der Chalkidike stießen die Interessen Athens mit denen Korinths, das Mitglied des Peloponnesischen Bundes war, zusammen. In einem Konflikt zwischen Korinth und seiner alten Kolonie Kerkyra (Korfu) hatte sich Kerkyra an Athen gewandt und mit diesem ein Bündnis geschlossen. In einer Seeschlacht im Jahr 533 v. Chr. bei Kerkyra konnten die Insulaner dank einer Verstärkung aus Athen das korinthische Geschwader zurückschlagen. Die Gefahr einer Ausweitung des Konflikts wurde zusehends größer; Perikles sah eine kriegerische Auseinandersetzung als unvermeidlich an. Er begann daher, die Verbündeten Spartas verstärkt zu provozieren. Im Jahr 431 v. Chr. begann der Krieg. Er endete erst im Jahr 404 mit der Niederlage Athens.

Perikles' eiserne Hand

Perikles war sich wohl bewusst, dass die athenischen Truppen den Streitkräften Spartas und dessen Verbündeten bei einer Begegnung im offenen Feld nicht gewachsen waren. Die letzteren waren auf dem Schlachtfeld nicht nur zahlenmäßig überlegen – auch die besondere Tapferkeit der spartanischen Hopliten musste in Rechnung gestellt werden. Die Spartaner hofften, dass die Entscheidung in offener Feldschlacht fallen würde, Perikles aber gab den Rat, sich nicht zum Kampf zu stellen. Die Bevölkerung Attikas solle vielmehr in der befestigten Stadt und im Raum zwischen den Langen Mauern Schutz suchen und das Land vor dem Einfall der Feinde räumen. Dagegen solle sich Athen seine Überlegenheit zur See zunutze machen, um die Küsten des Peloponnes durch häufige Lan-

dungen und Überfälle zu beunruhigen. Daher bestand Hoffnung, dass der Peloponnesische Bund, durch einen unbarmherzigen Seekrieg erschöpft, sich auflösen würde und dass Sparta nach dem Abfall seiner Verbündeten seine Niederlage eingestehen müsse. Perikles musste seinen ganzen Einfluss geltend machen, um seine Ansichten durchzusetzen. Denn die Hälfte der Bevölkerung Attikas hatte für den Erfolg einer Strategie, die auf lange Sicht berechnet war, ihre Güter und Lebensweise zu opfern. Der erste Teil des Krieges (432–421 v. Chr.) wird oft nach dem spartanischen König, der die Kampfhandlungen der ersten Jahre leitete und 427 starb, der Archidamische Krieg genannt. Nach einem misslungenen Überfall der Thebaner auf Plataiai, das mit Athen verbündet war, drang das lakedaimonische Heer in Attika ein, während die athenische Flotte an der Küste des Peloponnes Raubzüge unternahm. Im folgenden Jahr fielen die Lakedaimonier von neuem in Attika ein. Da traf Athen ein unerwarteter Schlag: die Pest. Ein Drittel der Bevölkerung fiel ihr zum Opfer. Während dieser schrecklichen Prüfung wurden Anklagen gegen Perikles laut, aber bereits im Frühjahr 429 schenkten ihm die Athener erneut ihr Vertrauen und wählten ihn abermals zum Strategen. Doch im Herbst desselben Jahres starb er.

DER PARTHENON
Der Tempel wurde auf Anweisung des Perikles in Athen errichtet, um die Statue und den Schatz der Athene aufzunehmen. Er verdankt seinen Namen dem Beinamen der Göttin: Parthenos (Jungfrau).

ASPASIA, DIE SCHÖNE HETÄRE

Nur wenige Frauen haben in der griechischen Geschichte ihre Spuren hinterlassen. Die Athenerinnen trugen den Namen ihres Vaters oder ihres Mannes und waren zu Schweigsamkeit und Diskretion angehalten – im Gegensatz zu den Römerinnen. Um Berühmtheit zu erlangen, musste eine Athenerin Kurtisane (Hetäre), also „Gefährtin" eines Mannes werden. Die Kurtisanen, die an Festmählern teilnehmen durften, genossen eine umso größere Freiheit, je reicher und mächtiger ihr Beschützer war.

Die berühmteste von ihnen, Aspasia, stammte aus Milet. Perikles lebte mehr als zehn Jahre mit ihr zusammen, nachdem er sich von seiner Frau getrennt hatte. Sie schenkte ihm einen Sohn, Perikles den Jüngeren. Der große athenische Staatsmann hat ihr zahlreiche Liebesbeweise geliefert: Laut Plutarch verließ er nie das Haus und kam nie zurück, ohne sie zu grüßen und zu umarmen, was im Athen des 5. Jh. v. Chr. keineswegs als ziemliches Verhalten galt. Aspasia war schön, intelligent und gebildet. Sie war in Philosophie und Politik bewandert, selbst Sokrates suchte sie des Öfteren auf. Platon behauptet, sie habe die Reden ihres Mannes geschrieben, und führt eine düstere, von ihr stammende Rede als Beleg an. Einige Griechen suchten sie auf, um sich von ihr in Rhetorik unterrichten zu lassen. Ihre Talente und ihr Einfluss auf Perikles trugen ihr allerdings auch Neid ein. Man klagte sie wegen Gottlosigkeit und Kuppelei an, weil sie Mädchen um sich versammelte und sie unterrichtete. Denn Frauenbildung war nicht gern gesehen. Perikles, der seine Tränen in dem Gerichtsverfahren nicht zurückhielt, konnte jedoch ihren Freispruch erwirken. Die Liebe, die er für diese bemerkenswerte Frau empfand, verleiht dem erfreulichen Bild des großen Staatsmanns zusätzlich eine positive persönliche Note.

Die Kampfhandlungen gingen mit wechselndem Glück weiter. Im Jahr 425 v. Chr. rückte der Sieg für Athen in greifbare Nähe. Athen hatte einige Truppen in Sizilien gegen Syrakus und die mit Sparta verbündeten Städte eingesetzt. Ein Geschwader, das Verstärkung nach dem Westen brachte, legte wegen des schlechten Wetters in der Bucht von Pylos an der Westküste Messeniens an. Demosthenes, ein athenischer Feldherr, der sich schon zuvor in Akarnanien hervorgetan hatte, beschloss, Pylos zu halten, das Lager zu befestigen und einen Teil seiner Truppen zurückzulassen, um von diesem Stützpunkt aus das verwundbare Messenien zu beunruhigen. Um diese Bedrohung abzuwenden, versuchten die Spartaner, die athenische Stellung im Sturm zu nehmen, doch widerstand diese ihren Angriffen. So besetzten sie die kleine Küsteninsel Sphakteria, welche die Bucht von Pylos zum Meer hin abschließt. In der Zwischenzeit traf ein athenisches Geschwader ein und blockierte die Besatzung der Insel, 400 Spartiaten. Die Zahl der gebürtigen Spartiaten im spartanischen Staat war jedoch so klein, dass diese Blockade gegen 400 von ihnen genügte, um Sparta dazu zu bewegen, Athen den Frieden zu sehr günstigen Bedingungen anzubieten. Doch auf Betreiben von Kleon, einem Demagogen, lehnte die athenische Volksversammlung dieses Angebot ab. Die athenischen Truppen, von Demosthenes klug geführt, brachen aufgrund ihrer zahlenmäßigen Überlegenheit den Widerstand der lakedaimonischen Hopliten. 20 Tage nach seiner Abfahrt brachte Kleon 300 Gefangene nach Athen, davon 120 Spartiaten (425 v. Chr.).

Aber das Kriegsglück wendete sich. Im Jahr 424 v. Chr. fiel eine athenische Armee in Boiotien ein, stieß in Delion bei Tanagra mit den Boiotern zusammen und wurde in offener Feldschlacht geschlagen. Athen hatte den Fehler begangen, die Ratschläge, die Perikles einst gegeben hatte, nicht zu beachten. Außerdem besetzte der nach Nordgriechenland entsandte lakedaimonische Feldherr Brasidas Amphipolis, trotz der Anstrengungen des Atheners Thukydides, der mit der bei Thasos stationierten Flotte die Chalkidike decken sollte. Man gab Thukydides die Schuld an dem Verlust der Stadt und schickte ihn in die Verbannung, wo er die unfreiwillige Muße dazu benutzte, die Geschichte des Peloponnesischen Krieges zu schreiben. Inzwischen schritt Brasidas auf der Chalkidike von Sieg zu Sieg und entriss Athen eine ganze Anzahl verbündeter Städte. Kleon ließ sich das Kommando über die Expedition übertragen, die den Auftrag hatte,

Amphipolis zurückzuerobern. Im Sommer 422 v. Chr. wurde er vor den Toren der Stadt von Brasidas geschlagen und fiel ebenso wie dieser im Verlauf der Kampfhandlungen. Unterhandlungen zwischen den beiden Staaten stand also nichts mehr im Weg. Das Ergebnis war der Nikias-Frieden von 421 v. Chr., benannt nach dem athenischen Politiker, der ihn schloss. Doch war mit diesem Frieden, der aus Kriegsmüdigkeit geschlossen und mit gegenseitigen Zugeständnissen erkauft worden war, der Streit um die Vormacht zwischen Sparta und Athen keineswegs beigelegt. Zwischen Sparta und Theben, Athen und Argos entspann sich eine rege diplomatische Tätigkeit, an der bald auch Elis und die arkadischen Stadtstaaten teilhatten. Die athenische Politik war den verschiedensten Einflüssen ausgesetzt: Bald hatte Nikias, ein Befürworter des Friedens, der eine Verständigung mit Lakedaimon wollte, ein gewisses Übergewicht, dann wieder Hyperbolos, ein Schüler des Sokrates und Neffe des Perikles. Im Jahr 417 v. Chr. wurde Hyperbolos verbannt, doch standen sich weiterhin Alkibiades und Nikias als Amtsgenossen und Rivalen gegenüber.

Ende des athenischen Traums

Schon seit langem nahm Syrakus in Sizilien die beherrschende Stellung ein. Die Stadt hatte durch die kühne Politik des Tyrannen Gelon und dessen Bruder Hieron, der ihm nachfolgte, am Anfang des 5. Jh. v. Chr. an Macht gewonnen und ihr Gebiet wesentlich vergrößert. Beide hatten das Griechentum gegen die Karthager und Etrusker erfolgreich verteidigt. Selbst nach dem Sturz der Tyrannis im Jahr 466 v. Chr. war Syrakus noch die mächtigste Stadt Siziliens. Syrakus, das in Erinnerung an seinen Ursprung mit seiner Mutterstadt Korinth gute Beziehungen unterhielt, bewahrte ihr auch die Treue, als der Peloponnesische Krieg ausbrach, und eroberte für die Sache Korinths und Spartas die meisten griechischen Städte der Insel. Athen wollte nun die Kampfpause, die ihm im griechischen Mutterland vergönnt war, nutzen, um seine wagemutige Politik im Westen fortzusetzen. Der Anlass dazu ergab sich, als es von seinem Verbündeten Segesta, das mit Selinus, einem Verbündeten von Syrakus, im Krieg stand, zu Hilfe gerufen wurde. Der stets vorsichtige Nikias riet von dem Unternehmen ab. Alkibiades dagegen war der eifrigste Befürworter. Er gewann das Volk für sich, das auf materielle Vorteile, Sold und Kriegsbeute hoffte. Der Oberbefehl wurde Alkibiades und Nikias gemeinsam übertragen; die Expedition, die mit großen Mitteln ausgerüstet worden war, brach im späten Frühjahr 415 v. Chr. auf.

Wenige Tage zuvor hatte ein Religionsfrevel bei den Athenern große Empörung ausgelöst. Die Hermen – Pfeiler, die einen Hermeskopf trugen – waren während der Nacht von Unbekannten verstümmelt worden. Man brachte Alkibiades, der bereits im Verdacht gestanden hatte, bei einer Parodie der Mysterien von Eleusis mitgewirkt zu haben, mit dem Hermenfrevel in Verbindung. Ein Schiff holte ihn aus Sizilien zurück, doch konnte er nach Sparta fliehen, wo er, scheinbar äußerst beunruhigt, von den ehrgeizigen Plänen seines Vaterlandes in Sizilien berichtete. Die Lakedaimonier folgten seinem Rat und sandten den Spartiaten Gylippos nach Syrakus, der an der Spitze der Verteidiger den Einfall Athens verhindern sollte. Nach zwei Jahre währenden ergebnislosen Operationen scheiterte das athenische Expeditionskorps bei dem Versuch, Syrakus mit offener Gewalt zu nehmen, trotz der Verstärkung, die unter dem tüchtigsten der athenischen Feldherren, Demosthenes, eingetroffen war. Das athenische Heer wurde nun von den Syrakusanern

DREI HERMESSTATUEN *(Fragment einer attischen Vase, 470 v. Chr.) Diese Art der Darstellung reduziert Hermes auf seinen Kopf und seinen Phallus.*

in die Defensive gedrängt und unterlag im Sommer des Jahres 413 v. Chr. Nikias und Demosthenes wurden von den Siegern hingerichtet. Die Überlebenden schmachteten in den Steinbrüchen bei Syrakus in Gefangenschaft, ehe man sie in die Sklaverei verkaufte.

Unterdessen ging der Krieg im griechischen Mutterland weiter. Auf Alkibiades' Rat rückten die Lakedaimonier im selben Jahr (413 v. Chr.) in Attika ein, befestigten den Ort Dekeleia am Fuß des Parnes und beherrschten dadurch das Gebiet um Athen. Sie hielten diese Stellung das ganze Jahr hindurch besetzt. Das bedeutete für Athen eine ständige Landblockade: Die Stadt war von der Versorgung aus dem attischen Hinterland abgeschnitten, vor allem aber auch von den Silberminen Laureions, wo die in den Bergwerken arbeitenden Sklaven die Flucht ergriffen. Die Geschichte der Jahre 412–404 v. Chr. ist äußerst verwickelt. Athen unternahm verzweifelte Anstrengungen, um dem Druck seiner äußeren Feinde zu entrinnen. Gleichzeitig fehlte es nicht an Versuchen, das politische Regierungssystem, dem man die Schuld für die Katastrophe in Sizilien gab, zu reformieren.

Der Krieg wurde im Wesentlichen zur See ausgetragen, wo er sowohl mehr Geld als auch mehr Menschenleben kostete. Athen versuchte, sein Reich, in dem allerorts Aufstände ausbrachen, sowie die für die Versorgung lebenswichtigen Verkehrswege zu halten. 406 v. Chr. schlug Athen die peloponnesische Flotte bei der Inselgruppe der Arginusen vor Lesbos. Athen wusste die Lage nicht zu nutzen. Im Gegenteil: Es ging sogar so weit, in einer Anwandlung sinnlosen Zorns die siegreichen Feldherren zum Tod zu verurteilen mit der Begründung, sie hätten nicht versucht, die Mannschaft der im Gefecht versenkten Schiffe zu bergen. Vom November des Jahres 405 v. Chr. an wurde Piräus blockiert, eine Hungersnot brach unter der Bevölkerung der belagerten Stadt aus. Vier Monate leistete Athen Widerstand, dann ergab es sich im April 404, wobei es die Bedingungen annahm, die der Sieger gestellt hatte: Athen musste die Langen Mauern niederreißen, seine letzten Kriegsschiffe ausliefern und die Weisungen Spartas in der Außenpolitik befolgen.

DIE STEINBRÜCHE VON SYRAKUS
Der Eingang zu den Steinbrüchen von Syrakus erinnert in der Form an einen Gehörgang. Das hat ihm den Namen „Ohr des Dionysios" eingebracht. Der siegreiche Tyrann hatte an diesem Ort die Athener nach ihrer Niederlage 413 v. Chr. eingesperrt.

Tod des Sokrates; Zug der Zehntausend

Es zeigte sich schnell, dass Sparta nicht in der Lage war, bei der Neuordnung der griechischen Welt eine leitende Rolle zu spielen. Es verfolgte unbeirrt seine alte Hegemoniepolitik auf dem Festland, war aber durch sein Bündnis mit den Persern behindert. Andererseits brauchte es die persischen Subsidiengelder für seine Flotte, deren Schwächung

im Grunde eine Folge der inneren Entwicklung Spartas und eines politischen und sozialen Systems war, welches bewirkte, dass sich die Zahl der Spartiaten im Verhältnis zu jener der Minderberechtigten und der Heloten ständig verringerte. Sparta verfügte daher weder über genügend Männer, noch besaß es so viel politischen Weitblick, um die griechischen Stadtstaaten, die ihre Autonomie zu wahren versuchten, zu zwingen, ihre Kräfte für ein gemeinsames Ziel einzusetzen und ihre Streitigkeiten beizulegen.

In Athen war es nach der Niederlage zu einer heftigen antidemokratischen Reaktion gekommen. Die Regierung der Stadt wurde einem Ausschuss von dreißig Bürgern anvertraut, den so genannten Dreißig Tyrannen, zu denen Theramenes gehörte, außerdem Kritias, ein intelligenter, zynischer und ehrgeiziger Adliger, Schüler des Sokrates und Oheim Platons. Unter der Herrschaft der Dreißig, die in der von Lysandros bereitgestellten spartanischen Garnison militärischen Rückhalt hatten, brach eine Schreckensherrschaft an. Sie ließen mehr als fünfzehnhundert Bürger und zahllose Metoiken hinrichten und bereicherten sich mit den konfiszierten Gütern der Verurteilten und derer, die es vorgezogen hatten, freiwillig ins Exil zu gehen. Aber die Emigranten kehrten nach Attika zurück und eroberten den Piräus. Nach einem Bruderkrieg zwischen den Bewohnern der Stadt und denen des Piräus wurden die Dreißig Tyrannen vertrieben. Die Parteien versöhnten sich, als ein spartanisches Heer, das bereits nach Attika zurückgekehrt war, einzugreifen drohte. In den Jahren 403 und 402 v. Chr. wurde unter dem Archontat des Eukleides eine Amnestie verkündet, von der nur die Dreißig Tyrannen und einige Beamte ausgenommen waren. Die Demokratie wurde in ihren alten Formen wiederhergestellt.

SOKRATES

Dieses Fresko aus der römischen Epoche zeigt Sokrates in der traditionellen Haltung des denkenden Philosophen. Es zierte das Haus eines gebildeten Adligen in Ephesos.

Das Volk hielt sich strikt an die vereinbarte Amnestie und kam überdies für die Schulden auf, welche die Bürger bei den Spartanern gemacht hatten, als sie gegen die Bewohner des Piräus Krieg führten. Die Verbitterung aber, die die Zeit der Oligarchie im Volk zurückgelassen hatte, verblasste nur langsam und spielte auch im Sokratesprozess eine Rolle: Der Vorwurf an Sokrates, gottlos und ein Verderber der Jugend zu ein, rief in den Richtern das Gefühl wach, der Philosoph habe nicht nur an den kühnen Spekulationen und zersetzenden Kritiken, welche die sittlichen Grundlagen der Stadt erschütterten, Schuld, sondern auch an dem skandalösen Verhalten seiner Schüler, der anmaßenden und skeptischen Aristokraten Alkibiades und vor allem Kritias. Erstaunlich ist, dass die Mehrheit derer, die für seinen Tod stimmte, recht gering ausfiel. Die Verteidigungsrede des Sokrates, der mit heroischer Ruhe seinem Ende entgegensah, haben Platon und Xenophon nachgedichtet. Sein bewegender Tod trug viel dazu bei, seine Lehre weiter zu verbreiten.

Während Athen mit seiner inneren Erneuerung beschäftigt war, überließ es gehorsam Sparta die Initiative im Verhältnis zu Persien. Nach dem Tod Dareios' II. erhob sich dessen jüngster Sohn Kyros der Jüngere, der in den letzten Jahren des Peloponnesischen Krieges eine wichtige Rolle gespielt hatte, gegen seinen Bruder, der als Artaxerxes II. König geworden war. Er warb eine Truppe griechischer Söldner an, um das Heer, über das er in Kleinasien gebot, zu verstärken, und setzte sich gen Babylon in Marsch. Im Herbst des Jahres 401 v. Chr. traf er in Kunaxa in Mesopotamien auf das Heer des Königs, fiel aber im Kampf. Die rund 13 000 griechischen Söldner traten den Rückzug nach Norden an, gelangten im folgenden Frühjahr nach Trapezunt am Schwarzen Meer und kehrten nach Europa zurück. Der Zug der Zehntausend, wie man ihn nach der ungefähren Zahl der Überlebenden nannte, offenbarte die Ohnmacht des achaimenidischen Reiches, welches das verhältnismäßig kleine Heer auf

seinem langen Rückzug nicht aufhalten konnte, und stärkte das Vertrauen der Griechen in die eigene militärische Überlegenheit. Der Bericht Xenophons in der *Anabasis*, den er als Teilnehmer dieses Zugs verfasst hat, blieb auf die Eroberungen Alexanders nicht ohne Einfluss.

Dionysios von Syrakus

Im gleichen Jahr (400 v. Chr.) kam es zwischen Sparta und dem Großkönig zum Bruch, denn der Satrap Tissaphernes versuchte, die griechischen Städte Ioniens ganz unter seine Herrschaft zu bringen. Der daraus folgende Krieg in Kleinasien bestand aus einer Reihe zusammenhangloser Operationen der lakedaimonischen Heere. Der Athener Konon rüstete in Zypern eine Flotte für die Perser auf. Schließlich zogen die Abgesandten des Großkönigs durch das griechische Mutterland und verteilten mit vollen Händen Gold, um die Staaten, die auf die Macht Spartas eifersüchtig waren, gegen dieses aufzuwiegeln.

Ihre Bemühungen führten im Jahr 395 v. Chr. zu einem Bündnis, dem sich Theben, Athen, Argos und Korinth anschlossen. Der spartanische König Agesilaos errang bei Koroneia über die Streitkräfte der Verbündeten einen Sieg (394. v. Chr.). Aber Athen

FESTUNG VON SYRAKUS *Dionysios der Ältere ließ die Befestigungsanlagen im Jahr 401 v. Chr. anlegen, nachdem die Athener Syrakus vergeblich belagert hatten. Die Mauern umschließen die Stadt von der Burg Euryalos aus, die den Zugang von Westen her bewacht.*

71

baute die Langen Mauern wieder auf, und Konons Flotte schlug eine peloponnesische Flotte in den Gewässern um Knidos. Bald war die Küste Lakoniens wieder den Angriffen athenischer Schiffe ausgesetzt. Auch um den Isthmus von Korinth spielten sich Kampfhandlungen ab. Danach erhielt dieser Abschnitt des Krieges den Namen Korinthischer Krieg. Als Antwort auf Athens Angriffe fing Sparta in den Dardanellen die Schiffe ab, die Athen mit Lebensmitteln versorgen sollten, und führte von Aigina Überfälle auf den Piräus aus. Allmählich wurden die Feinde Lakedaimons kriegsmüde. Der Spartaner Antalkidas trat mit den Persern in Unterhandlungen ein, und Artaxerxes unterbreitete den griechischen Staaten einen Vermittlungsvorschlag. Nach langem Zögern unterzeichneten diese schließlich den Königsfrieden (386 v. Chr.). Sie bestätigten dem achaimenidischen Herrscher den Besitz der Städte Kleinasiens und Zyperns. Die übrigen griechischen Stadtstaaten sollten autonom bleiben. Der König bürgte für die Einhaltung des Vertrags. Den größten Vorteil zog er selbst daraus, da die in Kleinasien ansässigen Griechen wieder unter seine Herrschaft gerieten, während das europäische Griechenland, das aus zahllosen Einzelstaaten bestand, zu schwach war, um ein großes Unternehmen zu wagen. Dies war die Vergeltung für die Perserkriege.

Karthago hatte die Zwistigkeiten der griechischen Staaten im Westen dazu benutzt, auf Sizilien seine Expansionspolitik wieder aufzunehmen. Im Jahr 408 nahmen karthagische Truppen Selinus und Himera im Sturm, vernichteten Agrigent, besetzten Gela und drohten Syrakus einzunehmen. Im Verlauf der Kriegsereignisse war dort ein junger Offizier, Dionysios, an die Macht gekommen, der sich, nachdem er zum einzigen Feldherrn gewählt worden war, zum Tyrannen aufschwang und seine Gegner ermorden ließ. Die Pest, die im Lager der Karthager ausbrach, machte diese zu Verhandlungen geneigt. Dionysios erkannte an, dass der größere Teil Siziliens karthagischer Besitz war (404 v. Chr.). Dann machte er aus Syrakus die größte Festung der griechischen Welt, warb für sein Heer griechische und fremde Söldner an und ließ eine Flotte von 300 Schiffen ausrüsten, die nicht nur aus Trieren bestand, sondern auch aus Schiffen mit vier und fünf Reihen von Ruderern. Mit diesem Kriegspotenzial griff er 397 v. Chr. Karthago an und schloss nach langem Krieg einen neuen Vertrag, durch den der karthagische Einflussbereich beträchtlich verkleinert wurde. Dionysios wandte sich nun Kriegszügen in Süditalien zu. Gleichzeitig beherrschte seine Flotte das Ionische Meer. Unter ihrem Schutz konnten die syrakusanischen Kaufleute bis in die nördliche Adria vorstoßen. Im Tyrrhenischen Meer war diese Flotte bald gefürchtet, nachdem sie das Gebiet der etruskischen Stadt Agylla (Caere) überfallen hatte. Doch auch in zwei weiteren Kriegen gelang es Dionysios nicht, die Karthager aus Sizilien zu vertreiben.

Dionysios, der zur Unterscheidung von seinem Sohn und Nachfolger der Ältere genannt wird, gelangte zu großem Ruhm. Als er im Jahr 367 v. Chr. starb, war er unbestritten der berühmteste Grieche seiner Zeit. Seine Macht gründete sich in erster Linie auf die ausgezeichnet bewaffneten, hochbezahlten Söldner. Im Übrigen zeichnete sich seine Regierung durch Bedenkenlosigkeit in der Wahl der Mittel aus. Dionysios schuf den ersten großen Staat, in dem Griechen jeglicher Herkunft, sikulische oder italische, Barbaren, Glücksritter und Händler aus allen Himmelsrichtungen unter einem Herrscher zusammenlebten, allerdings nicht den Status von freien Bürgern, sondern eher den von Untertanen besaßen. Unter der Regierung des Dionysios nahm das Wirtschaftsleben einen starken Aufschwung; Syrakus wurde zum größten Markt im Westen. Der Glanz des Hofs, das Interesse des Herrschers für die Literatur (er war stolz darauf, selbst Tragö-

SILBERNE DEKADRACHME AUS SYRAKUS
Die Münze, die zur Feier des Sieges von Tyrann Gelon über die Karthager geschlagen wurde, stellt die Nymphe Arethusa umgeben von Delphinen dar. Die Nymphe wurde vom Fluss Alpheus verfolgt und flüchtete von Olympia über das Meer nach Syrakus.

dien verfasst zu haben), die Anziehungskraft, die von seiner Persönlichkeit ausging, erweckte das Interesse von Philosophen wie Platon und Aristipp. Die Athener verliehen ihm kurz vor seinem Tod das Bürgerrecht und erkannten ihm beim Wettbewerb der Dionysien im Jahr 367 v. Chr. den ersten Preis zu. In der Folge nahm sich mancher Politiker Dionysios zum Vorbild.

Größe und Fall Thebens

Zur selben Zeit herrschten im Mutterland Wirren als Folge des Königsfriedens. Sparta schlug bei seinen Verbündeten, die ihre Unabhängigkeit erkämpfen wollten, Aufstände nieder. Im Verlauf eines Feldzugs nach Nordgriechenland besetzte eine spartanische Truppe die Burg von Theben, die Kadmeia. Im Jahr 379 v. Chr. befreiten einige thebanische Patrioten die Stadt. In der Folgezeit konnte kein spartanisches Heer, das nach Boiotien gesandt wurde, Theben je wieder erobern.

Im Konflikt zwischen Theben und Sparta stellte sich Athen, trotz seines alten Misstrauens gegenüber dem nördlichen Nachbarn, auf die Seite Thebens. Die Stadt war entschlossen, sich die politische Lage zunutze zu machen und das Ansehen ihrer Vaterstadt wieder herzustellen. Durch ihre Bemühungen entstand im Jahr 377 v. Chr., genau hundert Jahre nach dem ersten Seebund Athens, der zweite Seebund; unter Führung Athens schlossen sich die meisten Inselstaaten des Ägäischen Meeres und die griechischen Städte der thrakischen Küste zusammen. Die neue Organisation, in der sich Athen und seine Bündnispartner gleichberechtigt gegenüberstanden, war seit dem Jahr 384 v. Chr. durch eine Reihe von Verträgen vorbereitet worden. Die Verbündeten Athens kamen in einer Ratsversammlung *(synedrion)* zusammen, an der Athen selbst nicht teilnahm. Um ihre Ausgaben bestreiten zu können, zahlten die

TERRAKOTTA AUS TANAGRA *(4. Jh. v. Chr.)* *In Stiergestalt gelang es Zeus, das Misstrauen Europas zu zerstreuen. Er trug sie auf dem Rücken nach Kreta, wo sie ihm drei Kinder gebar: Minos, Sarpedon und Rhadamantys.*

KADMOS, DER GRÜNDER VON THEBEN

Theben wurde dem Mythos zufolge von Kadmos gegründet. Er war Phöniker, Sohn des Königs von Tyros und Bruder Europas. Als Zeus in Gestalt eines Stiers Europa raubte und sie nach Kreta brachte, befahl der König seinen Söhnen, ihre Schwester zu suchen. Während ihrer vergeblichen Suche gründeten sie mehrere phönikische Kolonien, einige davon in Europa. Kadmos sollte auf Geheiß des Orakels von Delphi einer weißen Kuh folgen und dort, wo sie sich niederließ, Theben gründen. Allerdings musste er an diesem Ort einen Drachen töten, dessen Zähne er Athenes Rat zufolge in die Erde säte. Aus ihnen entsprossen bewaffnete Männer, die sich gegenseitig töteten. Nur fünf blieben am Leben und siedelten sich am Ort an. Dieser Ursprungsmythos Thebens verbindet zwei Gründungsmodelle: die Ankunft eines fremden Siedlers und die Autochthonie. Kadmos wurde König von Theben und heiratete Harmonia, die Tochter Aphrodites und Ares'. Unter ihren Kindern war Semele, die Mutter des Dionysos. Die mythische Geschichte Thebens ist reich an Tragödien. So wurde Aktaion, ein Enkel Kadmos', von seinen Hunden zerfleischt, während Pentheus, auch ein Enkel Kadmos', von seiner Mutter und seinen Tanten, den von Dionysos wahnsinnig gemachten Bacchantinnen, ermordet wurde.

Verbündeten einen Beitrag, dessen Höhe vom *synedrion* festgesetzt wurde. Athen kam für seine Streitkräfte selbst auf. 374 v. Chr. schloss Athen, das die Kriegsausgaben drosseln wollte und wegen der Vorgänge in Theben beunruhigt war, mit Sparta Frieden auf der Grundlage des Status quo und stieg wieder zur führenden Seemacht auf.

In der Zwischenzeit hatte Theben den Bund der boiotischen Städte wieder hergestellt und in ihm die Führung übernommen, während sich in Thessalien Iason, der Tyrann von Pherai, zum Herrscher über das ganze Land aufgeschwungen hatte. Im Jahr 371 v. Chr. versammelten sich in Sparta die Vertreter der großen griechischen Staaten einschließlich Dionysios' von Syrakus und eines Vertreters des Großkönigs. Man einigte sich darauf, die wesentlichen Punkte des Königsfriedens von neuem zu bestätigen. Doch kam es Boiotiens wegen zum Konflikt. Thebens Bevollmächtigter, der Feldherr Epameinondas, wollte den Vertrag im Namen aller Boioter unterzeichnen, nicht nur im Namen Thebens. Der spartanische König Agesilaos erhob dagegen Einspruch, und Epameinondas verließ Sparta, ohne den Vertrag unterschrieben zu haben.

Sofort gab Sparta seinem Heer, das in Phokis stand, den Befehl, gegen die Thebaner zu marschieren. Einige Kilometer südwestlich von Theben, bei dem Dorf Leuktra, stießen die feindlichen Heere 371 v. Chr. aufeinander. Epameinondas, der die thebanischen Streitkräfte befehligte, vernichtete die Spartaner. Durch den Sieg Thebens verlor Sparta seine militärische Überlegenheit auf dem Schlachtfeld, und Theben wurde ein neuer Anwärter auf die Hegemonie im griechischen Mutterland.

Als im Jahr 370 v. Chr. Iason von Pherai ermordet wurde, war ein gefährlicher Nachbar verschwunden. Theben konnte nun seinen Machtbereich nach Thessalien ausweiten. Zur gleichen Zeit jedoch griff Epameinondas auf dem Peloponnes ein und unterstützte die Arkadier bei ihrem Aufstand gegen Sparta. Im Jahr 370 v. Chr. rückte er in Lakonien ein, was seit Menschengedenken kein Feind gewagt hatte. Der greise Agesilaos konnte lediglich Sparta verteidigen und musste es geschehen lassen, dass die Thebaner das Land verwüsteten. Spartas Hegemonie auf dem Peloponnes war damit zerstört.

Angesichts der überwältigenden Siege Thebens gingen Sparta und Athen ein Bündnis ein und versuchten, die Perser auf ihre Seite zu ziehen. Doch Theben verstand es, die Gunst des Großkönigs zu erringen. Dieser verlangte die Abrüstung der athenischen Flotte

MAKEDONIER ODER GRIECHEN?

Der athenische Redner Demosthenes bekämpfte Philipp II. von Makedonien, indem er ihm in seinen Philippika unter anderem vorwarf, nur ein Barbar und ein „unversöhnlicher Feind der Demokratie" zu sein. Makedonien hatte unbestimmte Grenzen und beherbergte mehrere Völker (Illyrer, Thraker und Epirer). Seine Könige rühmten sich, von Herakles abzustammen, und herrschten auf eine ganz andere Weise, als es die Athener in ihrer Demokratie gewohnt waren. Philipp verteidigte sich gegenüber Demosthenes, indem er auf seine Teilnahme an den Olympischen Spielen hinwies, die Griechen vorbehalten war. (Allerdings war diese Teilnahme umstritten.) Die makedonische Sprache war zwar mit der griechischen verwandt – die offiziellen Inschriften waren sogar griechisch –, aber sie enthielt genügend nichtgriechische Worte, damit die Athener, je nach politischer Lage, sie für griechisch oder barbarisch erklären konn-

ten. Mit Alexander, Philipps Sohn, veränderte sich die Lage: In den Gebieten, die er eroberte und hellenisierte, galt der junge Makedonier zunehmend als die Verkörperung Griechenlands schlechthin. In Troia huldigte er vor dem Grab Achills dem Helden. Und wer sich in der Folge mit Alexander identifizieren wollte, huldigte ihm, dem Symbol des homerischen Ruhms und der griechischen Kultur, auf die gleiche Weise. In der mittelalterlichen Tradition war Alexander sowohl im Westen wie auch im Islam der größte griechische Held. Heute ist das frühere Königreich Philipps zwischen mehreren Balkanstaaten aufgeteilt, von denen einer Mazedonien heißt. Hier liegt auch die Wurzel einer Unstimmigkeit. Die Griechen wollen den Namen Makedonien der nördlichen Provinz Griechenlands vorbehalten, in der sich die alte Hauptstadt Philipps, Pella, und sein mutmaßliches Grabmal, Vergina, befinden.

(367 v. Chr.). Nun brach an allen Fronten wieder der Krieg aus. Thebanische Truppen rückten in Oropos ein, das an der Grenze Attikas lag, den Athenern dagegen gelang es, Samos und eine Anzahl von Städten zu besetzen. Die Perser wurden vertrieben und an ihrer Stelle Kleruchen angesiedelt. Aber Theben rüstete in einem lokrischen Hafen an der Meerenge von Euboia eine Flotte aus, und Epameinondas erreichte, dass sich Byzantion und die Städte der Dardanellen gegen Athen auflehnten.

Dann gerieten auf dem Peloponnes innerhalb des Arkadischen Bundes die Städte Mantineia und Tegea miteinander in Streit; Sparta, Athen und Elis unterstützten Mantineia, Theben stellte sich auf die Seite Tegeas und sandte 362 v. Chr. Epameinondas zu Hilfe. Ein spartanisches Heer, verstärkt durch athenische und mantineische Aufgebote, erwartete bei Mantineia den Angriff der Thebaner. Epameinondas brach den Widerstand der Spartaner; doch als er im Kampf fiel, schmolzen Thebens Aussichten, zur führenden Macht Griechenlands aufzusteigen, dahin.

Neuordnung

Im Mutterland war es einer fremden Macht, dem Königreich Makedonien, vorbehalten, das Land politisch neu zu ordnen, nachdem die griechischen Staaten selbst dazu außerstande waren. Die Makedonier, dieses Volk von rauen Landleuten und Bergbewohnern, das sich rund um den Meerbusen von Therme und in den benachbarten Gebirgen zwischen der Kette des Pindos und dem unteren Lauf des Strymon niedergelassen hatte, lebte lange Zeit am Rand der griechischen Welt. Dagegen nahmen seine Könige aus der Dynastie der Argeaden seit dem Beginn des 5. Jh. v. Chr. am griechischen Leben aktiv teil. Makedonien besaß wertvolle Rohstoffe, vor allem Holz für den Schiffsbau. Der König, unterstützt von den Edlen des Reiches, die den Titel Gefährten des Königs – *hetairoi* – führten, konnte aber auch auf den Beistand der Bauern zählen, die hervorragende Fußtruppen, die *pezetairoi*, stellten. Eine solche Militärmonarchie konnte in den Händen eines energischen und ehrgeizigen Königs zu einem machtvollen politischen Werkzeug werden. Dieser Herrscher war Philipp II., der Sohn des Amyntas.

Seit dem Tod von König Amyntas III. im Jahr 370 v. Chr. war in Makedonien mehrmals der Streit um die Thronfolge ausgebrochen. Philipp, der letztgeborene Sohn des verstorbenen Königs, war noch sehr jung, verbrachte einige Jahre als Geisel in Theben und

GOLDENE TRUHE
(Grab in Vergina, um 340 v. Chr.) Diese wertvolle Truhe enthielt die Gebeine eines Toten, wahrscheinlich die von König Philipp II. Sie ist mit einem 16-zackigen Stern geschmückt, dem Wahrzeichen des makedonischen Herrscherhauses.

machte sich mit der griechischen Politik vertraut. Als er im Jahr 359 v. Chr., nach dem Tod seines älteren Bruders Perdikkas III., zum Regenten bestimmt wurde, war er erst 22 Jahre alt. Gleichwohl hatte er nach kurzer Zeit die Zügel fest in der Hand. Er beseitigte die anderen Thronanwärter, verständigte sich mit Athen, besiegte die Illyrer und unterwarf die Paionier. Mit den *pezetairoi* und der schweren Reiterei hatte er eine schlagkräftige Armee, die ihm für seine Siege dankte, indem sie ihn zum König ernannte.

Sein erstes Ziel war, Makedonien einen freien Zugang zum Meer zu sichern. Pydna und Methone, die besten Häfen der makedonischen Küste, waren griechische Kolonien, die mit Athen verbündet waren. Philipp nutzte die wirtschaftlich schlechte Lage Athens für seine Zwecke: Er eroberte Amphipolis – das Athen seit Jahren erfolglos wiederzugewinnen versucht hatte –, Pydna und Methone (354 v. Chr.). Schließlich eroberte Philipp auch Poteidaia auf der Halbinsel Pallene und trat die Stadt an den Chalkidischen Bund ab. Im Osten war er bis hinter Amphipolis vorgedrungen und hatte die thasische Kolonie Krenides erobert. Philipp gründete die Stadt neu und benannte sie nach sich selbst: Philippi. Mit dem Gold aus den Bergwerken des Pangaion konnte er seine Söldner bezahlen und sich Verbündete kaufen. Sein Geld spielte von nun an in der griechischen Welt dieselbe Rolle, die im vorangegangenen Jahrhundert das persische Gold gespielt hatte.

Die Stadtstaaten verlieren ihre Autonomie

Einmal mehr lieferte dann das Heiligtum von Delphi den Anlass zu einem heiligen Krieg, dem dritten. Wie hundert Jahre zuvor beschuldigte man die Phoker des Religionsfrevels. Unter allen Mitgliedsstaaten der Amphiktyonie reagierte Theben, ein alter Rivale des benachbarten Phokis, am heftigsten. Aber die Phoker, von Athen und Sparta unterstützt, besetzten das Heiligtum. Mit dem Tempelschatz warben sie ein Söldnerheer an, mit welchem sie einige Siege errangen. Andere thessalische Städte riefen Philipp zu Hilfe, der im Jahr 353 v. Chr. eine schwere Niederlage erlitt, jedoch im folgenden Jahr nach Thessalien zurückkehrte und das phokische Heer vernichtete. Zwar konnte Philipp die Thermopylen, die von den Verbündeten der Phoker besetzt waren, nicht passieren, doch war er zum Beschützer Thessaliens geworden. Nun wandte er sich nach Thrakien, verpflichtete die dortigen Könige zum Gehorsam und führte sein Heer bis an die Ufer der Propontis. Athen war erneut beunruhigt, zumal Philipp beschloss, die chalkidischen Städte zu erobern: Olynth, die größte Stadt, fiel im Jahr 348 v. Chr., wurde verwüstet und die Chalkidike mit Makedonien vereinigt. Zudem hatte Philipp inzwischen durch Intrigen den Austritt Euboias aus dem Seebund erreicht.

KÖCHERDECKEL
Das reich ausgestattete Grab von Vergina, das als das „Philipps II." bezeichnet wird, enthielt eine goldene Tafel, die zum Verschließen eines Köchers diente. Der Köcherdeckel ist eine griechische Arbeit. Das Bild stellt die Schrecken des Troianischen Krieges dar.

Die Athener schickten eine Gesandtschaft zu Verhandlungen nach Pella, der Hauptstadt des makedonischen Königreichs. Dort wurde 346 v. Chr. der Frieden des Philokrates unterzeichnet. Der Vertrag bestätigte beiden Seiten den gegenwärtigen Besitzstand, doch weigerte sich Philipp, die Phoker als Verbündete Athens zu betrachten und sie damit zu Nutznießern des Vertrags werden zu lassen. Er besetzte noch im selben Jahr ihr Land (346 v. Chr.). Die Amphiktyonie verurteilte die Phoker zur Zahlung einer hohen jährlichen Geldstrafe als Buße für den Raub der Tempelschätze in Delphi. Die beiden Stimmen, die sie im Rat der Amphiktyonie gehabt hatten, wurden Philipp übertragen, ebenso der Vorsitz bei den Pythischen Spielen des laufenden Jahres. Von nun an war der makedonische König offiziell in die Gemeinschaft der griechischen Staaten aufgenommen.

Es gab viele, die das begrüßten, vor allem jene, die, wie der greise Isokrates, in dem makedonischen Herrscher bereits den Führer sahen, dessen Griechenland so dringend bedurfte, um die Streitigkeiten im Innern beizulegen und alle Kräfte zu einem gemeinsamen Unternehmen gegen das achaimenidische Persien zu sammeln. Andere dagegen, unter ihnen Demosthenes, sahen im Frieden des Philokrates nur einen Waffenstillstand, der gelegen kam, um die entscheidende Auseinandersetzung vorzubereiten.

Philipp seinerseits rüstete einen Feldzug gegen die Illyrier und griff Epirus an. In Thessalien teilte er das Land in vier Provinzen auf und setzte dort Fürsten – *tetrarchen* – ein, die ihm ergeben waren. Dann wandte er sich wieder nach Thrakien und eroberte das Land über den Nestos hinaus bis ans Schwarze Meer und die Propontis. Das ganze Gebiet ging in den Besitz des Königs über und wurde von einem Strategen verwaltet, den Philipp ernannte. Nun waren die griechischen Küstenstädte Byzantion und Perinthos unmittelbar bedroht. Da Athen fürchten musste, von seinen lebenswichtigen Kornkammern am Schwarzen Meer abgeschnitten zu werden, befolgte es den Rat des Demosthenes und rüstete erneut zum Krieg. Als dann im Jahr 340 v. Chr. die makedonischen Truppen Perinthos und bald darauf auch Byzantion belagerten, griff eine starke athenische Flotte ein. Philipp musste die Belagerung Byzanthions abbrechen, dem der athenische Stratege Phokion zu Hilfe kam. Diese Niederlage überzeugte den König davon, dass Athen nur in Griechenland selbst besiegt werden konnte.

Die Gelegenheit zum Eingreifen ergab sich bald durch die Ereignisse in Delphi. Um zu vermeiden, dass im Rat der Amphiktyonie eine Beschwerde gegen Athen zur Sprache kam, beschuldigte Aischines, der Vertreter Athens, die Lokrer aus Amphissa, einen Teil des dem Gott Apollon geweihten Landes zu Ackerland gemacht zu haben. Um diesen Frevel zu ahnden, wurde gegen die Lokrer ein heiliger Krieg beschlossen und Philipp mit dessen Führung beauftragt (339 v. Chr.). Dieser rückte mit dem Einverständnis der Phoker, denen er versprochen hatte, ihnen einen Teil der von der Amphiktyonie verhängten Strafe zu erlassen, in Phokis ein. So konnte er die Schlüsselstellung der Thermopylen, welche die Boioter besetzt hielten, im Westen umgehen und stand nun plötzlich bei Elateia in Mittelgriechenland. Nun sah Athen sich bedroht und verbündete sich mit Theben. Im Sommer des Jahres 338 v. Chr. trafen die Heere bei Chaironeia aufeinander. Der linke Flügel der Makedonen, der von Philipps jungem Sohn Alexander kommandiert wurde, brach den Widerstand der boiotischen Hopliten, die ihnen gegenüberstanden. Die Heilige Schar der Thebaner fiel bis auf den letzten Mann im Kampf. Die Athener ergriffen die Flucht.

Philipps Erfolg bei Chaironeia bedeutete einen wichtigen Wendepunkt in der Geschichte des Griechentums. Die Überlegenheit des monarchischen, zentralistisch regierten Staates über die kurzlebigen Koalitionen, zu denen sich die autonomen Stadtstaaten zusammenfanden, war damit bewiesen. Die klassische Vorstellung von der *polis* war von nun an überlebt. Dies zeigte sich deutlich auf der Versammlung aller griechischen Staaten, die Philipp im Jahr 337 nach Korinth einberief. Außer Sparta entsandten alle Staaten ihre Vertreter. Sie schlossen sich zum Korinthischen Bund zusammen und schufen damit zum ersten Mal eine Art panhellenischen Staatenbund.

Makedonien gehörte dem Korinthischen Bund nicht an, schloss aber mit ihm ein Militärbündnis, dessen Oberbefehlshaber Philipp wurde. 337 rief er zu einem Krieg gegen den persischen König auf. Doch konnte Philipp selbst das Unternehmen nicht mehr leiten: Er wurde im Sommer 336 von einem gewissen Pausanias aus persönlicher Feindschaft ermordet. Mit seinem Sohn Alexander beginnt das hellenistische Zeitalter.

BÜSTE ALEXANDERS
(3. Jh. v. Chr.) Nach dem Tod Alexanders entwickelten die Bildhauer viele idealisierte Darstellungen des Gesichts des Eroberers, der in der Blüte seiner Jugend gestorben war.

KAPITEL 5

Pólemos – der Krieg

Das Gebietsrecht in der griechischen Welt

„Pólemos", so sagt Heraklit, „hat die Welt gezeugt, pólemos regiert die Welt." Der Philosoph aus Ephesos (5. Jh. v. Chr.) meinte mit dieser Aussage: Im Kosmos herrscht ein unaufhörlicher Kampf zwischen gegensätzlichen Elementen, und daraus ergibt sich ein ständiger Wandel. Pólemos, der Krieg (auch im Griechischen ist dieses Wort männlich) erscheint ihm daher als das Gesetz des Universums. Denn die Griechen der archaischen und klassischen Zeit waren ständig vom Krieg bedroht. Athen hat sich während der rund 150 Jahre zwischen den Perserkriegen und der Schlacht bei Chaironeia im Durchschnitt länger als zwei von jeweils drei Jahren im Kriegszustand befunden, und der Frieden hat nie länger als zehn Jahre gewährt. Der Krieg war das eherne Gesetz der griechischen Welt.

Die wenigen fruchtbaren Gebiete, die Griechenland aufweist, reizten die habgierigen oder überbevölkerten Nachbarstaaten zur Eroberung. Athen fiel mit Waffengewalt in Gebiete außerhalb Attikas ein und gründete dort, um mit dem Problem der Überbevölkerung fertig zu werden, Kolonien, die so genannten Kleruchien, die auch militärischen Charakter hatten. Sparta hat Messenien durch die innere Folgerichtigkeit seines politischen und sozialen Systems erobert. Ein Anlass zum Krieg war späterhin auch dann gegeben, wenn ein Staat einen wichtigen Handelsweg freihalten musste. So griff Athen im Verlauf von hundert Jahren häufig zu den Waffen, um nicht die Herrschaft über die Dardanellen zu verlieren, durch die seine Weizenschiffe fahren mussten, wenn sie aus dem Gebiet des heutigen Südrussland zurückkamen. Auch wegen der thrakischen Bergwerke auf der Insel Thasos und im Pangaiongebirge kam es wiederholt zum Krieg.

Dass die Griechen so viel Zeit und Kraft auf den Krieg verwendet haben, hat jedoch vorwiegend psychologische Gründe, die mit der griechischen Vorstellung vom Stadtstaat zusammenhängen. Er war für alle, die ihm angehörten, die höchste Autorität. Seine absolute Unabhängigkeit ist das Gesetz allen Handelns. Geht er ein Bündnis ein, dann gewöhnlich auf der Grundlage völliger Gleichberechtigung, damit seine Autonomie, auf

STERBENDER KRIEGER
(um 480 v. Chr.) An der Frontseite des Athenatempels von Aigina sind epische Schlachten dargestellt. Die Strenge des Stils vermeidet jegliche Dramatisierung und verleiht dem Todeskampf des Kriegers eine heroische Würde.

79

die er stolz ist, nicht angetastet wird. Da es keinen allseits anerkannten Schiedsrichter gab, konnte aus jedem Interessengegensatz leicht ein bewaffneter Konflikt entstehen. In der griechischen Stadt der archaischen oder klassischen Zeit ist der Bürger zunächst Soldat, wie auch der Staatsmann seine Rolle häufig mit der des Feldherrn vertauscht. Als Athen nur noch Finanzleute und Advokaten zu seinen Führern wählte, war der Untergang der Stadt nicht mehr aufzuhalten.

Eine militärische Aristokratie

Der wichtigste Teil eines griechischen Heeres waren die Hopliten. Sie waren mit Angriffs- und Schutzwaffen ausgerüstet, wie es figürliche Darstellungen – Plastiken oder Vasenbilder – in allen Einzelheiten zeigen. Der Hoplit trägt einen kurzen Chiton, der die Beine völlig freilässt. Manchmal gehört zur Kleidung auch ein Mantel. Seine Füße sind entweder nackt oder mit Schnürstiefeln oder Sandalen beschuht.

Die Brust war durch einen Panzer aus Metall, Leder oder Leinengewebe geschützt, wobei Leder und Leinen durch Metallblättchen verstärkt wurden. In archaischer Zeit war noch der starre, glockenförmige Harnisch in Gebrauch, der aus einer bronzenen Brust- und Rückenplatte bestand, die durch Haken über den Schultern und unter den Armen aneinander befestigt waren. Später wurde der Harnisch, der oberhalb der Hüften endete, durch eine andere Rüstung ersetzt, die mittels herabhängender Lappen auch den Unterleib schützte, ohne die Bewegungsfreiheit zu behindern. Die Metallhelme der Hopliten waren mit Leder oder Filz gefüttert und oftmals von einem oder mehreren Helmbüschen mit Federn gekrönt. Die Offiziere unterschieden sich durch die Fülle und die Pracht ihrer Federbüsche. Die Helme zeigten deutlich unterscheidbare Formen. Der korinthische Helm mit festem Nasen- und Wangenschutz wurde vor und nach dem Gefecht hochgeschoben. Dem attischen Helm dagegen fehlte der Nasenschutz, dafür war sein Wangenschutz beweglich und konnte nach oben gedreht werden. Der boiotische Helm war kegelförmig und besaß weder Wangen- noch Nasenschutz. Daneben gab es noch einige weitere Helmformen.

Die Bronzeschilde, die häufig als Weihgaben in den Heiligtümern dargebracht wurden, änderten ihre Form im Lauf der Jahrhunderte: Aus dem Schild der kretisch-mykenischen Tradition, der die Form einer Acht hatte, entwickelte sich der geometrische Schild, der zu beiden Seiten bogenförmig ausgeschnitten war; aus diesem der weniger stark ausgeschnittene boiotische Schild und hieraus schließlich der runde Schild, der im klassischen Zeitalter, im 5. und auch im 4. Jh. v. Chr., gebräuchlich war. Er hat einen Durchmesser von knapp einem Meter, ist nach außen stark gewölbt, der Rahmen ist aus Holz, auf der Außenseite mit Leder oder Fell bespannt oder ganz mit Bronzeblech beschlagen. In der Mitte des Schilds springt manchmal der Schildbuckel hervor, häufig eine Gorgo, deren Furcht erregender Anblick dem Feind Schrecken einjagen oder zumindest Unheil abwenden sollte. Auf der Vorderseite des Schilds sind bisweilen verschiedene Embleme eingraviert. Die Höhlung des Schilds war mit Stoff oder pflanzlichem Material ausgestopft und mit Leinwand bespannt. Selbst diese war gelegentlich kunstvoll gewoben oder auch bemalt. Auf der Schildinnenseite befanden sich auch die beiden

EMBLEM AUF EINEM SCHILD
(Olympia, 6. Jh. v. Chr.)
Die Flügel kreisen um ein Gorgonengesicht, das von Schlangen umgeben ist. Auf diese Weise soll ein Effekt wirbelnder Geschwindigkeit erzeugt werden, um den Blick des Feindes zu fesseln.

Griffe, mit denen der Schild gehalten und gehandhabt wurde. Man trug ihn auf dem linken Arm, wobei der Arm selbst durch den ersten Griff gesteckt wurde und die Hand den zweiten umfasste. Der erste Griff, eine Armschiene aus Bronze, war manchmal mit Reliefs verziert. Außerdem waren am oberen Randinnern Tragseile oder Tragriemen angebracht, an denen man den Schild tragen konnte, wenn man ihn nicht zum Kampf über den Arm geschoben hatte. Auch zum Aufhängen des Schilds dienten diese Tragriemen. Da der Schild sehr schwer war, wurde er unterwegs von einem Sklaven getragen. Außer dem Schild, der mit einem Überzug aus grober Leinwand geschützt war, musste dieser Trossbube auch die Decken für das Feldlager tragen sowie ein Gestell, auf das vor Beginn des Kampfes der Schild gehängt wurde. In archaischer Zeit gehörten auch Beinschienen – *knemides* –, die die Beine vorn schützten, zur Ausrüstung eines schwer Bewaffneten, doch kamen sie vom 5. Jh. v. Chr. ab außer Gebrauch.

Die Angriffswaffen des Hopliten sind im Wesentlichen die Lanze und das Schwert. Die Lanze in klassischer Zeit ist lang und stabil und misst etwa 2,25 Meter. Häufig besitzt sie am unteren Ende eine zweite, kürzere Spitze, mit der sie in die Erde gesteckt werden kann. Gelegentlich ist die Griffstelle am hölzernen Schaft mit Leder überzogen, damit sie besser in der Hand liegt. Wie der Schild, so wurde sie in einem Schutzüberzug aufbewahrt. Für die Dichter war die dorische Lanze die griechische Waffe schlechthin. Athena, die Kriegsgöttin, gibt der Lanze den Vorrang vor dem Schwert.

Zum Schwert griff der Hoplit erst, wenn er seine Lanze verloren hatte. In klassischer Zeit hat das Schwert eine zweischneidige Eisenklinge, kaum länger als 0,45 Meter. Der Griff hat Parierstange und Knauf. An einem kurzen Wehrgehänge, das quer über der rechten Schulter liegt, hängt die Schwertscheide so hoch, dass der Schwertknauf fast bis zur Achselhöhle reicht. Wollte man blankziehen, so kippte man das Schwert leicht nach vorn und klemmte dabei die Scheide unter den linken Arm. Auf diese Weise konnte man das Schwert ziehen, ohne den Schild loszulassen.

Die Armee der Armen

Während die Angehörigen der schwer bewaffneten Fußtruppen den wohlhabenden Klas-

DIE AMAZONEN

Die Griechen haben an Amazonen geglaubt. Der mythische Volksstamm, der aus barbarischen und kriegerischen Frauen bestand, lieferte der frauenfeindlichen Vorstellungswelt der Griechen einen perfekten Kontrapunkt sowohl zu ihrem Selbstbild wie auch zu ihrem eigenen Frauenideal. Es gab jedoch Möglichkeiten, die Norm in ihr Gegenteil zu verkehren. In einigen Fällen wurde eine verkehrte Welt konstruiert, in der die Frauen die Ämter bekleideten und Krieg führten, während die Männer sponnen und sich um die Kinder kümmerten. Meist hingegen sah man die Amazonen als Wilde, die sich von Fleisch ernährten, den Ackerbau, die Schifffahrt und den Streitwagen nicht kannten. Sie kämpften zu Pferd unter der Führung einer Königin, kamen nur einmal jährlich mit ihren Nachbarn zu Fortpflanzungszwecken zusammen und behielten von ihrer Nachkommenschaft nur die Mädchen. Gelegentlich wurden die Männerfeindinnen zu sexhungrigen Nymphomaninnen. Die Treffen gingen immer zu Ungunsten der Männer aus, die den Gesetzen der Amazonen unterworfen oder umgebracht wurden. Zu den heroischen Glanztaten zählte es, eine Amazone zu töten, am besten eine Königin: Herakles tötete Hippolyte, Achilleus brachte Penthesilea um, die zur Rettung Troias herbeigeeilt war.

sen angehörten, waren die Bogenschützen, Schleuderer und Speerwerfer besitzlose Bürger. Sie brauchten keine Schutzwaffen, da sie dem Feind nicht im Nahkampf gegenüberstanden, sondern ihn nur aus der Entfernung beunruhigen mussten. Ihre Waffen waren nicht kostspielig – man verwendete sie auch zur Jagd. Als die besten Bogenschützen galten die Kreter. Da die dicht gedrängt aufgestellten Truppen unter konzentrierten Beschuss genommen wurden, war die Wirkung durchschlagend. Selbst im Seekrieg waren die Pfeile so sehr gefürchtet, dass man vor jeder Berührung mit dem Feind schützende Wände aus festem Segeltuch entlang der niedrigen Schiffswände hochzog.

Der Speer ist wesentlich kürzer als die Lanze und misst nur etwa 1,35 bis 1,80 Meter. Wie die Lanze weist auch der Speer gelegentlich an beiden Enden eine Metallspitze auf. Der Wurfbereich des Speers vergrößert sich, wenn man sich eines um die Mitte geschlungenen Riemens bediente, wodurch sich die Schleuderwirkung erhöhte.

Die einfachste aller Waffen war die Schleuder. An einer Art Lederbeutel werden Bänder oder Schnüre von etwa 0,60 Meter Länge befestigt. Der Schleuderer hält die beiden losen Enden in einer Hand, legt das Geschoss in den Lederbeutel und schwingt die Schleuder rasch im Kreis. Lässt er eine der beiden Schnüre los, fliegt das Geschoss durch die Zentrifugalkraft mit hoher Geschwindigkeit davon. Ein geschickter Schleuderer brachte es zu großer Treffsicherheit und erreichte Weiten von etwa 180 Metern. Man benutzte Steine, aber auch für diesen Zweck eigens angefertigte Tongeschosse oder solche aus Metall, vornehmlich aus Blei. Diese Geschosse von elliptischer Form ermöglichten größere Weiten und eine größere Zielgenauigkeit. Man hat eine große Zahl solcher Kugeln wieder gefunden, besonders in Olynth, wo sie noch von der Belagerung Philipps im Jahr 348 v. Chr. Zeugnis ablegen. Auf mehreren lassen sich Inschriften erkennen, Völkernamen (*ethnika*) – zum Teil ausgeschrieben, zum Teil abgekürzt – oder die Namen einzelner Männer. Wiederholt hören wir in den Epen davon, dass die Helden auch auf einfachste Waffen zurückgriffen – Knüppel und Steine – oder ihre Gegner gar mit Felsbrocken zerschmetterten.

Nur eine unbedeutende Rolle spielten in den kriegerischen Auseinandersetzungen der archaischen Zeit und des 5. Jh. die leichten Fußtruppen; dagegen kam ihnen im darauf folgenden Jahrhundert größere Bedeutung zu. Am Anfang des 4. Jh. rüstete der athenische Stratege Iphikrates Söldnertruppen mit leichten Waffen aus. Man nannte sie Peltasten, weil sie anstelle des schweren Rundschilds einen sehr leichten, halbmondförmigen Schild aus Weidengeflecht trugen, die *pelte*. Die Schilde ähnelten in ihrer Form jenen, wie sie die Sage den Amazonen zuschrieb. Der Peltast war nicht durch einen Metallharnisch geschützt. Seine Angriffswaffen bestanden aus einem langen Speer, der auch als Lanze benutzt werden konnte, und einem Kurzschwert für den Nahkampf. Diese Truppen vollbrachten wahre Wunder, selbst in den zahlreichen Gefechten mit den lakedaimonischen Hopliten.

ATTISCHER BECHER
(um 500 v. Chr.) Diese jungen Krieger sind mit einem eingeschnittenen Schild ausgerüstet, einer Pelte, weshalb sie den Namen Peltasten trugen.

ATTISCHES RELIEF
(um 500 v. Chr.) Der Einsatz eines Streitwagens erforderte eine enge Zusammenarbeit zwischen dem Wagenlenker und dem Krieger. Ein Reiter dagegen konnte allein kämpfen.

Vom Streitwagen zur Kavallerie

In der griechischen Kriegskunst wurde das Pferd zuerst als Zugtier für die Streitwagen verwendet. In mykenischer Zeit und bei den homerischen Helden war der zweispännige Streitwagen, die *biga*, allgemein gebräuchlich. Der adlige Krieger fuhr mit dem Streitwagen auf das Schlachtfeld und kämpfte dann zu Fuß wie ein Hoplit. Der Wagenlenker, der ihn hergefahren hatte, blieb mit dem Wagen in Bereitschaft, solange sein Herr in der Schlacht war. Während der Fahrt stand der Krieger, nur mit einem Schild aufgerüstet, zur Linken des Wagenlenkers. Der Wagen, den Homer beschreibt, ist zweirädrig. Der leichte Kasten lag unmittelbar auf der Achse. Die beiden Pferde waren durch das Joch, das über ihrem Hals lag, rechts und links an die Deichsel gespannt. Gelegentlich wurde das Gespann von einem dritten Pferd, das als Vorspannpferd dienen sollte, begleitet. Im 7. Jh. v. Chr. kamen die vierspännigen Wagen, die Quadrigen, auf. Mit der Weiterentwicklung der Fußtruppen aber dienten sie bald nur noch als Paradewagen, außerdem wurden mit ihnen Rennen veranstaltet, die bei den großen Panhellenischen Spielen eine ganz überragende Rolle spielten. An die Stelle der Streitwagen trat nun die eigentliche Reiterei. In den Kriegen der archaischen und klassischen Zeit spielt die Reiterei jedoch selten eine entscheidende Rolle. Die Voraussetzungen für Pferdezucht waren vor allem im griechischen Mutterland nicht günstig; es gab kaum geeignete Weideplätze, ausgenommen in so großen Ebenen wie in Thessalien. Diesem Umstand verdankt die thessalische Reiterei ihr hohes Ansehen. Von allen griechischen Heeren besaß das der Thessaler als einziges eine Reiterei, die halb so stark war wie seine Fußtruppen.

Die griechischen Reiter ritten lange auf dem unbedeckten Pferderücken, später legten sie eine Decke oder ein Fell darüber. Steigbügel waren ihnen unbekannt. Ihre Pferde lenkten sie mithilfe einer metallenen Gebissstange, an der die Zügel befestigt waren, doch kannten sie noch nicht die Kandare. Damit das Tier den Zug an der Trense deutlicher spürte, hatte die Gebissstange scharfe Kanten oder war mit Stacheln besetzt. Das Kopfgestell bestand aus denselben Teilen wie heute: Kopfstück, Nasen- und Stirnriemen, Seitenriemen. Vom ausgehenden 5. Jh. ab trugen sie als Beschlag kleine runde Metallplättchen, so genannte Phaleren, die mit Reliefs oder Einlegearbeiten geschmückt waren.

Obgleich die Griechen sehr gewandte Reiter waren, hatte ein griechischer Reiterangriff bei weitem nicht die Durchschlagkraft wie etwa ein Angriff der Reiterei im Mittelalter. Der mittelalterliche Reiter fand im Sattel und in den Steigbügeln festen Halt und stürmte mit eingelegter Lanze, die volle Wucht des Galopps ausnutzend, dem Gegner entgegen. Die Griechen dagegen kämpften nur mit der Kraft ihrer Arme und konnten leicht aus dem Sattel geworfen werden. Daher zogen sie der langen Lanze zwei kürzere und leichtere Spieße vor, die sie als Wurf- und Stichwaffe verwenden konnten. Im Gegensatz zu den Skythen und Persern verwendeten sie nur selten Pfeil und Bogen. Zu den Angriffswaffen der Griechen gehörte schließlich noch

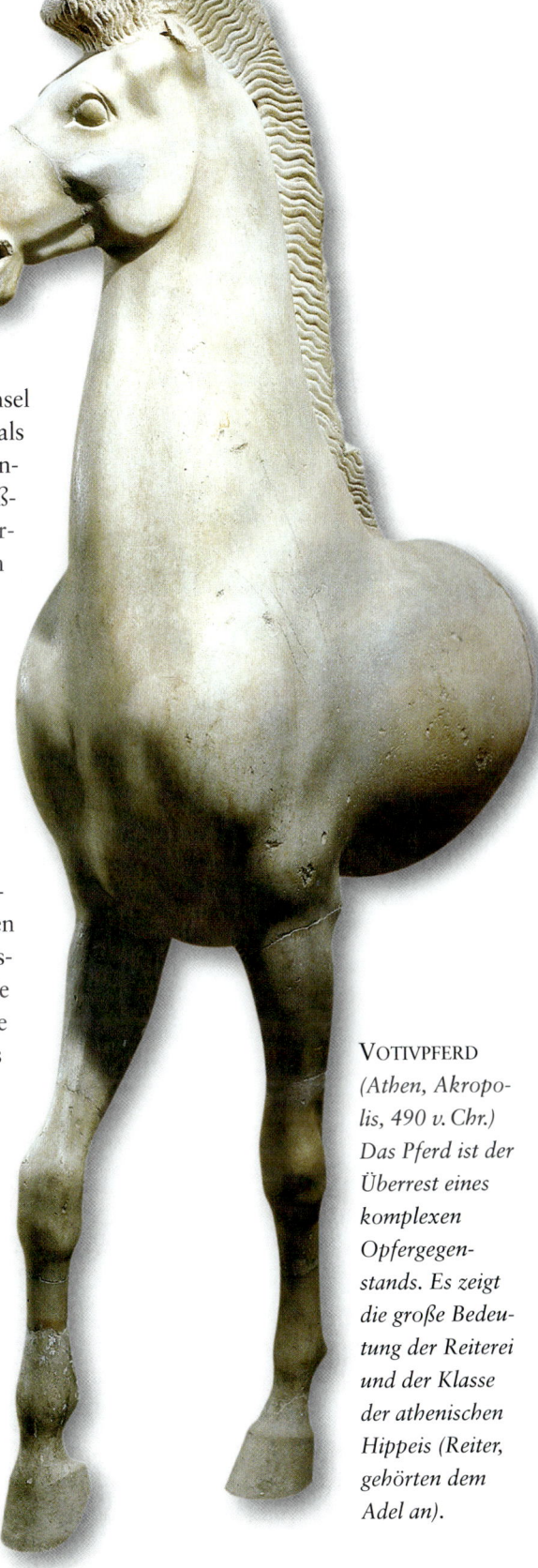

VOTIVPFERD (Athen, Akropolis, 490 v. Chr.) Das Pferd ist der Überrest eines komplexen Opfergegenstands. Es zeigt die große Bedeutung der Reiterei und der Klasse der athenischen Hippeis (Reiter, gehörten dem Adel an).

das Schwert. Ihre Kleidung bestand aus der *chlamys*, einem kurzen Mantel, der auf der rechten Schulter mit einer Spange zusammengehalten wurde; darunter trugen sie ein Hemd. Den Kopf bedeckte ein breitrandiger Hut, der so genannte *petasos*, eine Fellkappe oder ein Helm. Die Füße waren mit Sandalen oder Stulpenstiefeln bekleidet.

Weder Hoplit noch Reiter erhielten ihre Ausrüstung vom Staat gestellt; der Reiter musste sich zudem noch ein Pferd halten. Die Pferdezucht aber, die *hippotrophia*, war das Privileg der adligen Familien, die gleichzeitig auch die Wohlhabenden waren. In Athen rekrutierte sich die Reiterei aus jenen beiden Klassen, die das höchste Einkommen hatten. Die zweite dieser Klassen wurde als Klasse der Ritter bezeichnet.

Rekrutierung und Hierarchie

Der Aufbau der Streitkräfte ist je nach Staat und Epoche verschieden: Der Name *lochos* bezeichnet in Sparta einen starken Verband innerhalb der Fußtruppen, während dasselbe Wort in Athen eine kleinere Einheit bezeichnet. Die Verantwortung des *lochagos*, des Offiziers, der einen *lochos* kommandierte, war also in beiden Heeren verschieden groß. Aufgebaut waren die Streitkräfte jedoch überall nach demselben Prinzip: Die Einheit, welcher der einzelne Krieger angehörte, war jeweils größeren Einheiten untergeordnet; die Stärken dieser Einheit waren immer durch zehn teilbar. Die Bezeichnung für den Rang des Offiziers ist gewöhnlich vom Namen seiner Einheit abgeleitet. So kommandiert der *enomotarchos* in Sparta einen Zug, einen so genannten *enomotia*. Der *lochagos* steht an der Spitze eines *lochos*, der *triakatiarchos* in Kyrene ist Kommandant einer Kompanie von dreihundert Mann, der *taxiarchos* in Athen ist der Kommandant eines Bataillons, einer *taxis*.

Die großen Einheiten befehligten Feldherren, deren Titel überall anders lauteten. In Athen sind es die Strategen; ihnen zur Seite stehen zwei Hipparchen, die die Reiterei befehligen. In Sparta leitet einer der beiden Könige, unterstützt von den Truppenführern, den Polemarchen, die Kampfhandlungen. Als Strategen werden meist Stabsoffiziere bezeichnet.

Die Aushebung der Truppen spiegelte sich in der sozialen und politischen Ordnung des Stadtstaats wider. In Athen sind diese Entsprechungen besonders deutlich, da jede der zehn Phylen, aus denen die Gesamtheit des athenischen Volkes bestand, für das Heer eine *taxis*, ein Hoplitenbataillon, stellen musste, das von einem gewählten, zur selben Phyle gehörenden Taxiarchen kommandiert wurde. Dieser Taxiarch ernannte die *lochagoi* und bestimmte überdies unter den Mitgliedern der Phyle jene, die bei den militärischen Expeditionen Kriegsdienste zu leisten hatten. Die Reiterei wurde in derselben Weise ausgehoben: Jede Phyle stellte eine Schwadron von hundert Reitern, die von einem gewählten *phylarchos* kommandiert wurden. Er besaß ähnliche Vorrechte wie der Taxiarchos. Die

ATTISCHE SCHALE
(um 540 v. Chr.) Der Jäger trägt über der Schulter eine Stange, an der das getötete Wild, ein Hase und ein Fuchs, aufgehängt ist.

DIE JAGD ALS ERZIEHUNGSMITTEL

Bei den Griechen war die Jugend die Zeit der militärischen Ausbildung, die oft in einem Jagdrevier stattfand. Man betrachtete die Jagd als die beste Vorbereitung auf den Krieg. Der junge Jäger übte sich in Tapferkeit, lernte aber gleichzeitig, sich Exzessen zu enthalten. Viele überlieferte Texte zeigen die Gefahren, die dem Handelnden begegnen, wenn er sich nicht an die Regeln hält.

Die Jagd des Meleagros ist dafür ein gutes Beispiel. Ein riesiges Wildschwein verwüstete die Gegend um Kalydon. Die nobelsten jungen Leute taten sich zusammen, um es zur Strecke zu bringen. Atalanta, die Jungfrau der Jagd, schloss sich ihnen an. Meleagros, der in sie verliebt war, brachte ihr das Fell des Wildschweins. Ein Streit entbrannte und Meleagros tötete seine Onkel, kam beim Kampf aber selbst ums Leben. Die Katastrophe beruhte auf der Beteiligung einer Frau, die das Gleichgewicht störte. Denn die Zeit der Jagd sollte auch die Geschlechterrollen bestätigen, und der Eintritt ins Erwachsenenalter war zugleich die Vorbereitung auf die Ehe. So wurde Jagdunfällen oft eine erotische Ursache zugeschrieben, die mit der Unfähigkeit, eine als normal geltende Sexualität zu entwickeln, verknüpft war.

Das zeigen die Geschichten von Adonis, des frühreifen Geliebten der Aphrodite, der von einem Wildschwein getötet wurde, von Aktaion und Orion, die bestraft wurden, weil sie Artemis beleidigt hatten, und vor allem das Abenteuer von Narziss, der unfähig war, auf die Leidenschaften, die seine Schönheit erregte, zu antworten. Diese Verweigerung galt als Beleidigung von Eros, der Narziss bestrafte. Auf der Jagd kam Narziss an eine Quelle, sah sein Spiegelbild und verliebte sich in es, weil er sich einem anderen Menschen gegenüber glaubte. Er ertrank beim Versuch, sich ihm zu nähern.

Rekruten wurden aufgrund ihrer Zugehörigkeit zu bestimmten Klassen entweder der Reiterei oder den Hopliten zugeteilt. Jene Bürger, die nicht über genügend Mittel verfügten, leisteten in den leichten Truppen und vor allem in der Flotte Kriegsdienst.

Die Bürger erhielten eine besondere Ausbildung, die sie auf den Ernstfall vorbereitete. Besonders in Sparta war diese militärische Ausbildung gründlich organisiert. Doch auch die athenische Demokratie kümmerte sich intensiv um die Ausbildung ihrer künftigen Soldaten. Zu diesem Zweck wurde die Ephebie geschaffen – nach Aristoteles eine allgemeine Wehrpflicht für alle jungen Athener zwischen 18 und 20 Jahren oder zumindest für diejenigen unter ihnen, die als Reiter oder Hopliten Dienst leisten konnten. Die jungen Rekruten der einzelnen Phylen wurden jeweils gemeinsam ausgebildet, ihre Befehlshaber vom Volk gewählt. Die Mahlzeiten, für die der Staat aufkam, nahmen sie gemeinsam ein. Während des zweiten Dienstjahrs wurden sie in die Garnison außerhalb Athens abkommandiert, etwa in Grenzfestungen, außerdem nahmen sie an Manövern im offenen Feld teil. Nach zwei Jahren wurden sie entlassen und galten als Vollbürger. Wehrpflichtig blieben sie weiterhin vom 20. bis zum 60. Lebensjahr.

Die Athener hatten somit 42 Jahre lang militärische Pflichten. Eine Stadt von der Größe Athens konnte, so berichtet Thukydides, zum Beginn des Peloponnesischen Krieges 13 000 Hopliten ersten Aufgebots und 1200 Reiter mobil machen, nicht gerechnet die leichten Truppen, die Hilfstruppen und die Veteranen, die mit der Verteidigung der Städte betraut waren. Sparta war nie in der Lage, ein so großes Heer aufzustellen. Bei Plataiai waren seine schweren Truppen etwas mehr als 10 000 Mann stark; Spartaner im eigentlichen Sinne waren nur die Hälfte davon. Später allerdings konnte Sparta nie wieder Heere dieser Größe aufstellen; es musste sich auf die außerordentliche Tapferkeit seiner Krieger verlassen und damit seine zahlenmäßige Schwäche ausgleichen.

Krieg mit klaren Regeln

Die Taktik, welche die griechischen Heere anwandten, zielte darauf, den Gegner im offenen Feld zu stellen und frontal anzugreifen. Die Schlachtordnung war genau festgelegt: Das Hauptkontingent stand in der Mitte, die leichten Truppen und die Reiterei, sofern

CHALKIDISCHER KRATER
*(550 v. Chr.) Die Künstler
haben häufiger Duelle als
geordnete Schlachten dar-
gestellt. Das hat nicht nur
ästhetische Gründe. Es
entspricht auch der heroischen Ideologie und dem
homerischen Modell.*

man über eine solche verfügte, an den Flanken. Im Hauptkontingent die Hopliten in enger Schlachtordnung acht bis zwölf Reihen tief. Die besten Truppen wurden üblicherweise
auf dem rechten Flügel, der verwundbarsten Seite – da der Schild auf dem linken Arm
getragen wurde – aufgestellt. Die Offiziere kämpften in der vordersten Linie mit, auch
der Feldherr selbst nahm häufig am Gefecht teil. Im Kampf sind denn auch zahllose
berühmte Heerführer gefallen.

Es war Sitte, dass vor dem Kampf bestimmte religiöse Handlungen vollzogen wurden. Denn nach griechischem Glauben entschieden über den Ausgang des Krieges wie
auch über alle anderen Dinge die Götter und das Schicksal. In der Begleitung jedes
Heerführers befanden sich Wahrsager und Weise, welche die Götter befragten und deren Zeichen auszulegen versuchten.

Sobald die Vorzeichen günstig waren, wurde der Kampf eröffnet. Zuerst nahmen die
leichten Truppen – Bogenschützen und Schleuderer – die feindlichen Linien unter Beschuss, um sie zu beunruhigen; dann stimmten die Hopliten einen alten Kriegsgesang zu
Ehren Apollons an, den Paian, und rückten zum entscheidenden Angriff vor. Bald standen sich die beiden Schlachtreihen gegenüber, und nun kämpfte Mann gegen Mann mit
Lanze und Schwert, bis eine der beiden Fronten ins Wanken kam und die Soldaten ihr
Heil in der Flucht suchten. In diesem Handgemenge trug jene Seite den Sieg davon, deren Krieger taktisch überlegen waren und die höhere Kampfmoral besaßen. Damit die

Schlachtreihe bei Angriff und Verteidigung zusammenblieb, war es nötig, dass sich jeder Einzelne auch im Ernstfall so verhielt, wie er es bei den zahlreichen Manövern seiner Einheit gelernt hatte; auf ihre überragenden soldatischen Tugenden wie Mut und Opferbereitschaft gründete sich lange Zeit der Ruhm der lakedaimonischen Krieger.

Um die militärische Überlegenheit der lakedaimonischen Hopliten zu brechen, bedurfte es erst einer Revolution auf dem Gebiet der Taktik, wie sie der geniale Feldherr Epameinondas herbeiführte. Anstatt seine Phalanx traditionsgemäß auf dem rechten Flügel mit seinen eigenen Truppen zu verstärken, formierte er seine Schlachtordnung nicht in gerader, sondern in schiefer Linie, zog den rechten Flügel zurück, schob den linken vor und stellte seine Hopliten an dieser Angriffsspitze fünfzig Reihen tief auf. Hatte diese kompakte Masse zuerst mit einem wohlüberlegten Schlag den Feind an der entscheidenden Stelle getroffen und seine Hauptmacht vernichtet, bereitete es keine Mühe mehr, den Rest des feindlichen Heeres zu besiegen, obwohl dieser zahlenmäßig überlegen war. Die schiefe Schlachtordnung und die zweite, von Epameinondas eingeführte Neuerung, der Einsatz der Reiterei beim Angriff, bedeuteten nicht nur eine Wende in der seit dem 7. Jh. üblichen Kriegstaktik, sondern zeigten auch, dass ein fähiger Feldherr durchaus neue taktische Möglichkeiten entdecken konnte.

Hatte einer der beiden Gegner die Flucht ergriffen, nahm die Reiterei des Siegers die Verfolgung auf. Das siegreiche Heer war aber meist damit zufrieden, dass es dem Feind seine Überlegenheit bewiesen hatte, stellte ein *tropaion*, eine mit Waffen behängte Puppe, als Symbol seines Sieges auf und sang den Sieges-Paian. Beide Seiten bestatteten ihre Toten. Der Feind bat um einen Waffenstillstand und gestand damit seine Niederlage ein. Nun handelte es sich für den Sieger noch darum, seinen Erfolg zu verwerten und dem Besiegten einen Frieden zu diktieren, der für ihn selbst möglichst vorteilhaft war. Zum Dank brachte man den Göttern den zehnten Teil der Beute in Form von Opfergaben in die Staatsheiligtümer.

So gesehen erscheint der Krieg als eine Art blutiges Spiel, das es den rivalisierenden Städten ermöglichte, ihre Streitigkeiten in einer Art zu regeln, dass die Lösung nicht anfechtbar war. In der griechischen Geschichte bedeutete es aber nur eine Ausnahme, wenn eine einzige Schlacht zu einer Entscheidung führte; die Kriege zogen sich meist in die Länge. Dies lag vor allem daran, dass die griechischen Heere nicht imstande waren, eine befestigte Stadt im Sturm zu nehmen. Eine tapfer verteidigte Stadtmauer war ohne geeignete Belagerungsmaschinen praktisch uneinnehmbar.

DIE WAFFEN DES HELDEN
(490 v. Chr.) Auf einem attischen Krug ist die Ausrüstung eines Kriegers abgebildet: Harnisch, Schwert, Schild und ein Helm mit doppelter Helmzier, der an ein Denkmal oder eine Trophäe erinnert.

Belagerer und Belagerte

Die ersten Wurfmaschinen ließ Dionysios der Ältere von Syrakus am Anfang des 4. Jh. v. Chr. erbauen und entwickelte Kriegsmaschinen, vielleicht nach karthagischen Vorbildern. Erst als sich im 4. Jh. durch die Neuerungen Philipps von Makedonien die gesamte Kriegstechnik änderte, machte auch im griechischen Mutterland die Belagerungskunst – Poliorketik – weitere Fortschritte.

DIE FESTUNG VON PHYLE
Die Festung liegt auf einer steil abfallenden Anhöhe und bewacht die kürzeste Verbindung zwischen Athen und Theben. Sie war Teil eines gestaffelten Verteidigungssystems, das an den Pässen in der bergigen Grenzregion Attikas errichtet worden war.

Bis dahin hatte sich die Verteidigungskunst schneller entwickelt als die Belagerungskunst, wie aus der *Abhandlung über die Verteidigung von Festungen* hervorgeht, die von dem arkadischen Offizier Aineias dem Taktiker um 360 v. Chr. verfasst wurde. Liest man aber die Regeln, Ratschläge und Kriegslisten, die dieses Werk enthält, so wird klar, weshalb die griechischen Heere vor der Mitte des 4. Jh. v. Chr. so häufig bei der Belagerung von befestigten Städten scheitern mussten. Im griechischen Mutterland waren seit den Perserkriegen zahlreiche Städte befestigt und Festungen gebaut worden.

Die Festungen wurden so angelegt, dass man Engpässe kontrollieren und die Grenzen bewachen konnte. So war Attika gegen Einfälle seiner Nachbarn durch eigene Grenzfestungen geschützt. Von Eleutherai, Phyle und Rhamnus sind noch die Ruinen zu sehen.

Solange in der Belagerungskunst keine Fortschritte gemacht wurden, hatte ein Angreifer angesichts all dieser Verteidigungsmittel eine schwere Aufgabe vor sich. Im 5. Jh. und in der ersten Hälfte des 4. Jh. verlief ein normaler Feldzug zu Lande wie folgt: Nachdem durch einen Herold dem Feind der Krieg erklärt worden war, zog der Angreifer seine

Truppen zusammen, zu denen die Aufgebote der Verbündeten stießen, und fiel vornehmlich im Frühling oder Sommer ins Feindesland ein. Dort begann der Angreifer, das Land systematisch zu verwüsten und zu plündern. Er brannte die Bauernhöfe nieder, raubte das Vieh, vernichtete die Ernte, fällte Obstbäume, schlug Weinreben um, entwurzelte mit Stöcken den Knoblauch. Die Bauern suchten vor einem solchen Einfall ihr Heil in der Flucht. Sie wurden in den Städten aufgenommen, wo sich häufig zwischen der Ringmauer und den Häusern noch ein breiter Streifen unbebauten Lands befand, sodass die Stadt als Fluchtburg dienen konnte. Wenn sich dem Heer des Angreifers nicht unterwegs feindliche Truppen zu einer Entscheidungsschlacht gestellt hatten, rückte es bis zu den Stadtmauern vor. Manchmal öffneten Überraschung, Verrat oder Angst die Tore. Andernfalls konnte man nur hoffen, die Stadt durch Belagerung zur Übergabe zu zwingen; eine wirksame Blockade über einen längeren Zeitraum hinweg aufrecht zu erhalten, war recht schwierig. Athen brauchte mehr als zwei Jahre, um Poteidaia auf der Chalkidike zu erobern (431–429). Der Angreifer, dem wenig daran lag, mitten im Winter in einer bereits verwüsteten und völlig ausgeplünderten Gegend die Mühsal einer Belagerung auf sich zu nehmen, kehrte nach einem Scheinmanöver vor den Mauern der Stadt in sein eigenes Land zurück und entließ seine Truppen bis zum folgenden Frühjahr. Nach diesem Operationsplan verlief der Peloponnesische Krieg viele Jahre hindurch, bis die Lakedaimonier schließlich in Attika Dekeleia besetzten und zu einem Stützpunkt ausbauten, den sie das ganze Jahr über, auch im Winter, besetzt halten konnten.

Jene Staaten aber, deren Truppen nicht stark genug waren oder die eine geordnete Feldschlacht aus einem anderen Grund nicht wagen wollten, konnten der oben beschriebenen Strategie nur dadurch begegnen, dass sie den Feind durch Überrumplungstaktiken, etwa Hinterhalte, zu beunruhigen versuchten. Noch wirksamer war eine Gegenoffensive der Flotte. Während des Peloponnesischen Kriegs verwüstete Athen in der guten Jahreszeit regelmäßig die Küsten des Peloponnes. Es versuchte, dem Seehandel zwischen Sparta und seinen Verbündeten zu schaden, wo immer dies möglich war. Der Peloponnesische Krieg war vor allem ein Kampf zwischen einer Land- und einer Seemacht. Sparta trug den endgültigen Sieg erst davon, als es ihm gelungen war, die athenische Flotte zu vernichten. Überhaupt spielt – eine der Besonderheiten der griechischen Geschichte – die Kriegsflotte eine enorm große Rolle.

KRIEGSSCHIFF *(griechische Terrakotta, 4. Jh. v. Chr.) Der Bug ist mit einem Schiffsschnabel augestattet, entlang der Reling prangen Schilde. Ähnlich wird man sich die echten griechischen Kriegsschiffe vorzustellen haben.*

Die Seeschlacht

Bereits seit mykenischer Zeit verwendeten die Griechen ihre Schiffe sowohl für den Krieg als auch zur Seeräuberei. Über die mykenischen Schiffe wissen wir nicht viel. Zweifellos war es jedoch möglich, mit den damals gebräuchlichen Barken größere Überfahrten zu wagen. Dies geht daraus hervor, dass zu den Seevölkern, die bereits am Ende des 13. Jh. in Ägypten einfielen, auch Achaier gehörten.

Die Schifffahrt in homerischer Zeit ist wesentlich besser erforscht. In den großen Ruderschiffen ohne Deck mit Rammsporn, Back und Schanze, die beide von einem Geländer umgeben waren, saßen die Ruderer hintereinander, die

Riemen hingen in hakenförmigen Dollen, die senkrecht in das Schanzdeck eingelassen waren. Zwischen den beiden Reihen der Ruderer konnte man auf einem erhöhten Gang vom vorderen zum hinteren Teil des Schiffes gelangen. Dies war der Platz für die Krieger, die sich an Bord befanden. Als Steuer dienten zwei lange Ruder, die zu beiden Seiten des Hecks angebracht waren. Mit wenigen Schritten gelangte der Steuermann auf seiner Fußbank, welche die ganze Breite des Schiffes einnahm, von einem Ruder zum anderen, denn das Schiff war hier nur etwa zwei Meter breit.

Die griechische Flotte des frühen archaischen Zeitalters bestand vor allem aus solchen Langschiffen. Sie wurden mit Rudern fortbewegt, doch konnte auch ein Segel gesetzt werden. Der einzige Mast, zum Umlegen eingerichtet, ragte in der Mitte des Schiffs aus einer Öffnung in den Planken des Schiffsgangs hervor; sein Fuß steckte in einem Holzblock, der im Kiel festsaß. Das einzige – quadratische – Segel war an einer waagrechten Rahe befestigt, die an ledernen Hisstauen hochgezogen wurde. Es wurde mithilfe von so genannten Schoten und Brassen in seiner Stellung gehalten oder verstellt. Dieses Schiff ähnelte bereits sehr der *pentekontoros*, einem im 7. und 6. Jh. gebräuchlichen Schiffstyp mit fünfzig Rudern.

Die großen Seestaaten entwickelten die Taktik weiter. Korinth, die bedeutende Stadt auf dem Isthmus, rüstete zum Schutz ihres Handels und ihrer Beziehungen zu den Kolonien eine Kriegsflotte aus und verwendete hierfür einen neuen Schiffstyp ohne Deck und mit größerem Tiefgang, der höhere Geschwindigkeiten erreichte und besser zu lenken war. Dieses Schiff wurde von 50 Ruderern fortbewegt. Die Riemen lagen in Öffnungen im Schanzdeck, dem äußersten Plankengang des Oberdecks. Zusammen mit den Barken, die mit 30 Ruderern bemannt waren, bildeten sie das Rückgrat der griechischen Geschwader in archaischer Zeit und ermöglichten den Vorstoß der Kolonisten in ferne Meere.

Die Ausmaße der Pentekontore (30 bis 35 Meter Länge) stellten bereits die maximale Größe eines hölzernen Schiffes dar. Hätte man größere Schiffe gebaut, so wäre man Gefahr gelaufen, dass der Kiel des Schiffs unter der Gewalt der Wassermassen auf hoher See auseinander brach. Wollte man höhere Geschwindigkeiten erzielen, so musste man die Zahl der Ruderer erhöhen. Wie aber war dies möglich, wenn es nicht gelang, größere Schiffe zu bauen? Man löste das Problem, indem man die Ruderer übereinander platzierte. So entstanden Schiffstypen mit zwei und drei Reihen Ruderern, die Dieren und Trieren; vor allem der letztgenannte Typ war in klassischer Zeit sehr beliebt. Aus diesen außerordentlich leicht zu manövrierenden Schiffen bestand die athenische Flotte zu jener Zeit, als sie sich auf dem Gipfel ihrer Macht befand. Sie verdienen daher unsere besondere Aufmerksamkeit.

ATTISCHES VOTIVRELIEF
(Ende des 5. Jhs. v. Chr.) Das Relief, das zu Ehren Athenes an der Akropolis angebracht war, erlaubt in seiner komplexen Geometrie Rückschlüsse auf die Anordnung der Ruderer auf den athenischen Kriegsschiffen (Trieren).

Die athenische Triere

Der 35 bis 38 Meter lange Schiffsrumpf war schmal und maß an der breitesten Stelle, auf der Höhe der Wasserlinie, nur vier bis fünf Meter. Der Tiefgang betrug nicht ganz einen Meter, die Wasserverdrängung etwa 80 Tonnen. Der durch Barkenhölzer verstärkte Rumpf war mit einem Rammsporn bewehrt. Die drei Reihen von Ruderern heißen in der Reihenfolge von oben nach unten Thraniten, Zeugiten und Thalamiten. Im Schanzdeck befanden sich Öffnungen für die Riemen. Die Thraniten saßen zwei Fuß (etwa 0,60 Meter) erhöht, ihre Sitze oder Schemel *(thranos)* waren am oberen Teil des Schandecks, in der Mitte zwischen den Zeugitenbänken, befestigt. Die Plätze der Thraniten waren also gegenüber jenen der Zeugiten in der Höhe, der Längsrichtung und in seitlicher Richtung versetzt. Da nun ein so weit außen gelegener Platz zum Rudern ungeeignet war, hatte man das Schiff durch eine schmale Galerie verbreitert; sie sprang auf der Höhe des Schandecks nach außen vor und wurde durch Schrägbalken, die auf Barkhölzern auflagen, gestützt. In ihrem Rand waren die Dollen für die Riemen der Thraniten eingelassen. Entlang dieser Galerie verlief ein Geländer aus Balken. Die Thalamiten dagegen hatten ihren Platz im Schiffsraum *(thalamos)*, ihre Bank befand sich senkrecht unter der Bank der Thraniten. Sie saßen um eine Schulterbreite der Schiffsachse näher als die Zeugiten und etwa 0,90 Meter tiefer als jene. Für ihre Ruder wie für diejenigen der Zeugiten waren Öffnungen in den Schiffswänden vorgesehen, die in diesem Fall senkrecht unter den Dollen für die Ruderer der Thraniten lagen. Auf diese Weise erhielt jeder den Platz, der nötig war, um sein Ruder zu handhaben, ohne dabei durch einen zu nahe sitzenden Nachbarn behindert zu werden. Dies war vor allem dann von großem Vorteil, wenn es galt, auf Kommando schnell die Ruder einzuziehen, da sich ein feindliches Schiff in der Absicht näherte, sie zu zerbrechen, und sie, sobald die Gefahr vorüber war, schnell wieder auszulegen. Die Öffnungen für die Ruder der Thalamiten befanden sich knapp 0,50 Meter über der Wasseroberfläche, jene für die Ruder der Zeugiten etwa 0,90 Meter. Um zu verhindern, dass bei schwerem Seegang Wasser durch die Öffnungen eindrang, brachte man lederne Abdichtungen an, die auf der einen Seite das Ruder eng umschlossen und auf der anderen fest am Schiffsrumpf befestigt waren. So konnte das Ruder noch frei bewegt werden. Die Thraniten hatten ihren Platz unter freiem Himmel, 1,40 Meter oder 1,50 Meter über der Wasseroberfläche. Im 5. Jh. v. Chr. besaßen diese Schiffe gewöhnlich ein Oberdeck, das die Thraniten vor feindlichem Beschuss schützen sollte und das außerdem Platz bot für die an Bord befindlichen Krieger. Vor jedem Einsatz wurden überdies zum Schutz gegen Pfeile an beiden Seiten des Schiffs Wände aus starkem Segeltuch hochgezogen.

Eine athenische Triere war mit 170 Ruderern bemannt, davon 62 Thraniten, 54 Zeugiten und 54 Thalamiten. Dazu kamen an Offizieren der Kapitän oder *trierarchos*, der Steueroffizier, ein zweiter Offizier, der so genannte Bugoffizier, der auf dem Vorderteil des Schiffs einen Beobachtungsposten innehatte, der Führer des Rudervolks, der mithilfe eines Flötenspielers den Schlagrhythmus angab, und wahrscheinlich mehrere Maate. Zur Besatzung gehörten außerdem noch einige Hopliten oder Bogenschützen, die Epibaten, sodass die Gesamtstärke etwa 200 Mann betrug.

Die Triere konnte mit einer gut ausgebildeten Mannschaft Geschwindigkeiten von fünf bis sechs Knoten (neun bis elf Stundenkilometer) erzielen. Voraussetzung für eine reibungslose Zusammenarbeit der Rudermannschaft waren ständige Übungen. Die Klasse der *thetes*, der vermögenslosen Bürger, stellte die Ruderer. Gelegentlich wurden auch Metoiken oder Sklaven angemustert. Sie erhielten einen täglichen Sold zwischen zwei Obolen und einer Drachme (sechs Obolen). Im letzten Teil des Peloponnesischen Krieges boten die lakedaimonischen Feldherren, die über persische Hilfsgelder verfügten, den Ruderern einen höheren Sold an, sodass zahlreiche Ruderer, die in athenischen Diensten standen, desertierten.

Holzmangel in Attika

Der Kommandant der Triere, der *trierarchos*, ist ein reicher Bürger. Das Amt war ehrenvoll und wurde deshalb von den Feldherren vergeben. Die Trierachie dauerte ein Jahr: Der Trierarch übernahm das Kommando über das Schiff, musste es seetüchtig machen und instand halten. Die Ausgaben waren so beträchtlich, dass man vom Jahr 411 an den Bürgern erlauben musste, sich zu zweit zusammenzutun, um diese Kosten zu bestreiten; im Jahr 357/356 führte man

DIE SIRENEN
Der Widerstand des Odysseus, der sich an den Schiffsmast hatte fesseln lassen, brachte die Sirenen (Frauen in Vogelgestalt) zur Verzweiflung. Eine von ihnen beging Selbstmord. Obgleich das Thema, das den Hintergrund dieser attischen Malerei (um 490 v. Chr.) auf einem Krug bildet, aus dem Bereich der Mythologie stammt, stellt das Bild das Schiff und die Verteilung der Ruderer detailgetreu dar.

ATHENE UND POSEIDON

Poseidon, Gott des Meeres und Onkel Athenes, lieferte sich mit seiner Nichte einen Wettstreit um die Patenschaft für Athen. Athene trug den Sieg davon, indem sie den ersten Olivenbaum auf der Akropolis pflanzte, während Poseidon eine Salzwasserquelle entspringen ließ. Ein weiterer Gegenstand des Wettstreits war das erste Pferd. Das feurige Tier gehörte Poseidon, dem Vater des geflügelten Pegasos. Athene erfand das Zaumzeug, um Bellerophon bei der Bändigung von Pegasos zu unterstützen. Den beiden Göttern waren in Griechenland gemeinsame Heiligtümer gewidmet. Dort trugen sie den Beinamen des Pferdes (Hippios), besonders in Korinth, wo eine Aristokratie von Reitern herrschte. Auch im Zusammenhang mit dem Thema Streitwagen wurde der Mythos des Wettstreits zwischen Athene und Poseidon erzählt. Während ihm das Gespann gehörte, beherrschte sie das Lenken und bediente sich einer List: Sie lehrte den Lenker, den Gegner zu schneiden, um ihn schneller zu besiegen. Poseidon jedoch, der auf der Piste unterlegen war, konnte die Pferde scheu machen. Das wiederholten die Teilnehmer des Wagenrennens in Olympia. Schließlich erstreckte sich der Wettstreit auch auf die Schifffahrt. Poseidon konnte die Fluten aufwühlen und besänftigen. Damit war er auch Retter der Schiffe. Die Technikerin Athene aber überwachte die Konstruktion und die Lenkung der Schiffe. Am Kap Sunion hat man unter dem Poseidontempel ein kleines Heiligtum gefunden, das Athene geweiht war.

Der komplementäre Gegensatz Athenes und Poseidons beim Reiten, beim Streitwagen und bei der Schifffahrt zeigt exemplarisch die Funktionsweise des Polytheismus. Er war Teil des religiösen Hintergrunds, der für den Erfolg in Schlachten der Reiterei und zur See notwendig war.

das komplizierte System der Symmorien ein, wodurch die finanzielle Last unter einer größeren Zahl zahlungskräftiger Bürger aufgeteilt wurde. Damit war allerdings der Grundsatz aufgegeben worden, dass jeder einzelne sein Leben für die Sache des Staates einsetzen solle. Der Bürger bezahlte nicht mehr mit seinem Leben, sondern mit seinem Geld, und daher wandelte sich auch seine Einstellung zum Krieg grundlegend. Da die Trierarchen nicht immer geeignete Seeoffiziere abgaben, kam dem Steueroffizier, der von Beruf Seemann war, besondere Bedeutung zu.

Zwischen den Kämpfen wurde der Rumpf der Triere in einem überdachten Schuppen, der zum Hafenbecken hin offen war, untergebracht. Man zog die Triere, nachdem man sie abgetakelt hatte, mit dem Heck voran auf Rollen hinein. Dort lag sie auf dem Trockenen, sodass ihr Rumpf von Algen und Muscheln gereinigt und geteert werden konnte. Der Mast, die Ruder und das Steuerruder der abgetakelten Triere wurden im selben Schuppen untergebracht, in dem der Schiffsrumpf lag. Die Takelage, die Segel und das Tauwerk – das alles wird in den offiziellen Dokumenten als „Hängetakelage" bezeichnet – wurden in ein besonderes Gebäude gebracht, das Zeughaus, die Skeuothek.

Der Bau der Triere war Spezialisten anvertraut. In den offiziellen Dokumenten folgt auf den Namen des Schiffes der seines Erbauers, der sich damit zu seiner Verantwortung bekannte. Bisweilen wurde eine ganze Flotte in einigen Monaten gerüstet. Das Problem bestand in der Beschaffung des für den Schiffsbau notwendigen Holzes. Athen war arm an Holz, und so musste man es von der Chalkidike oder aus Makedonien einführen. Die makedonischen Könige machten sich ihren Holzreichtum zunutze und ließen Athen für die Freundschaft, an der es so großes Interesse zeigte, teuer bezahlen.

Die Trieren hatten Namen, die stets weiblich waren: die Namen von Göttinnen oder Heroinen, wie *Amphitrite, Thetis, Hebe, Pandora,* von Tugenden oder abstrakten Begriffen, etwa *Gerechtigkeit, Tugend, Freiheit, Frieden;* oder man nannte sie persönlicher: *Die Geliebte, Die Schnelle, Die Goldene, Die Glückliche,* gab ihnen die Namen von Städten oder Inseln: *Die Nemeische, Die Delische* oder *Die Salaminische.* Auf dem letztgenannten Schiff und auf einer weiteren Triere, welche *Die Paralische* hieß, wurde die Staatspost befördert. Stolz erfüllte die Athener, wenn die Flotte zu einer Unternehmung in der Ferne aufbrach oder wenn sie nach großen Erfolgen siegreich heimkehrte.

DIE EROBERUNG TROIAS
*(attische Schale, 490 v. Chr.)
Der Künstler hat tragische
Episoden zusammengestellt:
Priamos, der auf dem Altar
Apollons sitzt, wird von
Neoptolemos getötet, der
dazu den Leichnam des
kleinen Astyanax einsetzt,
während ein Grieche Po-
lyxene gewaltsam fortführt.*

Die Geschwader lagen den Winter über in einem Flottenstützpunkt und liefen erst im Frühjahr wieder aus den Häfen aus. Aufs offene Meer wagten sie sich nur, wenn es unbedingt nötig war (so etwa bei den großen Unternehmungen in Afrika und Süditalien). Man vermied es, bei Nacht zu fahren, und legte sogar für die Mahlzeiten an Land an.

In der archaischen Epoche war eine Seeschlacht einer Landschlacht sehr ähnlich, obwohl bereits damals die Kriegsschiffe am Bug einen Rammsporn besaßen. Jedes Schiff versuchte, längsseits des feindlichen Fahrzeugs zu gelangen. Dann kämpften die Hopliten der beiden Fahrzeuge Mann gegen Mann. Die Seeschlacht löste sich also in eine Anzahl von Einzelkämpfen, Schiff gegen Schiff auf, ohne dass gemeinsame Manöver ausgeführt worden wären.

Im Lauf des 5. Jh. v. Chr. änderte sich die Taktik des Seekriegs in erster Linie unter dem Einfluss der athenischen Strategen, die es verstanden, sich die gute Ausbildung ihrer Mannschaften zunutze zu machen. Ein nun eingeführtes Manöver, *diekplus* genannt, bestand darin, dass alle Schiffe des Geschwaders in einer Linie zwischen den Reihen der frontal aufgestellten feindlichen Flotte hindurchfuhren. Dabei versuchte man, im Vorbeifahren die Ruder einiger feindlicher Schiffe zu zerschmettern und den Feind zu zwingen, schnell zu wenden. Die dadurch entstandene Verwirrung begünstigte den Angriff. Ein Manöver, das *periplus* hieß, war noch schwieriger und bestand darin, dass die Schiffe in einer Kette mit hoher Geschwindigkeit rund um die feindliche Flotte kreisten. Natürlich ergab sich dabei für jedes einzelne Schiff die Gefahr eines Flankenangriffs, doch war jedes Schiff durch das nachfolgende gedeckt, welches sofort bereit war, ein feindliches Fahrzeug zu rammen, das anzugreifen versuchte. Riss die Kette nicht und konnte die Geschwindigkeit beibehalten werden, so endete dieses Manöver damit, dass die feindlichen Schiffe schließlich immer enger zusammenrücken mussten, bis sie sich gegenseitig behinderten oder ihre Schlachtordnung auseinander brach und sich dadurch für den Angreifer eine günstige Gelegenheit ergab.

Manche Schlachten trugen dagegen den Charakter einer kombinierten Operation: Die Schiffe landeten, und an dem folgenden Gefecht nahmen Fußtruppen teil, die am Ufer abgesetzt worden waren.

Wehe dem Besiegten!

Nach Ansicht der Griechen konnte der Sieger grundsätzlich völlig frei über den Besiegten und dessen Güter verfügen. Ohne gegen das Kriegsrecht zu verstoßen, durfte er die Bevölkerung hinmorden oder versklaven, das Land in Besitz nehmen oder die Ernte vernichten, sich der beweglichen Habe bemächtigen und Dörfer und Städte in Flammen aufgehen lassen. Lediglich das den Göttern geweihte Land wurde verschont, um die Gottheiten nicht zu erzürnen.

Das ungeschriebene Gesetz vom Recht des Stärkeren galt in klassischer Zeit unbestritten, auch wenn es in der Praxis in mancher Hinsicht gemildert wurde. Das athenische Volk rühmte sich zwar gerne seiner Milde und Sanftmut, trotzdem bestrafte es gelegentlich mit rücksichtsloser Härte: Es vertrieb die Aigineten und die Einwohner Poteidaias im Jahr 430 v. Chr. und die Delier im Jahr 422. Ein Jahr darauf wurde eine andere chalkidische Stadt, Skione, noch grausamer heimgesucht: Die Athener töteten alle waffenfähigen Männer und versklavten Frauen und Kinder. Die Spartaner ihrerseits töteten alle Männer, die im Jahr 427 in Plataiai in ihre Hände fielen, und ebenso verfuhren sie 417/416 mit den Männern des Städtchens Hysiai in der Argolis.

Gelegentlich spielten sittliche Erwägungen eine Rolle und milderten die rauen Bräuche. Einige Philosophen, Schriftsteller und Staatsmänner der hellenistischen Epoche können die Ehre für sich in Anspruch nehmen, den Begriff der wahren Menschlichkeit formuliert zu haben. Die ersten Einflüsse dieser Art gingen von der Religion und insbesondere von Delphi aus. Der Text eines Eids der Amphiktionie, den der Redner Aischines in seiner Rede „Über die Gesandtschaft" zitiert, enthält das Versprechen, im Krieg keine Stadt, die zur delphischen Amphiktionie gehört, zu „entvölkern". Dieser Eid scheint tatsächlich während des ganzen 6. Jh. gehalten worden zu sein, in einer Zeit, als das Delphische Orakel seinen größten Einfluss auf die Sitten ausübte. Der hier auftretende Gedanke der Gemeinschaft aller Griechen findet sich auch bei Platon im *Menexenos*, wo er erklärt, dass die Athener die bei Sphakteria gefangenen spartanischen Hopliten im Bewusstsein der Gemeinsamkeit aller Hellenen geschont hatten: „Sie waren der Meinung, dass man gegen Stammesgenossen nur bis zum Sieg Krieg führen müsse und nicht, weil man gegen eine Stadt besonderen Groll hege, die Gemeinschaft aller Hellenen in Gefahr bringen dürfe."

Schließlich erheben einige Männer, die weniger als andere willens sind, sich nach den alten Sitten zu richten, ihre Stimme voll Entrüstung gegen jene Art von Gewaltanwendung, so Euripides, der in den *Troerinnen*, die im Jahr 415 v. Chr. aufgeführt wurden, den Eroberungskrieg wegen der ungerechten Leiden, die er mit sich bringt, grundsätzlich ablehnte. So entwickelt sich der Begriff vom „gerechten Krieg". In einem solchen Krieg konnte nur der Ruhm ernten, der soldatische Tugenden besaß und diese zur Verteidigung einer gerechten Sache einsetzte.

Diese idealistische Auffassung von der Pflicht des Kriegers gilt im klassischen Zeitalter allgemein. Der Pazifismus des Aristophanes, den man bisweilen mit einem anachronistischen Begriff erwähnt, ist keineswegs so gemeint, dass man sich etwa der Pflicht entziehen könne, mit den Waffen den Interessen des Vaterlands zu dienen. Der Dichter der *Acharner*, des *Friedens* und der *Lysistrate* tritt lediglich für eine Außenpolitik

ATTISCHER KRUG
(um 460 v. Chr.) Die Eule Athenes, Wahrzeichen von Athen, ist hier bewaffnet wie ein Hoplit. Sie hat Arme, um Lanze und Schild zu tragen, und ihre Kopffedern haben sich in eine doppelte Helmzier verwandelt.

des Friedens ein, die im Gegensatz steht zur Politik der Demagogen, die im Krieg ein Mittel sahen, die Wünsche ihrer Anhängerschaft zu befriedigen. Krieg bedeutete für diese Sold, Kriegsentschädigungen, Tributzahlungen der Verbündeten und Kleruchien außerhalb Attikas. War Aristophanes sich wohl dessen bewusst, dass der Krieg, der die Landbevölkerung in Armut stürzte, die Grundfesten der Gesellschaftsordnung erschüttern und zu einem tief greifenden sozialen Wandel führen musste?

Bürgersoldaten oder Söldnerheer?

Seit dem Ende des Peloponnesischen Krieges trat das Söldnerwesen wieder in Erscheinung – Folge eines tief erschütterten sozialen Gleichgewichts. Nur wenn ihnen die Gesellschaft keine andere Wahl mehr ließ, fanden sich zahlreiche Männer bereit, ein unbequemes Leben in ständiger Todesbereitschaft auf sich zu nehmen, und zwar nicht in Erfüllung ihrer Bürgerpflicht, sondern um einem beliebigen Herrn zu dienen, der sie dafür bezahlte. Dieses Phänomen ist umso bemerkenswerter, wenn man bedenkt, dass der Lohn der Söldner gewiss nicht hoch war und im 4. Jh. v. Chr. allem Anschein nach im Allgemeinen noch niedriger als der eines qualifizierten Arbeiters. Trotzdem gab es in jener Zeit eine ganz beträchtliche Zahl solcher Abenteurer in den griechischen Heeren. Zu Beginn des Jahrhunderts waren es nach neueren Forschungen mindestens 40 000, und davon stand etwa die Hälfte im Dienste Dionysios' des Älteren auf Sizilien.

Bereits in der archaischen Epoche kämpften griechische Söldner in den Heeren der saitischen Pharaonen. Herodot erwähnt diese Söldner; ein weiteres Zeugnis für ihre Anwesenheit in Ägypten bildet eine Anzahl von Namen, die ausländische Krieger im Jahr 591 in die Beine der riesigen Steinplastiken am Tempel von Abu Simbel eingemeißelt haben.

KORINTHISCHER HELM *(um 500 v. Chr.) Die massive Form des hermetisch geschlossenen Helms, die Schlägen keinen Angriffspunkt bietet, ist mit einer fein ziselierten Bordüre verziert. Die ästhetische Dimension des Krieges erstreckt sich hier bis ins kleinste Detail.*

DIE KRIEGSGÖTTER

Für eine Gesellschaft, die sich in permanentem Kriegszustand befindet, sind zwei Gottheiten, die über den Krieg wachen, nicht zuviel. Athene und Ares sind in jeder Hinsicht gegensätzlich. Athene ist Tochter des Zeus, aus dessen Kopf sie vollständig bewaffnet entsprang. Ares ist Sohn der Hera, die ihn zum Verdruss ihres Mannes, eben Zeus, allein geschaffen hat. Die Göttin ist Jungfrau, während der Gott sexbesessen ist. Er schafft sich viele Neider, als er in den Armen Aphrodites liegt. Er ist gewalttätig – in der Schlacht tötet er oft unüberlegt. Seiner blinden Brutalität stehen Athenes taktische Intelligenz, Überlegtheit und Wachsamkeit gegenüber.

In der *Ilias* treffen beide Götter mehrmals aufeinander. Athene behält jedes Mal die Oberhand, verwundet Ares und verspottet seine Dummheit. Er ist die verhassteste Gottheit, während Athene überall die angesehenste ist. Sie weiß die zum Sieg notwendige Gewalttätigkeit einzusetzen und zu zügeln. Darauf weist auch ihre magische Waffe hin, ihre Metallrüstung, auf der das versteinernde Gesicht der Gorgon, umgeben von Personifizierungen der Panik, des Grauens und der Zwietracht, abgebildet sind. Auch Ares wird von diesen Mächten begleitet. Die Städte wandten sich im Verteidigungsfall außer an diese beiden Gottheiten auch an ihre Stadtgötter.

Die Entwicklung des Söldnertums in archaischer Zeit ist jedoch keineswegs mit jener im 4. Jh. zu vergleichen. Mit dem Beginn der Kolonisierung eröffnete sich für die Armen und Heimatlosen die Möglichkeit der Auswanderung in die Kolonien. Im 5. Jh. zumindest scheint es daher keine Söldnerheere zu geben. Während des Peloponnesischen Kriegs traten sie jedoch wieder in Erscheinung. Der Krieg zog sich in die Länge, und die Zahl der Berufssoldaten, die in den griechischen Ländern ihre Dienste anboten, wurde immer größer. So kam es, dass viele von ihnen nach Kriegsende ohne Beschäftigung waren; auf sie konnte Kyros der Jüngere zurückgreifen, als er seinen Bruder Artaxerxes zu stürzen versuchte. Der „Zug der Zehntausend" (401–399) nach der Schlacht von Kunaxa zeigt sowohl die zahlenmäßige Stärke wie auch den Mut dieser Söldnerheere. Von nun an spielten die Berufssoldaten in den griechischen Heeren eine größere Rolle, während die Bürgerheere an Bedeutung verloren. Bis dahin war der Krieg die gemeinsame Sache jeder Stadt gewesen. Nun nahm der Individualismus zu, und damit ging die Lockerung der Bindung zwischen Bürger und Stadtstaat einher. Als Folge einer wirtschaftlichen und sozialen Krise entstand ein internationaler Söldnermarkt. Die Kriegstechnik wurde ständig komplizierter; dies machte die Überlegenheit eines Berufsheers über ein Bürgerheer noch deutlicher. Nach außen blieb diese Entwicklung noch einige Zeit verborgen, da bei den militärischen Erfolgen Alexanders des Großen die nationale Armee der Makedonen die entscheidende Rolle spielte. Nach seinem Tod erwies sich jedoch schnell, wie sehr das Söldnerwesen den Plänen der Feldherren entgegenkam. Der Krieg war von nun an nicht mehr eine Sache der Städte, sondern wurde zu einer Angelegenheit der Fürsten.

DIE BELAGERTE STADT *(Xanthos, Nereidendenkmal, 385 v. Chr.) Das Grabmal eines lykischen Fürsten ist mit Schlachtszenen versehen, die im Stil griechisch, aber vom Thema her orientalisch sind. Hinter der Festungsmauer sieht man die Verteidiger einer Stadt im Angesicht einer angreifenden Armee.*

Meisterwerke griechischer Kunst

FRESKO EINES FISCHERS
(um 1550–1500 v. Chr.)
Die Fresken von Thera, die durch den
plötzlichen Ausbruch des Vulkans von
Santorin erhalten geblieben sind, wir-
ken immer noch frisch. Die minoischen
Werke sind umso kostbarer, als die
Malereien späterer Epochen fast vollständig verschwunden sind. Hier ist
ein junger Fischer dargestellt, der seine
Beute in den Händen hält.

LYRASPIELER *(um 2000 v. Chr.)*
Die kykladischen Marmorsta-
tuetten mit ihren feinen Formen könnten als Idole gedient
haben, wenngleich ihre genaue
Funktion nicht bekannt ist. Die
meisten von ihnen stammen
aus Gräbern. Sie markieren
den Beginn der griechischen
Bildhauerei.

TOTENMASKE (*16. Jh. v. Chr.*)
Diese getriebene Goldmaske bedeckte das Gesicht eines Toten, dessen Zügen sie ähnelte. Der Reichtum der mykenischen Gräber hat ihren Entdecker, Heinrich Schliemann, beeindruckt. Er glaubte, in diesem Gesicht König Agamemnon zu erblicken, aber neuere Erkenntnisse schließen diese Zuordnung aus.

KRUG MIT POLYCHROMEM DEKOR (*um 1800–1700 v. Chr.*)
Der Dekor des Tonkrugs im so genannten Kamaresstil ist typisch für die gestalterische Freiheit und den Erfindungsreichtum der Maler. Hier ist ein pflanzlicher Dekor zu sehen, der durch seine Spiralen geradezu abstrakt wird.

DAS LÖWENTOR VON MYKENE (*um 1250 v. Chr.*)
Das Kalksteinrelief ist über dem Torsturz am Eingang zu den Befestigungsanlagen angebracht. Zwei auf einen Altar gestützte Löwen sind zu beiden Seiten einer minoischen Säule postiert. Sie bewachen symbolisch die Zitadelle von Mykene.

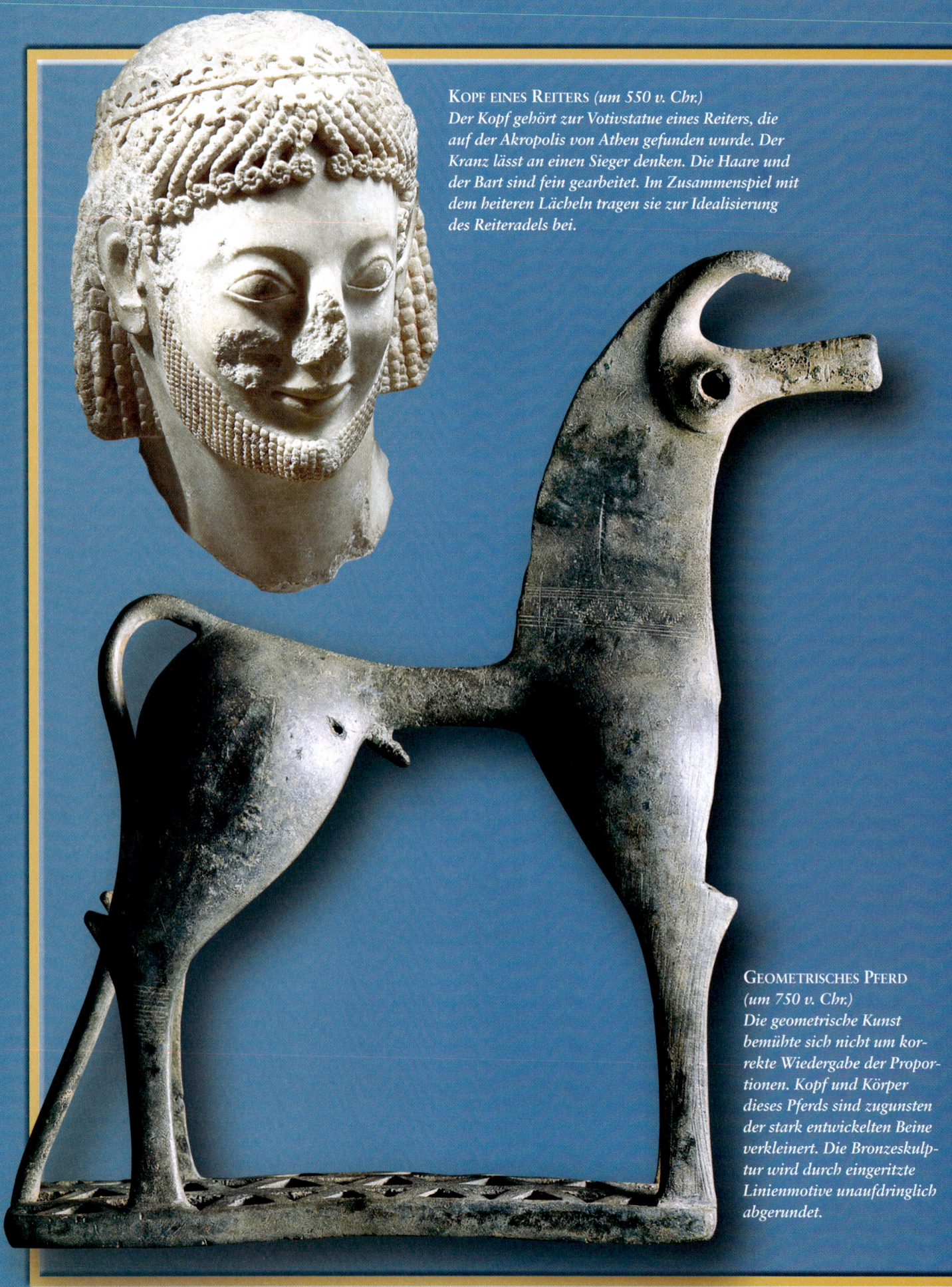

KOPF EINES REITERS *(um 550 v. Chr.)*
Der Kopf gehört zur Votivstatue eines Reiters, die auf der Akropolis von Athen gefunden wurde. Der Kranz lässt an einen Sieger denken. Die Haare und der Bart sind fein gearbeitet. Im Zusammenspiel mit dem heiteren Lächeln tragen sie zur Idealisierung des Reiteradels bei.

GEOMETRISCHES PFERD *(um 750 v. Chr.)*
Die geometrische Kunst bemühte sich nicht um korrekte Wiedergabe der Proportionen. Kopf und Körper dieses Pferds sind zugunsten der stark entwickelten Beine verkleinert. Die Bronzeskulptur wird durch eingeritzte Linienmotive unaufdringlich abgerundet.

FRIES AM SCHATZHAUS VON SIPHNOS *(um 525 v. Chr.)*
Die Insel Siphnos verfügte über reiche Silbervorkommen. De-
ren Bewohner errichteten in Delphi ein wertvolles Schatzhaus
aus Marmor, das mit einem Skulpturenfries geschmückt war.
Mit Recht wird es zu den Meisterwerken der archaischen
Bildhauerkunst gezählt. Unter anderem ist die Schlacht der
Götter gegen die Giganten abgebildet (Gigantomachie).

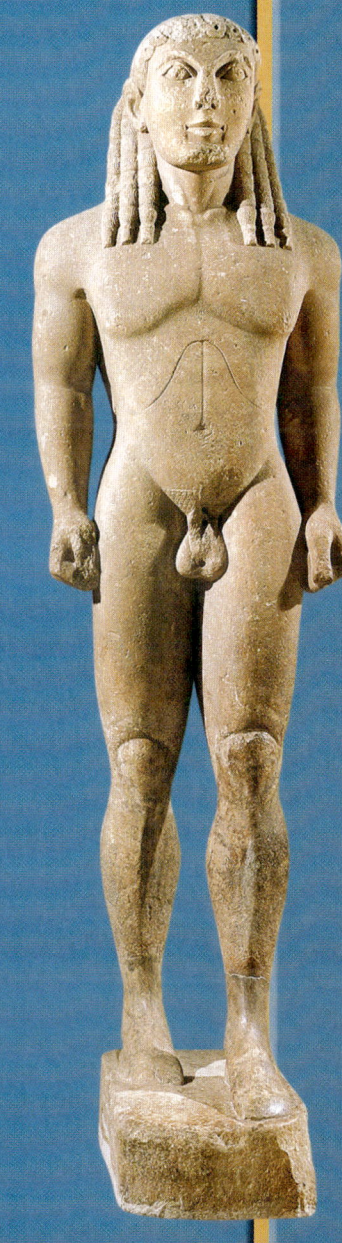

KRUG IM ORIENTALISIERENDEN STIL *(um 540 v. Chr.)*
Der Maler des Dekors auf diesem Weinkrug (Oino-
choé) wurde von orientalischen Motiven inspiriert:
Greife, Sphinxe und Wildziegen sind in regel-
mäßigen Ringen übereinander angeordnet.
Neben den Tieren wurden häufig
auch Füllmotive verwen-
det. In diesem Stil taucht
die menschliche Gestalt
selten auf.

ZWEI JUNGE MÄNNER, KUROI *(um 580 v. Chr.)*
Die beiden mächtigen und massigen argischen Statuen
wurden zusammen im Heiligtum von Delphi gefunden.
Man hat sie lange als Darstellungen der „glücklichsten
Menschen", Kleobis und Biton, interpretiert, die in der
Blüte ihrer Jugend verstorben sind. Heute sieht man in ih-
nen eher das göttliche Geschwisterpaar Kastor und Pollux.

ATTISCHE AMPHORE
(um 540 v. Chr.)
*Dem Maler und Töpfer Exekias
verdanken wir einige der
schönsten attischen Vasen mit
schwarzen Figuren. Auf dieser
Amphore, auf der geschrieben
steht: „Exekias hat mich geschaffen", spielen Achilleus und
Ajax am Rand des Schlachtfelds
Würfel. Zur Strenge der Kompo-
sition gesellt sich eine bewun-
dernswerte Detailgenauigkeit.*

DER KRATER (KRUG) VON VIX *(um 530 v. Chr.)*
*Diesen imposanten Krater aus Lakonien fand man im Grab einer keltischen
Fürstin. Er bezeugt die Ausstrahlung der griechischen Kunst in die umliegen-
den Gesellschaften. Dieses Prestigobjekt verweist zum einen auf den griechi-
schen Brauch des Festmahls, zum anderen – mit seinem Schmuck – auf die
Mythologie (Gorgon) und den Krieg (Streitwagen und Hopliten).*

WAGENLENKER VON MOZIA (SIZILIEN)
(um 470 v. Chr.)
Die Haltung und die Kleidung dieser Statue geben Rätsel auf. Der durchsichtige Stoff und der geschmeidige Körper, Merkmale die normalerweise weiblichen Statuen vorbehalten waren, deuten auf einen erfahrenen Bildhauer hin. Am weit oben angebrachten Gürtel waren die Zügel des Gespanns eingehängt. Daher hat man es hier mit einem sizilianischen Konkurrenten des Wagenlenkers von Delphi zu tun.

DER SARG DES TURMSPRINGERS *(um 480 v. Chr.)*
Diese spärlich bemalte Tafel hat dem Sarg den Namen gegeben, dessen Abdeckung sie war. Seine Wände waren mit einer Serie von Festteilnehmern geschmückt. Das Ensemble der Temperafresken wurde 1969 in Paestum entdeckt. Es ist ein seltenes Beispiel für die Malerei in den griechischen Stadtstaaten.

KOPF EINER FRAU *(um 490 v. Chr.)*
Manchmal wurden die Töpfer zu Modellierern, die den Gefäßen verschiedene Gestalten verliehen, bevorzugt von Menschen und Tieren. Dieser großartige weibliche Kopf ist eigentlich ein Krug. Das sorgfältig gearbeitete Haupthaar aus Tonperlen ist von einer Haube gekrönt, die mit Palmetten und Rankenornamenten geschmückt ist.

GRABSTELE DES DEXILEOS *(394 v. Chr.)*
Die Inschrift, die in den Fuß dieser Stele eingraviert ist, nennt den Namen des Verstorbenen, der in einer Reiterschlacht gegen Korinth gefallen ist. Die Darstellung folgt dem heroischen Stil, der dem des Parthenon ähnlich ist.

ATTISCHER LEKYTHOS *(um 430 v. Chr.)*
Die Technik der Malerei auf weißem Grund war zu jener Zeit Grabbeigaben vorbehalten. Sie erlaubt die Verwendung einer vorsichtigen Polychromie, die einen Kontrast zur geläufigen Technik roter Figuren bildet. Auf diesem Lekythos (Fläschchen) ist der Verstorbene in Dreiviertelansicht vor seiner Stele sitzend abgebildet. Er scheint sich einem melancholischen Tagtraum hinzugeben und die Anwesenheit der ihn umgebenden Besucher nicht zu bemerken.

SCHALE MIT ROTEN FIGUREN
(um 480 v. Chr.)
Auf Trinkvasen haben
die Maler oft die
Verführung und die
Freuden der Liebe
dargestellt. Diese
Darstellung, die
dem Maler Makron
zugeschrieben wird,
ist ein gutes Beispiel
für das hohe Niveau,
das die roten Figuren
im frühen 5. Jh. v. Chr.
erreichten. Die Kompo-
sition ist ausgewogen,
die übereinander liegenden
Ebenen sind komplex und die
Linien weich.

EIN KRIEGER VON RIACE („Bronze B", um 430 v. Chr.)
Große griechische Bronzestatuen sind sehr selten, weil die
meisten Originale eingeschmolzen wurden. Dieses Meister-
werk der klassischen Bildhauerei ist erhalten, weil die
Römer es aus Griechenland raubten. Das Beuteschiff sank
und wurde in unserer Zeit zufällig von Tauchern entdeckt.
Der heroische Krieger wurde mit einer ähnlichen Statue
geborgen.

PARTHENONFRIES (um 440 v. Chr.)
Der Tempel der Athena Parthenos (Jungfrau) in Athen ist einzigartig. Der lange Fries
entlang der Säulenhalle zeigt eine Prozession der Athener, die unter der Beobachtung der
Götter die Kleidung herbeibringen, mit der die Statue Athenes geschmückt werden soll.

APHRODITE VON KNIDOS
(römische Kopie eines Originals vor 340 v. Chr.)
Praxiteles war der Erste, der es wagte, Aphrodite nackt darzustellen. Damit schockierte er seine Zeitgenossen, hatte aber bald Erfolg. Das Werk, von dem unzählige Kopien angefertigt wurden, galt als Prototyp der weiblichen Nackten. Die beschädigten Marmorstatuen, die erhalten sind, vermitteln nur eine ungenaue Vorstellung des Originals, dessen Wirkung zweifellos durch Bemalung verstärkt wurde.

DER RAUB PERSEPHONES
(um 350 v. Chr.)
Die jüngsten archäologischen Entdeckungen der Gräber von Vergina (Makedonien) bereichern unsere Kenntnis der antiken Malerei. Das hier dargestellte Thema (der Raub Persephones durch Hades, den Gott der Unterwelt) scheint geeignet, um ein Grabmal zu schmücken. Die Darstellung ist sowohl wegen ihrer freien Pinselführung und Farbgebung – die improvisiert wirkt – als auch aufgrund ihrer Beherrschung der Perspektive und der Bewegung bemerkenswert.

MOSAIK IM PALAST VON PELLA
(Ende des 4. Jh. v. Chr.)
Die ersten Mosaike wurden
nicht, wie wir es aus Rom kennen, aus kleinen geschnittenen
Quadraten gelegt, sondern aus
natürlichen Kieselsteinen. Ihre
geometrische Wirkung erinnert
an Teppiche. Andere, wie diese
heroische Jagdszene, ähneln eher
der Malerei.

KRATER VON DERVENI
(um 320 v. Chr.)
Dieser prächtige Krater aus
vergoldeter Bronze enthielt
die Asche eines thessalischen
Adligen, dessen Name in den
Rand des Gefäßes eingraviert
ist. Am Ansatz der Hen-
kel sind vier Statuetten so
angebracht, als säßen sie auf
der „Schulter" des Kraters.
Sie stellen das Gefolge des
Dionysos dar und tauchen
auf dem Bauch des Kra-
ters nochmals auf.

GOLDENE HALSKETTE
Beispiele der griechischen Goldschmiedekunst gibt es seit der minoischen Zeit. Als unvergängliches
Metall wurde das Gold nicht selten den Göttern geweiht, oft aber
zu Schmuck für Frauen verarbei-
tet. Mehr noch als die klassische
Goldschmiedekunst bezeugt die
hellenistische eine großartige Technik. Sie ver-
bindet feine Arbeit
mit einer großen
Komplexität der
Motive.

107

KAPITEL 6

Riten und Götter

Im Zeichen der Vielfalt

Die meisten Menschen unserer Zeit verstehen unter griechischer Religion im Wesentlichen einen Kreis von Sagen, jene Quelle, aus der Dichter und bildende Künstler seit der Renaissance immer wieder geschöpft haben. Dazu gesellt sich die Erinnerung an einige erhabene Stätten wie Delphi, die Akropolis von Athen und Kap Sunion, wo noch heute in einsamer Schönheit die Ruinen verlassener Heiligtümer aufragen. Die literarischen Texte sind unsere ergiebigste Quelle, zugleich aber auch am ehesten der Ursprung möglichen Irrtums: Die Griechen kannten zu keiner Zeit ein unabänderliches Dogma auf dem Gebiet der Mythologie. Die Vielzahl der Kultstätten, die über weite Gebiete verstreute Bevölkerung und der Partikularismus der griechischen Stadtstaaten förderten die Fruchtbarkeit der Sagenbildung und die Verschiedenheit der Erzählweisen. Dieser Abweichungen vom Altüberlieferten, die ja keineswegs Verletzungen des religiösen Gefühls darstellen, waren sich die Dichter durchaus bewusst und ließen es bei Gelegenheit an eigenen Zusätzen nicht fehlen. Zur Zeit des Hellenismus haben sich dann viele Gelehrte und andere ihrerseits mit größter Freiheit an die Bearbeitung einer üppig wuchernden Mythologie gemacht, die voll eingestandener Ungereimtheit war. Gerade bei diesen späten Schriftstellern aber – in einem weit geringeren Ausmaß bei Homer und den Tragikern – haben die lateinischen Autoren ihre Kenntnisse erworben und an uns weitervermittelt. Wie schwierig es für den Religionsgeschichtler ist, ihre Angaben zu interpretieren, lässt sich daran ermessen. Wir können lediglich die Texte ohne allzu kritische Vorbehalte nutzen, die glaubwürdig und objektiv von Überlieferungen berichten, die an religiöse Bräuche gebunden sind. Denn mehr noch als Sagen machen uns kultische Tatsachen mit den Griechen von damals vertraut und lassen uns ihr religiöses Verhalten unmittelbar begreifen.

Wir kennen die kultischen Bräuche aus verschiedenen Quellen. Die homerischen Dichtungen enthalten mehrere Gebets- und Opferszenen, die attischen Tragödien beschreiben gewisse Bestattungsbräuche, und Aristophanes zeigt in seinen Lustspielen ausgelassen und wirklichkeitsgetreu die Feier der ländlichen Dionysien. Herodot im 5. Jh. v. Chr. und Plutarch zu Beginn des 2. Jh. n. Chr. erwähnen zahllose Einzelheiten über das religiöse Leben der Griechen. Und schließlich stützen wir uns auf die Kompilatoren der Spätantike, deren Werk uns fragmentarisch durch die mittelalterlichen byzantinischen Lexikographen überliefert ist. Unersetzlich aber sind für uns die Schriften des Pausanias. Von ihm (2. Jh. n. Chr.) stammt eine Reisebeschreibung – Periegesis – des griechischen Mutterlands (Attika, Peloponnes, Boiotien und Phokis); sein besonderes Interesse gilt der Religion und den Überlieferungen. Auf seinen Reisen, die ihn durch alle Gegenden und selbst durch kleinste Siedlungen führen, vermerkt er mit bewundernswerter Gewissenhaftigkeit die Sagen, die man sich dort erzählt, und die kul-

LAKONISCHE STELE
(550 v. Chr.) Ein Götterpaar sitzt auf einem Thron und nimmt Opfergaben – Huhn, Blume, Ei und Granatapfel – von zwei Gläubigen entgegen, die in kleinerem Maßstab dargestellt sind.

tischen Bräuche, die ihm auffallen. Aus Scheu vor Verboten, die gewisse Bereiche des Kults betreffen und allein der Kenntnis der Eingeweihten vorbehalten sind, hütet er sich, uns diese geheimen Vorgänge zu enthüllen, aber wir erfahren immerhin, dass es sie gibt. Dagegen beschreibt er die allen zugänglichen Riten mit großer Ausführlichkeit, vor allem wenn es sich um fremdartige oder ungewöhnliche Bräuche handelt. Die topographische Genauigkeit seiner Berichte hat es uns außerdem erlaubt, eine ganze Anzahl von heiligen Stätten zu identifizieren, die heute noch als Ruinen erhalten sind. Ohne die Aufzeichnungen des Pausanias wäre es recht schwierig, die Bauwerke und Weihgeschenke in den großen Heiligtümern von Delphi oder Olympia richtig zu benennen, und wir wüssten nichts davon, wie das Innere der großen Tempel ausgestattet war.

Neben den literarischen Texten sind es die Inschriften, die eine weitere, sehr reichhaltige und vielseitige Wissensquelle bilden: heilige Gesetze, Weihinschriften, Verzeichnisse von Weihgaben und heiligen Schätzungen, Berichte von wunderbaren Heilungen, Orakel, Erlasse für religiöse Feste, heilige Kalender und Grabinschriften. All diese Inschriften auf Stein oder Metall sind Texte, die für praktische Zwecke abgefasst waren, was sie so besonders wertvoll für uns macht.

Die archäologischen Zeugnisse lassen sich in zwei Kategorien einordnen, in bauliche und figürliche. Die Ruinen, die wir, je nach dem Ausmaß ihres Verfalls, zu deuten vermögen, weiten unser Wissen über die Anlage der Heiligtümer und die Anordnungen der heiligen Bauwerke. Die gefundenen Statuen vermitteln uns das Abbild des Göttlichen,

KAP SUNION

Der Poseidontempel, der Kap Sunion beherrscht, ist von allen Schiffen aus sichtbar, die auf Attika zusteuern oder sich entfernen. An der Grenze von Land und Wasser nimmt der Gott der Meere eine stark symbolische Position ein.

Weih- oder Totenreliefs zeigen uns den Gläubigen in der Gegenwart des Gottes oder die um den Verschiedenen versammelten Hinterbliebenen. Der Figurenschmuck der religiösen Bauwerke führt menschliche Szenen vor Augen, die nicht zufällig ausgewählt waren, sondern für den Beschauer auch stets eine Lehre enthielten; die Vasenmalerei in ihrer unendlichen Vielfalt zeigt einige höchst interessante rituelle Szenen, aber auch zahllose mythologische Darstellungen, die in einzigartiger Weise die Textangaben bereichern.

Jede Gesamtdarstellung der griechischen Religion, die Zusammenhänge bieten will, muss diese verschiedenen Elemente berücksichtigen.

Eine soziale Religion

Alle Zeugnisse vermitteln den Eindruck, dass die griechische Religion der klassischen Epoche eng an die soziale Gruppe gebunden ist. Der Grieche der klassischen Zeit sieht sich nicht als ein auf sich selbst gestelltes Individuum, er ist, so Aristoteles, ein „soziales Wesen", das sich bewusst ist, dass es nur in dieser Verbundenheit mit den anderen wahrhaft seine Bestimmung erfüllt, wie wir bereits im Zusammenhang mit dem Krieg erwähnt haben. Und die Religion gilt als das wesentliche psychologische Element, das den Zusammenhalt der Gruppen und ihren Fortbestand sichert.

Das soll nicht heißen, dass bei den Griechen das ursprüngliche religiöse Fühlen in seiner individuellen und spontanen Form unbekannt gewesen sei. Genau das Gegenteil trifft zu. So verfügen die Griechen etwa über ein Wort, das möglicherweise dem Wortschatz einer vorgriechischen Sprache entlehnt ist, um jene Mischung aus Furcht und Ehrfurcht auszudrücken, die der Mensch vor all dem empfindet, was von einer geheimnisvollen und übernatürlichen Macht abzuhängen scheint. Dieses Gefühl ist das *thambos*. Es ist ein unmittelbares Bewusstwerden der göttlichen Gegenwart, die sich unerwartet zeigt, in einer großartigen Landschaft etwa, in Licht oder Schatten, Stille oder Geräusch, im Flug eines Vogels, in der Majestät eines schön gewachsenen Baumes ... Diese Allgegenwart der Götter bildet das dauerhafte Grundelement ihrer Religion. Der Polytheismus entspringt dem überaus lebendigen Gefühl, dass die ganze Natur vom Geist des Göttlichen durchdrungen ist. Dies erklärt die große Zahl von Kultstätten, ländlichen Altären, Steinhaufen, heiligen Bäumen, Pan-Grotten, Weihgeschenken für die Nymphen, anonymen Heroen und zeigt, dass überall Heiligtümer entstehen, in denen die Hauptgötter unter einem spezifisch örtlichen Aspekt verehrt werden.

Wenn der Grieche das *thambos* fühlte, deutete er es demnach so, dass er der Person eines Gottes begegnet war. Sogleich ließ er die Gemeinschaft, der er angehörte, an seinem Erlebnis teilnehmen oder, was noch häufiger vorkam, identifizierte er die Gottheit,

STILISTISCHE ODER RELIGIÖSE ENTWICKLUNG?

Herodot schreibt, die Perser errichteten den Göttern keine Statuen, keine Tempel und keine Altäre. Außerdem hätten sie „ihren Göttern nie menschliche Gestalt verliehen, wie es die Griechen tun". Das anthropomorphe Wesen der Götter ist in der Tat eine wichtige Eigenschaft der griechischen Religion. Es gibt jedoch auch andere Göttergestalten, nämlich Tiere und Gegenstände wie Steinhaufen und Pfähle. Sind diese nichtmenschlichen Gestalten Überbleibsel einer primitiven Vergangenheit? In der Geschichte der griechischen Bildhauerei lässt sich eine Entwicklung aus der archaischen Zeit zum Expressionismus des hellenistischen Zeitalters feststellen. Von dieser stilistischen Entwicklung kann man aber nicht auf eine umfassendere und universelle Entwicklung schließen, in der das Göttliche zunächst die Gestalt von Steinen, Bäumen und ähnlichem gehabt hätte, um sich dann über die Gestalt des Tiers zu der des Menschen weiterzuentwickeln. Für diese Vorstellung ist vielmehr das Christentum verantwortlich. Im Bemühen, die Überlegenheit des Monotheismus zu beweisen, wurde als Frühreligion der für wild und grob gehaltene Animismus (Tiergottheiten) angenommen, auf den der Polytheismus folgte, um letztlich dem einzigen wahren Gott zu weichen.

deren Macht er soeben an sich erfahren hatte, mit einer Gottheit, der die Gemeinschaft bereits huldigte. Auf diese Weise erhielten sich die überlieferten Kulte ihre Lebenskraft und ihr Ansehen; bisweilen kam auch ein neuer Kult hinzu. Die Einflussnahme der sozialen Gruppe, das heißt die Umformung des individuellen Verhaltens zum Ritus, verlieh jenem anfangs nur flüchtigen Gefühl einen greifbaren und dauerhaften Wert. Umgekehrt sicherte eine solche Glaubensgemeinschaft sowie die Überzeugung, der Herrschaft desselben Gottes unterworfen zu sein, der sozialen Gruppe Bestand und Homogenität.

In den Beziehungen zwischen den Griechen und der Gottheit herrscht meist ein sehr persönlicher Ton. Der Gott ist ein Einzelwesen, aber auch der Gläubige ist eines; die Bande, die sich zwischen beiden knüpfen, führen manchmal zu einem geheimen Einverständnis. Als Beispiel diene hier die Haltung der Athena gegenüber Diomedes in der *Ilias* und gegenüber Odysseus in der *Odyssee*. Die Hilfe, die sie ihnen gewährt, verrät deutlich Sympathie. Der so von den Göttern begünstigte Sterbliche aber darf sich nichts zuschulden kommen lassen, ohne sich den schlimmsten Züchtigungen auszusetzen. Er weiß, dass die Götter einem anderen Geschlecht angehören und dass sie größere Macht besitzen als die Menschen. Und doch wundert er sich nicht darüber, dass sie ihm so nahe sind, ohne dabei etwas von ihrer Größe einzubüßen.

ODYSSEUS UND ATHENE *(attische Amphore, um 450 v. Chr.) Als Odysseus am Ufer Phaiakiens strandete, wurde er von Athene empfangen und beraten. Der Held schämte sich seiner Nacktheit und versteckte sich hinter Zweigen. Der Blickwechsel zeigt die Komplizenschaft zwischen der Göttin und ihrem Schützling.*

In diesem Licht müssen auch jene Sagen gesehen werden, die das besondere Entsetzen der Kirchenväter erregten – die Sagen, die Liebesaffären der Götter mit Sterblichen zum Inhalt haben. Noch in der klassischen Epoche wurden die Riten der Hierogamie oder Götterhochzeit begeistert gefeiert. In Athen absolvierte man jedes Jahr ein Ritual, bei dem die Königin, die Gattin des Archon-Basileus, des von allen verehrten hohen Beamten, mit Dionysos vereinigt wurde, welchen bei dieser Gelegenheit wahrscheinlich ihr Mann darstellte. Auch jene Sagen, in denen menschliche Wesen zur Tafel der Götter zugelassen werden, haben eine solche rituelle Fortsetzung, die Göttermahlzeiten oder Theoxenien, die insbesondere durch den Dioskurenkult bekannt sind.

Anthropomorphe Gottheiten

Der Anthropomorphismus war ein Grundzug der griechischen Religion. Er entstand aus der Verbindung dreier Eigenschaften, welche die Seele der Griechen auszeichneten: dem Sinn für das Göttliche, dem praktischen Rationalismus und der schöpferischen Phantasie. Um sich die gefürchteten Götter konkret vorstellen zu können, gaben die Griechen ihnen Menschengestalt und räumten ihnen in der sozialen Hierarchie einen entsprechend hohen Rang ein. Wir, die wir insbesondere durch die mykenischen Zeugnisse besser unterrichtet sind, wissen, dass der hellenische Polytheismus schon einige Jahrhunderte vor Homer sehr lebendig war. Die Dichtungen Homers und Hesiods jedoch dienten einem ganzen Volk als Katechismus, dem es seine religiösen Grundbegriffe entnahm.

Nicht weniger entscheidend als die Werke dieser beiden Dichter wurde die Vermittlung der Künstler, insbesondere der Bildhauer, für die griechische Religion. Die Idee des Gottes wurde bald in enge Beziehung zur kultischen Statue gebracht, für die man das Wort *agalma* verwendete. Das *agalma* ist gleichzeitig die Darstellung des Gottes und das Zeichen seiner Gegenwart: Die Statue ist Gott, ohne dass jedoch die Gottheit mit ihrem Abbild gänzlich eins würde.

Die weitere Entwicklung der griechischen Kunst, die in der klassischen Epoche ihren Höhepunkt erreichte, stand im Zeichen des Naturalismus, und dies konnte die in der griechischen Religion vorhandene Tendenz zur anthropomorphen Darstellung nur verstär-

DIE DREIFACHE HEKATE
Hekate ist die Göttin der Straßen und der Kreuzungen. Wie Hermes wird sie auf einer Säule dargestellt. Aber sie hat drei Gesichter, wohl um alle Richtungen überschauen zu können.

GEFÄHRLICHE NÄHE

Es ist nicht gut für einen Sterblichen, den Göttern zu nahe zu kommen. Teiresias musste das feststellen, als er Athene beim Baden überraschte. Die Göttin hat ihn trotz ihrer Freundschaft mit seiner Mutter, der Nymphe Chariklo, mit Blindheit bestraft. Als Entschädigung verlieh sie ihm dafür die Gabe der Weissagung. Für das gleiche Vergehen wurde Aktaion von Artemis in einen Hirsch verwandelt und von seinen eigenen Hunden zerfleischt. In vielen Fällen provozierte die Nähe zu einer Gottheit die Eifersucht einer anderen: Aphrodite rächte sich am Jäger Hippolytos, der nur Artemis verehrte. Auch die Zuneigung letzterer konnte seinen Tod nicht verhindern. Das Schicksal der jungen Frauen, die den Blick des Zeus auf sich zogen, ist kaum beneidenswert: Hera verwandelte Io in eine Kuh und ließ sie von einer Bremse plagen; Danae wurde mit ihrem Säugling in eine Truhe gesperrt, die ihr Vater ins Meer warf. Auch Männer wurden von Bestrafungen heimgesucht. Anchises war äußerst bestürzt, als er erkannte, dass die schöne Frau, mit der er gerade geschlafen hatte, Aphrodite persönlich war. Er, der ebenso weise und fromm war wie später sein Sohn Äneas, wusste, dass die Götter immer die Fäden in der Hand hatten und jeden bestraften, der ihre Vorrechte missachtete und die Grenzen übertrat.

ken. Die griechische Kunst streifte durch diese Entwicklung die letzten Reste eines primitiven Anikonismus ab, der eine Gottheit auch in Gegenständen ohne menschliche Form erblickte, ob es sich dabei um unbehauene Steine, um Holzstücke oder auch um Bäume handelte; ebenso verschwanden alle Reste eines Theriomorphismus, der tierische Gottheiten oder Ungeheuer zum Gegenstand der Anbetung machte. Ohne diese Überreste aus alten Zeiten zu unterschätzen: sie waren neben dem Pantheon der vermenschlichten Götter nur von untergeordneter Bedeutung – jener Götterwelt, die sich der anspruchsvolle Geist der Griechen, unterstützt von der Kunst der Bildhauer, als eine streng hierarchisch geordnete, lebensvolle Gesellschaft dachte, die sich sittlichen und staatsbürgerlichen Problemen und einer bestimmten Form der Geistigkeit aufgeschlossen zeigte.

Diese Götter, die meist schon in mykenischer Zeit ihre endgültigen Namen trugen, verehrte der Grieche nach überlieferten Bräuchen. Die rituellen Vorschriften sind je nach Ort und Gottheit verschieden. Es lassen sich aber die wesentlichen Kulthandlungen unterscheiden, die ungeachtet der durch die Umstände bedingten Abweichungen einiges miteinander gemein haben: Gebet, Opfergabe, Opfer, öffentliche Feste und Spiele.

Der Begriff der rituellen Reinheit

Vor jeder frommen Handlung muss sich der Gläubige der Reinigung unterziehen. Als Achilleus im 16. Gesang der *Ilias* ein Gebet an Zeus richtet, wählt er eine kostbare Schale, reinigt sie mit Schwefel und spült sie mit reichlich Wasser aus; dann wäscht er sich selbst die Hände, bevor er sein Trankopfer darbringt und sein Gebet spricht. Was Homer schildert, fasst Hesiod in *Werke und Tage* als Vorschrift: „Nie darfst du im Morgengrauen Zeus oder den anderen Göttern Trankopfer dunklen Weins anbieten, ohne dir vorher die Hände gewaschen zu haben, denn dann erhören sie dich nicht und weisen deine Gebete mit Abscheu zurück." Die Gepflogenheit dieser rituellen Waschungen wird während der ganzen klassischen Epoche aufrecht erhalten. Daher befindet sich an der Tür zum Allerheiligsten ein Becken mit Wasser, das Gläubigen zur Reinigung zur Verfügung steht.

Als eine der schlimmsten Beflecktungen betrachtete man vergossenes Blut. Hektor, der sich für einen Augenblick aus dem Kampf zurückgezogen hat, antwortet Hekuba, seiner Mutter, auf die Aufforderung, Zeus ein Trankopfer darzubringen, dass er weder ein solches darbringen noch ein Gebet sprechen könne, weil er mit Blut besprizt sei. Auch Odysseus beeilte sich, nachdem er die Freier niedergemacht hat, seinen Palast zu reinigen, indem er Schwefel verbrennt. Es handelt sich dabei nicht etwa darum, den Mörder von seinem Vergehen reinzuwaschen; für den Totschläger, der ohne Vorsatz handelt, galten deshalb dieselben rituellen Bestimmungen wie für den Meuchelmörder. Allein das dabei vergossene Blut bewirkte die Unreinheit, auch wenn die Handlung als solche gerechtfertigt oder zumindest entschuldbar war. Diese Beflecktung musste weggewaschen werden, um zu verhindern, dass sie sich durch Berührung weiter ausbreitete. Daher wird der Mörder aus der Stadt verbannt, bis er gereinigt ist.

Ebenso wie das Blut erzeugt auch der Tod Unreinheit. In Messene auf dem Peloponnes musste ein Priester oder eine Priesterin, deren Kind im Sterben lag, das priesterliche Amt niederlegen: Der bevorstehende Todesfall in der Familie wirkte als Befleckung, durch die man die Eignung zum Gottesdienst verlor. Es war im Allgemeinen untersagt, die Toten auf heiligem Boden zu begraben. Eine Ausnahme wurde nur für die im Kampf gefallenen Helden gemacht.

ATTISCHER STAMNOS *(um 500 v. Chr.) Bei einem Trankopfer wurde die Flüssigkeit aus einem Krug in eine Schale ohne Fuß (Phiale) gegossen und dann auf den Boden oder über einen Altar. Hier gießt eine Frau die Opferflüssigkeit in die Phiale, die ein zum Aufbruch bereiter Krieger in der Hand hält.*

Die Geburt brachte, zweifellos wegen der Blutungen, ebenfalls Unreinheit mit sich. Die Gesetze von Kyrene besagen, dass die Anwesenheit einer Wöchnerin das ganze Haus und jeden, der sich unter demselben Dach befindet, unrein macht. Ein anderer Paragraph behandelt den Fall einer Fehlgeburt: Ist der Embryo bereits als werdender Mensch zu erkennen, so war die Unreinheit gleich der bei einem Todesfall; andernfalls ist die Befleckung dieselbe wie bei einer Entbindung. Selbst geschlechtliche Beziehungen konnten in gewissen Fällen unrein machen. Es war untersagt, sich an geweihten Stätten der Liebe hinzugeben. Die Sage von Atalante und ihrem Liebhaber Hippomenes illustriert dieses Verbot: Da sie innerhalb eines geweihten Ortes ihrer Leidenschaft nachgegeben hatten, wurden die beiden vom göttlichen Zorn getroffen und in Löwen verwandelt.

Durch Reinigungsriten, die überall genau festgelegt und in den einzelnen Städten sehr unterschiedlich waren, konnte der Bann der Unreinheit wieder aufgehoben werden. Es blieb nicht aus, dass aufgeklärte Geister, die sich mit dem Problem des Guten und Bösen auseinander setzten, bald nach dem Wert dieser rituellen Reinheit fragten und versucht waren, diese auf das moralische Gebiet auszudehnen. Von daher rührt in der Religion der Griechen jene Widersprüchlichkeit zwischen dem Ethischen und dem Heiligen, die sich nie gänzlich beseitigen ließ. Apollon und Zeus, den großen, läuternden Gottheiten, wies man daher gleichzeitig die Rolle der Beschützer von Gerechtigkeit und Moral zu.

Zuerst das Gebet

Der elementarste religiöse Akt, durch den der Gläubige jederzeit mit der Gottheit in Verbindung treten kann, ist das Gebet – sei es, dass der Beter dazu innerlich den Aufruf verspürt hat, sei es, dass er spontan mit dem Gott ein Zwiegespräch beginnt. Ob der Gott antwortet oder nicht, steht in seinem Belieben; auf jeden Fall aber hat er die vertrauensvollen Worte des Menschen vernommen. Daher war es wesentlich, dass man das Gebet sprach, und zwar mit lauter Stimme.

Zum Gebet gehörte außerdem gewöhnlich auch eine Bitte an den Gott, dessen Schutz man erflehte. Um leichter sein Wohlwollen zu erlangen, erinnerte man ihn manchmal an früher dargebrachte, den Gott verpflichtende Opfergaben und an die frommen Handlungen, die der Bittsteller verrichtet hatte. Oft wurden ihm jedoch weitere Geschenke in Aussicht gestellt, so zum Beispiel von Penelope im 4. Gesang der *Odyssee* an Athena: „Unbezwungene Tochter des wetterleuchtenden Gottes, höre mein Flehn: Wo dir im Palast der weise Odysseus je von Rindern und Schafen die fetten Lenden verbrannt hat, dass du, dessen gedenkend, den lieben Sohn mir errettest und zerstreuest die Freier voll übermütiger Bosheit!" Das Gebet wurde stehend vor dem Kultbild oder im Heiligtum gesprochen, die rechte Hand oder beide Hände erhoben, die Handflächen dem Götterbildnis zugewandt. Die kniende Haltung hingegen zählt Theophrast in seinen *Ethischen Charakteren* zu jenen Zügen, die den abergläubischen Menschen kennzeichnen.

Das Opfer – Ausdruck der Frömmigkeit

Das Gebet wird oft von einem Opfer begleitet. Manchmal wurde spontan geopfert; so etwa bescheidene Gaben, die die Gläubigen in den ländlichen Heiligtümern darbrachten, eine Frucht, eine Hand voll Ähren, Blumen, Kuchen oder das Fell eines Tieres. Daneben gab es auch Opfer, die das Brauchtum vorschrieb, so etwa die Trankopfer, die man laut Hesiod jeden Morgen und jeden Abend darbringen musste, indem man einige Tropfen Wein auf den Boden sprengte. Dies wiederholte man bei den Mahlzeiten, bevor man zu trinken begann; so erhielt der Gott den ihm zustehenden Teil des Getränks.

DAS GEBET

(Bronze, 4. Jh. v. Chr.) Dieser in der Renaissance gefundene Ephebe (wehrfähiger junger Mann) mit erhobenen Armen ist immer für einen Gläubigen gehalten worden, der zu den Göttern betet. Allerdings beruht die Handhaltung auf einer modernen Restaurierung.

In anderen Fällen opferte man den Göttern nicht Nahrungsmittel, sondern kostbare Gegenstände, am häufigsten Gewänder. Daher legt die Troianerin Hekuba, als sie Athena anruft, ihren schönsten Schleier auf die Knie der Göttin. Das ehrwürdigste Fest in Athen waren die Großen Panathenaien, die alle vier Jahre stattfanden. Auf diesem Fest erhielt die Göttin den *peplos*, der für sie von den Ergastinen, den Töchtern der vornehmsten Familien Attikas, gewirkt worden war. Die ganze Stadt nahm an der Opferhandlung teil. Die heiligen Schätze häuften sich, vermehrt durch öffentliche und private Gaben wie Gewänder, Waffen, Geschirr aus Edelmetall, Schmuck, Gold oder Silber in Form von Barren oder Münzen und alle möglichen Gegenstände, welche die frommen Gläubigen der Gottheit widmeten. Man bewahrte sie in den Tempeln oder in so genannten Schatzhäusern auf. Priester und Beamte verwalteten die Reichtümer; sie waren dafür nicht nur der Gottheit, sondern auch ihren Mitbürgern verantwortlich, denen sie beim Ausscheiden aus dem Amt einen genauen Bericht vorlegen mussten. So entstanden die heiligen Inventare, in denen die Opfergaben, genau beschrieben und mit Gewichtsangaben versehen, aufgeführt sind.

Viele Opfergeschenke sind in Wirklichkeit Votivgaben, mit denen die Gläubigen den Göttern, die ihnen einen Dienst erwiesen hatten, ihren Dank zum Ausdruck brachten. Dem Gott der Heilkundigen, Asklepios, stiftete man in seinem Heiligtum ein Reliefbild des kranken Gliedes oder des Organs, das der Gott geheilt hatte. Andere Votivgaben erinnern an bedeutende sportliche oder kriegerische Erfolge. In den großen Heiligtümern in Olympia und Delphi drängen sich die Statuen der siegreichen Athleten. Es war üblich, dass man der Gottheit den zehnten Teil von jedem unerwartet großen Gewinn opferte, ob es sich nun um Jagd- oder Kriegsbeute handelte, um reichen Fischfang oder gute Handelsgeschäfte. Ganz offensichtlich entspringen diese Opfergaben nicht mehr nur der Frömmigkeit, sie befriedigen auch den Stolz des Stifters, der so die Nachwelt auf seine Taten hinweist.

Wer weiß, welche Bedeutung dem Krieg in der griechischen Welt zukam, wird nicht überrascht darüber sein, dass sich der größte Teil der Weihgeschenke der Städte auf kriegerische Erfolge bezieht. Die einzelnen griechischen Staaten feierten ihre Siege nicht nur mit Stiftungen in den Nationalheiligtümern, sie legten auch großen Wert darauf, ihre Siege durch Weihgaben in den panhellenischen Heiligtümern, wo sie allen Griechen zugänglich waren, zu verewigen. Die Athener hatten nach ihrem Sieg bei Marathon die von den Persern erbeuteten Waffen dem delphischen Apollon geweiht und auf einer Basis an der Südmauer ihres Schatzhauses aufgestellt. In Delphi erhebt sich ebenfalls am Eingang zum Heiligtum ein zweites Weihgeschenk der Athener zum Dank für den Sieg bei Marathon, ein mit goldenen Sternen verzierter Mast von den Aigineten, zwei von allen verbündeten Städten gemeinsam gestiftete Opfergaben, ein Apollon, der einen Schiffsschnabel hielt zum Andenken an den Sieg von Salamis; an die Schlacht bei Plataiai erinnerte ein Dreifuß, der auf einer bronzenen Säule stand. Ein Teil dieser Bronzesäule blieb erhalten; sie steht in Konstantinopel, wohin Konstantin der Große sie hatte bringen lassen. Die Säule trägt die Namen der 31 Städte, die an der Weihung beteiligt waren.

Gebet und Opfer (eine besondere Form der Weihgabe) waren für die Griechen die wichtigsten religiösen Handlungen. Gerade das Staatsopfer nimmt in ihrem religiösen Leben einen so breiten Raum ein, dass es im Folgenden gesondert betrachtet werden soll.

OPFERBRINGERIN
(Relief aus Terrakotta, Melos, 6. Jh. v. Chr.) Pflanzliche Opfer, Obst und Blumen, wurden oft von Frauen dargebracht, deren Name („kanephoros") „Korbträgerin" bedeutete, denn sie benutzten flache Körbe zum Überbringen der Gaben.

OPFERPROZESSION
(Holzmalerei, 530 v. Chr.)
Auf dieser korinthischen
Tafel ist eine Prozession von
Frauen abgebildet, die sich
feierlich einem Altar nähert.
Die Inschrift präzisiert, dass
der Altar den Nymphen ge-
weiht ist. Die Frauen führen
einen Widder mit sich und
tragen pflanzliche Opfer in
der Hand.

Der Platz des Opfers

Jedes Opfer, gleichgültig ob es vom Staat oder vom Einzelnen dargebracht wird, ist ein komplizierter Vorgang nach Regeln, die sich im Lauf einer langen Tradition herausgebildet haben. Man opfert der Gottheit nach bestimmten Riten Nahrungsmittel, Samenkörner, Pflanzen, Getränke oder Tiere. Es galt also bereits als Opfer, wenn man den Göttern Milch, Wein oder Kuchen darbrachte, vorausgesetzt, es geschah nach den Riten, die die Beschaffenheit, den Zeitpunkt und den Vollzug des Opfers bestimmten. Es gab zwar bei bestimmten Kulten auch unblutige Opferhandlungen, doch sind jene, bei denen ein Opfertier geschlachtet, manchmal auch geviertelt wurde, weit zahlreicher und bedeutender.

Die wichtigsten Phasen der Zeremonie werden deutlich unterschieden. Die Opfertiere, zusammenfassend Hekatombe genannt, wurden rings um den Altar aufgereiht. Hekatombe meinte ursprünglich die Zahl von hundert Rindern, doch hatte das Wort bereits bei Homer eine allgemeine Bedeutung und bezeichnete einfach ein großes Opfer, ob Rinder oder Kleinvieh. Die Teilnehmer an der Opferhandlung wuschen zur Reinigung ihre Hände und nahmen eine Hand voll Gerstenkörner. Dann sprach der Apollonpriester ein Gebet, und man streute als erste Weihgabe die Gerstenkörner auf den Boden. Hierauf schnitt man den Opfertieren die Kehle durch, wobei man ihnen die Köpfe hochhielt, sodass das Blut nach oben schoss, in Richtung des Altars. Die toten Tiere wurden zerlegt, die Schenkel mit Fett umwickelt und in dem Feuer, das auf dem Altar entzündet worden war, verbrannt, während der Priester Trankopfer darbrachte. Das restliche Fleisch wurde auf Bratspießen gebraten und bei einem großen Gelage gemeinsam verzehrt.

Bei einigen Kulten ist es verboten, vom Fleisch der Opfertiere zu essen, und das Tier wird ganz verbrannt (man nannte dies ein Holokauston, eine vollständige Verbrennung). Dies ist gewöhnlich der Fall bei Opfern, die mit einem Schwur verbunden sind, bei manchen Sühneriten, den Kulten der Erdgötter, der Götter der Unterwelt und bei den meisten Heroen- und Totenkulten. Einige Wissenschaftler haben diese Unterschiede als einen

Hinweis darauf verstanden, dass die Götter des griechischen Polytheismus zwei großen Hauptgruppen angehörten, den Himmelsgöttern, den uranischen, und den unterirdischen Gottheiten, den chthonischen. Die ersten waren die Hilfreichen, die zweiten die Furchterregenden. Das Ritual für die Himmelsgötter würde demnach eine ehrfurchtsvolle und vertrauende Hinwendung des Menschen zur Gottheit ausdrücken, das chthonische Ritual dagegen wäre ein Ritual des „Abwendens", mit dem man eine drohende Gefahr, die von einer bösen oder feindseligen Macht ausgeht, fernzuhalten versuchte. Deshalb kommt im ersten Ritual dem Opferbankett, bei dem sich die Gläubigen und die Gottheit das Fleisch des Opfers teilen, so große Bedeutung zu, während beim zweiten Ritual das Opfer völlig der Gottheit überlassen wird.

Nochmals muss die Ortsgebundenheit der Kulte betont werden. Die Vorschriften für die üblichsten Arten eines Tieropfers sind in jedem Heiligtum und je nach dem Aspekt, unter dem ein Gott gesehen wurde, recht verschieden. Die Art des Opfertiers war in Verboten und Geboten genauestens festgelegt. Auf Thasos war es im 5. Jh. v. Chr. verboten, bestimmten Göttern Schweine oder Ziegen zu opfern. Dasselbe Verbot galt auch auf Delos. Dagegen wurde in Kyrene den Gläubigen empfohlen, dem Apollon Apotropaios eine rote Ziege zu opfern. Dem Gott Priap, der in Kampsakos am Hellespont verehrt wurde, opferte man Esel, dem Kriegsgott Enyalios in Sparta Hunde. Für Reinigungs- und Sühnezeremonien waren im Allgemeinen Schweine vorgeschrieben. Der letzte Auftrag des sterbenden Sokrates an seine Freunde, so berichtete Platon im *Phaidon*, war, dem Asklepios einen Hahn zu opfern. Anhand dieser wenigen Beispiele zeigt sich die außerordentliche Vielfalt der griechischen Riten. Die Vorschriften zu verletzen und ein Tier zu opfern, das den Bräuchen nicht entsprach, hieß einen Frevel begehen; dafür waren finanzielle und religiöse Strafen vorgesehen.

DIE OPFERKÜCHE *(Ionische Hydrie, um 540 v. Chr.) Die Zubereitung des Opferfleischs ist auf der Oberseite dieser Hydrie dargestellt. Über der Altarflamme braten Spieße, während im Kessel Kochfleisch zubereitet wird. Ganz rechts werden weitere Fleischstücke auf Spieße geschoben.*

Der Priester – Wächter über die Riten

Um bei der komplizierten Opferhandlung keinen Fehler zu begehen, der ja als Frevel galt, verließ man sich auf die Unterstützung des Fachmanns. Es ist kein Zufall, dass das griechische Wort für opfern, *hiereuein*, eng mit der Bezeichnung für den Priester, *hiereus*, verwandt ist. Der Priester oder die Priesterin, im Allgemeinen nur einer beziehungsweise eine, gehörte zum Heiligtum und wachte über die Einhaltung des Rituals. Priester wurden gewählt oder unter den besten Familien der Stadt durch das Los bestimmt; ihre Funktionen waren ähnlich wie die der Beamten. Bei Staatszeremonien wies man ihnen Ehrenplätze zu, man räumte ihnen materielle Vorteile ein – so teilte man ihnen ein ausgesuchtes Fleischstück des Opfertiers zu –, sie durften für jedes Opfer eine Gebühr erheben und hatten Steuerfreiheit. Im Übrigen waren sie Bürger wie alle anderen und bildeten keine besondere Priesterkaste. Die griechische Gesellschaft hat niemals streng zwischen profanem und religiösem Bereich unterschieden.

Auch hier wird wieder deutlich, dass die Gesellschaft das tragende Element der griechischen Religion war. Die Bedeutung, die dem überlieferten Ritual zukam, sowie die Rolle, welche die Priester spielten – sie hatten diese Tradition zu wahren –, zeigen, dass die griechische Religion eine Angelegenheit der sozialen Gruppen war. Die Familie hat ihre eigenen Kulte. Ein wichtiger kultischer Mittelpunkt war der Herd. In der Familie verehrt wurden neben anderen Apollon Patroos und Zeus Herkeios. In Athen mussten die Familien der künftigen Archonten nachweisen, dass sie entsprechende Kulte ausübten. Zu erwähnen ist auch der Kult des *agathos daimon,* des guten Hausgeists, den man in der Gestalt einer Schlange verehrte und dem täglich nach der Mahlzeit ein Trankopfer dargebracht wurde, sowie der Kult des Hermes oder der Hekate Prothyraia am Tor des Hauses. Die größte der sozialen Gruppen ist die so genannte Phratrie, eine Kultgemeinschaft, die ihre eigenen Feste feierte, wie etwa die ionischen Städte die Apaturien. Die Stämme (Phylen), die größten Gruppen der Bürgerschaft, waren in Athen nach einem lokalen Heros benannt, der daher *heros eponymos* hieß und dem die Stämme Verehrung erwiesen. Selbst die attischen Demen, die ja nichts anderes als Verwaltungsbezirke sind und erst spät geschaffen wurden, hatten ihre Heiligtümer und Kulte genau wie die Städte der anderen Staaten, die auf alte Traditionen zurückblicken konnten.

Der Stadtstaat selbst schließlich bildet „den idealen Rahmen", in dem sich das religiöse Leben vollzieht. Der Bürger ist mit den Heiligtümern und Kulten des Staates eng verbunden und fühlt sich nur in dem Maß als Glied der Bürgergemeinschaft, in dem er an dem gemeinsamen Glauben teilhat. Auch die Frauen, deren gesellschaftliche Rolle ansonsten nicht gerade prominent war, hatten von Kindheit an für den Staat religiöse Pflichten zu erfüllen.

Die Feste: zwischen Profanem und Heiligem

Das Volk, das einen harten, freudlosen Alltag hatte, liebte Feierlichkeit und Glanz der Feste. Es konnte dann das würdevolle Auftreten der Magistrate bewundern, das schmucke Aussehen der Reiter auf den tänzelnden Pferden, die Anmut der Mädchen, die Opfergaben trugen – die so genannten *kanephoroi* –, und die prachtvollen Tiere, die zur Opferung bestimmt waren. Jedes Fest begann mit einer Prozession. Die Schaulustigen waren mit ganzer Seele dabei, kommentierten ohne Scheu auffällige Einzelheiten und riefen dann und wann den Teilnehmern des Zuges ein Scherzwort zu, auf das diese schlagfertig antworteten. In einigen Fällen waren solche Späße sogar Sitte, so bei der Prozession in Eleusis, bei der die Zuschauer, die sich um eine Brücke versammelt hatten, den Dahinziehenden die traditionellen Zoten zuriefen, die so genannten Gephyrismen, Brückenwitze. Die beißenden »Karrenwitze«, die bei den Anthesterien und den Lenaien, den attischen Dionysosfesten, lustige Gesellen von den Karren herunterriefen, spielten bei der Entstehung der Komödie eine Rolle. Für den reibungslosen Verlauf dieser Umzüge sorgten offizielle Festordner, jene Personen, die auf dem Parthenonfries in umgekehrter Richtung zum Zug dargestellt sind. Der Weg der Prozession führte durch Straßen und über Plätze und endete im Heiligtum, auf dem freien Platz, in dessen Mitte der Altar stand.

Auf den Umzug folgte das Opfer, das in der Nähe eines Altars dargebracht wurde, während auf dem Altar selbst das Feuer entfacht wurde, in dem man das Opfertier verbrannte. Manchmal diente als Altar einfach eine für diesen Zweck vorgesehene Feuerstelle, ein Loch in der Erde oder ein kuppelförmiger Erdhaufen. Man nannte sie wie die häusliche Herdstelle *eschara*. Für die chthonischen Götter, die Heroen und die Toten war dies die übliche Form des Altars. Man findet sie aber auch bei anderen Kulten: So war der Zeusaltar in Olympia ein kleiner Hügel, entstanden aus der Asche der Opfertiere.

Die meisten Altäre jedoch waren aus Stein. Sie hatten die Form eines zylindrischen oder rechteckigen Tischs, auf dem das Opferfeuer entfacht wurde. Neben den schlichten Altären, die aus einem einzigen Steinquader (Monolithen) bestanden und auf einer Seitenfläche manchmal den Namen der Gottheit eingemeißelt trugen, gab es in den bedeutendsten Heiligtümern monumentale Altäre von großen Ausmaßen. Schon in ar-

MONUMENTALALTAR VON SYRAKUS *(228 v. Chr.)*
Auf diesem riesigen Altar wurden große öffentliche Opfer dargebracht. Dabei wurden Herden von bis zu 100 Tieren (Hekatomben) geschlachtet, an denen sich die ganze Stadt satt essen konnte.

119

chaischer Zeit gibt es Altartische, die zwischen 20 und 30 Meter lang und zwischen 6 und 13 Meter breit sind. In klassischer Zeit haben die Altäre des Heratempels von Agrigent und des Tempels der Athena Alea von Tegea ähnliche Ausmaße. Im Olympieion von Agrigent war der Altar ebenso riesig wie der Tempel – er maß 56 mal 12 Meter. Noch größere Ausmaße nahmen die Altäre in hellenistischer Zeit an. So ließ König Hieron II. von Syrakus um die Mitte des 3. Jh. v. Chr. in seiner Hauptstadt einen Altar erbauen, der ein olympisches Stadion, also 192 Meter, lang war.

Meist stand der Altar im Freien. Denn erstens hätte man die Luft in einem geschlossenen Raum des Rauches wegen, der vom Opferfeuer aufstieg, bald nicht mehr einatmen können, und zweitens musste genügend Platz für die Zuschauermenge vorhanden sein. Altar und Tempel müssen nicht immer verbunden sein. Der wichtigere Teil von beiden ist, im Gegensatz zu einer weit verbreiteten Annahme, nicht der Tempel, sondern der Altar. Ein Tempel ohne Altar ist undenkbar, doch hatten die Griechen auch Heiligtümer ohne Tempel, und man begnügte sich damit, die Opferhandlung auf dem Altar im Freien zu begehen. Auf diese Weise opferte man während der archaischen Epoche dem olympischen Zeus. Der Altar der Athena auf der Akropolis von Athen befand sich weder vor dem Parthenon, noch vor der östlichen Cella des Erechtheion, sondern vor jener Stelle, auf der früher der archaische Athenatempel gestanden hatte.

Rund um den Altar war meist ein genügend großer Platz für die Akteure und Zuschauer der Opferhandlungen freigelassen. Vor dem Altartisch war entweder in den Boden oder in die Steinplatte, die so genannte *prothysis*, auf welcher der opfernde Priester stand, ein eiserner Ring eingelassen, an dem die Opfertiere festgebunden wurden, wenn man ihnen den Todesstoß versetzte. Die Archäologen haben diese Ringe an Ort und Stelle wiedergefunden. Vor unserem inneren Auge ersteht so die ganze Szene: Rings um das Opferfeuer die Hekatombe, die Priester, Magistrate und Diener und, in einem Kreis um sie gelagert, die Menge der Bürger. Die Flammen lodern hoch auf, der Rauch steigt in den klaren Himmel, mit dem Weihrauchduft mischt sich der Duft des gebratenen Fleisches; die Zeremonie wird von Flötenweisen und den Hymnen eines Chors begleitet. Den Rahmen für diese Feste bildet die Frontseite eines Tempels mit bunt bemalten Giebeln, Säulenhallen, Weihegaben und Bronzestatuen, das Grün eines heiligen Haines oder der Horizont des Meeres.

Ein spektakulärer Kult

Die kultischen Zeremonien konnten ohne Weiteres gewisse Grundformen einer dramatischen Handlung beinhalten. Besonders deutlich ausgeprägt ist dies im delphischen Ritual. Dort wurde alle acht Jahre ein Mysterienspiel, das so genannte *stepterion*, aufgeführt, das eine alte delphische Sage, in der Apollon die Schlange Python tötet, zum Inhalt hat. Die Handlung, in deren Verlauf die Hütte der Python angezündet wurde, die für diese Gelegenheit aufgebaut worden war, untermalten Flötenweisen, die, nach Pausanias, Naturlaute, etwa das Zischen der Schlange, nachahmten. In anderen Fällen wurde die Opferhandlung von Tänzen, die mehr oder weniger symbolische Bedeutung hatten, begleitet.

In keinem Kult waren die rituellen Darstellungen von so großer Bedeutung wie im Kult für Dionysos, Gott der Fruchtbarkeit, der Weinrebe und des Weins. Zum dionysischen Ritual gehörten Chöre, Tanz und Prozessionen. Die Chöre trugen zu Ehren des Gottes eine besondere Hymne vor, den so genannten

PHALLOPHORIE
(attische Schale, um 540 v. Chr.) Die phantastische Errichtung phallischer Masten, die auf dem Rücken von Menschen getragen wurden und selbst einen gigantischen Satyr mit Reiter trugen, stellt ohne Wirklichkeitstreue die dionysischen Prozessionen dar.

DER FREMDE

Lange Zeit waren die Historiker der Meinung, dass Dionysos aus Thrakien oder dem Orient stammte … bis die Entzifferung von Linear B ergab, dass er schon in Mykene bekannt war. Er war also ein Grieche. Aber er gab sich gern die Gestalt eines Fremden, um seine Andersartigkeit zu betonen. Obgleich er von einer sterblichen Frau, Semele, abstammte, war er ein Gott, weil er dem Schenkel des Zeus entsprang. Sein Kult brachte manches durcheinander, indem er die Rollen verkehrte sowie Illusion und Wirklichkeit verschmolz. Wein, Trunkenheit und phallische Prozessionen scheinen im Wesentlichen den Männern vorbehalten, während Trance und Besessenheit eher Sache der Frauen waren. Diese mussten Dionysos mit ekstatischen Tänzen feiern sowie im Winter durch die Berge irren, wie es alle drei Jahre eine Gesandtschaft von Athenerinnen tat, die sich auf dem Parnass den Thyiaden von Delphi anschloss. Aus einigen Orten wird auch von Homophagie berichtet (Kauen von rohem Fleisch): Ein wildes Tier wurde gefangen und mit bloßen Händen zerlegt. Die Besessenheit verlieh den Bacchantinnen – den Anhängerinnen von Bacchus/Dionysos – übermenschliche Kräfte. Die Missachtung der rituellen Praktiken konnte eine Stadt in Gefahr stürzen. Den Mythen zufolge rächt sich Dionysos, wenn die Frauen sich weigern oder daran gehindert werden, die eigenartigen Riten zu seinen Ehren durchzuführen, indem er die Frauen mit einer unkontrollierbaren Manie straft. Die Mänaden („Rasenden") werden dann von ihren eigenen Kindern ermordet. Athen scheint es gelungen zu sein, die Anfälle von Raserei zu ersticken – jedenfalls jenseits seiner Grenzen. Aber auch Athen musste dem großen Gott Tribut zollen. Auf attischen Vasen sind mänadische Weise abgebildet, die eine merkwürdige Dionysosmaske an einem Pfahl umringen.

Dithyrambos. Bei den Umzügen, bei denen es besonders ausgelassen zuging, wurde das Abbild eines *phallos*, das Symbol der Fruchtbarkeit und der allgemeinen Verjüngung, durch die Straßen getragen. Dionysos riss die Gläubigen zu mystischer Ekstase, wilden Verrenkungen und grenzenloser Begeisterung hin. Gewiss trug dazu auch der genossene Wein bei, eine Rolle spielten aber auch alte bäuerliche Traditionen: das fröhliche Festefeiern nach der harten Arbeit im Sommer und Herbst. Die Teilnehmer an diesem dionysischen Zug, dem *thiasos*, traten mit Vorliebe als die sagenhaften Gefährten des Gottes, die bocksbeinigen Satyrn, auf. Sie verwandelten sich mithilfe einer Maske in bärtige, stumpfnäsige Gesellen und banden sich ein geschwärztes Bocksfell und einen künstlichen *phallos* um die Lenden. Nach Aristoteles ist die Tragödie aus dem Dithyrambos entstanden: der Name Tragödie bedeutet ja Bocksgesang, und der Bock, *tragos*, war das dem Dionysos geweihte Tier. Der attische Dichter Thespis soll als Erster eine Wechselrede zwischen einem Schauspieler, dem Chor und dem Chorführer eingeführt haben.

Die Chöre der Satyrn, die schon seit dem Anfang des 6. Jh. v. Chr. auf den attischen Vasen das Gefolge des Dionysos bilden, haben zur Entstehung der attischen Komödie, die ganz dem schamlos-lasziven Charakter dieser Gesänge angemessen war, nicht weniger als zur Entstehung der Tragödie beigetragen. Wie die Tragödie, so war auch die Komödie ein wesentlicher Bestandteil der dionysischen Feste Attikas. Nach der Überlieferung war jedes noch so drastische Mittel erlaubt, um das Publikum zum Lachen zu bringen, und die Dichter gingen gelegentlich sogar so weit, dass sie mit dem Gott selbst, der ihre Kunst schützte, ihre Späße trieben. Herakles, obgleich ein Sohn des Zeus, wird häufig als Säufer und Vielfraß dargestellt, beispielsweise in der *Alkestis* des Euripides, die weniger eine Tragödie als ein Satyrspiel zu nennen ist, ein Schauspiel also, in dem das Burleske einen breiten Raum einnimmt.

Die dramatischen Wettbewerbe bilden nur einen Aspekt innerhalb der griechischen Wettbewerbe, die im gesellschaftlichen und sittlichen Leben der Hellenen eine wesentliche Rolle spielten. Meist handelte es sich um athletische Wettkämpfe, bei denen die Jünglinge der Gottheit zu Ehren ihre ganze Kraft und Gewandtheit einsetzten. Die ersten uns bekannten Spiele sind jene, die Achill im 23. Gesang der *Ilias* bei der Totenfeier für Patroklos veranstaltet. Auch die Heldensagen berichten von solchen Leichenspielen. Es

FAUSTKÄMPFER
(panathenische Amphore, 324 v. Chr.) Bei den Spielen zu Ehren Athenes erhielt der Sieger als Preis eine mit Öl gefüllte Amphore. Sie war auf einer Seite mit einem Bild der Göttin bemalt, auf der anderen mit einer Szene der Sportart, in der er siegreich war. Hier ist es der Faustkampf.

ist allerdings richtig, dass die griechischen Wettspiele üblicherweise im Rahmen der religiösen Zeremonien veranstaltet wurden.

Der Sieger bei den Spielen war also ein Mensch, den die Götter zu ihrem Liebling erkoren hatten und der gleichzeitig außerordentliche Kraft und Gewandtheit besaß. So erklärt sich der Brauch, dass man nach dem Sieg dem Gott, der diesen Wettkampf beschützte, in seinem Heiligtum eine Weihgabe darbrachte. Vier Spiele zogen besonders die Massen an: die Olympischen, Delphischen, Isthmischen und Nemeischen Spiele. Wegen der Pracht ihrer Feste, des hohen Leistungsvermögens der Athleten und der riesigen, bunt gemischten Zuschauermenge verdienten sie wirklich die Bezeichnung Panhellenische Spiele, wie man sie gewöhnlich nennt.

Die Panhellenischen Spiele

Am berühmtesten waren die Olympischen Spiele, die zu Ehren des olympischen Zeus gefeiert wurden. Vom Jahr 776 v. Chr. an wurden diese Spiele alle vier Jahre im Hochsommer gefeiert. In klassischer Zeit dauerten diese Festlichkeiten sieben Tage. Einige Zeit vor der Eröffnung der Spiele wurden Abgesandte, die Spondophoren, in alle griechischen Staaten geschickt, um das Ereignis anzukündigen. Für die Dauer der olympischen Feier schlossen sie miteinander einen heiligen Waffenstillstand und stellten die Feindseligkeiten ein. Für einige Wochen entstand rings um das Heiligtum eine Stadt aus Zelten und Baracken.

Der erste Tag der Spiele war den Opfern gewidmet, außerdem leisteten die Teilnehmer den olympischen Eid. Als Wettkämpfer waren nur freie und unbescholtene Griechen zugelassen. Eine weitere religiöse Vorschrift untersagte Frauen, das Heiligtum zu betreten und den Wettkämpfen beizuwohnen. Eine einzige Ausnahme wurde für die Priesterin der Demeter Chamyne gemacht, und dies wiederum zeigt den religiösen Charakter des Verbots. Die Eidesleistung war von besonderer Feierlichkeit. Die Handlung fand vor dem Altar des Zeus Horkios, dem Schützer des Eides, statt, dessen Statue im *buleuterion* (dem Sitz des örtlichen Rats) stand. Sie zeigte ihn, Blitze in den Händen haltend, die er bereit war, auf die Meineidigen zu schleudern. Am Altar, auf dem die Teile eines geopferten Ebers lagen, gelobten die Athleten sowie ihre Väter und Brüder – die, mit den Wettkämpfern verknüpft durch die uralten Bande der Sippe, mitverantwortlich waren –, sich den Kampfregeln zu unterwerfen. Wer gegen diese verstieß, wurde zur Zahlung einer hohen Geldstrafe verurteilt und auf Lebenszeit von der Teilnahme an den Spielen ausgeschlossen. Mit der Geldsumme wurde im Heiligtum eine Zeusstatue aus Bronze errichtet. Diese Zeusbilder, die *zanes*, waren unterhalb der Terrasse der Schatzhäuser beim Eingang zum Heiligtum in einer Reihe aufgestellt. Einige der Postamente sind noch heute dort.

Die Wettkämpfe dauerten fünf Tage; am sechsten Tag war die Siegerehrung. Die Sieger, die Olympioniken, wurden von einer riesigen Menschenmenge gefeiert. Wenn ihr Name aufgerufen wurde, traten sie vor, um ihren Preis in Empfang zu nehmen – einen schlichten Kranz, gewunden aus einem Zweig des wilden Ölbaums, der als heilig galt und den Herakles aus dem Land der Hyperboreer mitgebracht und in Olympia angepflanzt hatte. Diese Kränze lagen auf einem prachtvollen, mit Elfenbein und Gold eingelegten Tisch bereit, den Kolotes, ein Schüler des Pheidias, geschaffen hatte. Für den Griechen gab es keine größere Ehre, als vor den Augen aller Landsleute im Heiligtum des Königs der Götter den olympischen Kranz zu erringen.

Der Wunsch, berühmt zu werden, nationaler Stolz und Gottvertrauen feuerten die Athleten an. Die Zuschauer wollten immer auch einige berühmte Persönlichkeiten aus der Nähe sehen, denn außer den Athleten hatten sich auch Schriftsteller, Philosophen und Künstler eingefunden, die sich eine Gelegenheit wie diese, bei der riesige Volksmassen versammelt waren, nicht entgehen lassen wollten, um ihre Werke durch Lesungen bekannt zu machen oder Aufträge zu erhalten. Die Schaulustigen machten sich gegenseitig auf die prominenten Besucher aufmerksam, etwa auf Themistokles, Alkibiades, Platon, von denen ausdrücklich bezeugt ist, dass sie in Olympia waren... Herodot las dort aus seinen *Historien*. Wie Lukian berichtet, gab das Volk, das den Dichter begeistert feierte, bei dieser Gelegenheit den neun Büchern des Werkes die Namen der neun Musen als Titel. Die Menschen aus allen Teilen der griechischen Welt lernten einander bei diesen Festen besser kennen, indem sie an denselben Opfern teilnahmen und sich für dieselben Dinge begeisterten. Sie gaben dem Begriff des Griechentums einen konkreten Inhalt. Dieser Begriff bildete sich bei den großen, periodisch stattfindenden religiösen Versammlungen, welche die Griechen Panegyrien nannten, immer deutlicher heraus.

Derartige Panegyrien wurden bei allen Panhellenischen Spielen veranstaltet – so auch bei den Pythischen. Die ersten dieser Spiele zu Ehren Apollons in Delphi wurden nach dem ersten Heiligen Krieg im Jahr 582 v. Chr. abgehalten. Nach und nach wurden dort dieselben athletischen Wettbewerbe eingeführt wie in Olympia. Eine Besonderheit dieser Spiele aber war die große Bedeutung, die den musikalischen Wettbewerben zukam, welche in Delphi eine alte Tradition besaßen. Es hieß, dass Homer und Hesiod an diesem Wettbewerb teilnehmen wollten, beide aber nicht zugelassen worden seien – Homer, weil er blind war und nicht Kithara spielen konnte, Hesiod, weil er das Instrument nicht gut genug beherrschte.

STADION VON OLYMPIA
Auf diesem bescheiden wirkenden Platz traten die Besten aus allen griechischen Städten gegeneinander an. Ihre Mitbürger sahen fasziniert zu.

Diese Feste fanden alle vier Jahre statt – zwei Jahre nach den Olympischen Spielen, gegen Ende des Sommers. Einige Zeit vorher sandten die Delpher Delegationen, die Theoren, in die verschiedenen Teile der griechischen Welt, um dort die bevorstehende Eröffnung der Pythien zu verkünden. In allen souveränen Staaten wurden die Theoren von besonderen Beauftragten empfangen und beherbergt. Letztere hatten die Aufgabe, ihnen bei ihrer Mission behilflich zu sein. Man nannte sie die Theorodochen. Der große Ruhm des apollonischen Orakels vergrößerte die Anziehungskraft der Delphischen Spiele, zu denen ähnliche Menschenmassen wie zu den Olympischen Spielen herbeiströmten.

Die Isthmischen und Nemeischen Spiele fanden alle zwei Jahre, abwechselnd mit den Olympischen und Delphischen statt, also im zweiten und vierten Jahr jeder Olympiade. Die Isthmischen Spiele wurden zu Ehren Poseidons in seinem Heiligtum an der Landenge von Korinth gefeiert. Diese Spiele wurden im Frühling ausgetragen. Sie wurden offiziell angekündigt, und die griechischen Staaten schlossen miteinander einen heiligen Waffenstillstand, der selbst mitten im Peloponnesischen Krieg eingehalten wurde. Die Sieger erhielten anfangs einen Fichtenkranz, der schon früh, noch vor Pindars Zeit, durch einen Eppichkranz ersetzt wurde. Aus Eppich war auch der Kranz, der bei den Nemeischen Spielen im Zeusheiligtum von Nemea in der Argolis als Siegespreis verliehen wurde. Nach der Sage hatte Herakles auf der Nemeischen Ebene den berühmten Löwen erlegt, verehrt aber wurde dort auf einem zypressenbestandenen umfriedeten Platz nicht dieser, sondern Zeus.

So groß die Bewunderung für einen Athleten war, der bei einem der großen Spiele gesiegt hatte – weit mehr noch wurde der bewundert, dem es gelungen war, bei allen vier Festen in Folge den Siegerkranz zu erringen. Er trug dann den Titel *periodonikos,* also Zyklussieger. Sein Ruhm überdauerte häufig die Jahrhunderte, und wenn die Umstände günstig waren, konnte er sogar zum Gott erhoben werden, wie das Beispiel des Theogenes aus Thasos beweist. Er war der Sohn eines Heraklespriesters, doch hieß es, sein richtiger Vater sei der Gott selbst gewesen. In 22 Jahren blieb er als Faustkämpfer ungeschlagen und häufte Sieg auf Sieg: neunmal war er Sieger in Nemea und am Isthmus, dreimal wurde er bei den Pythischen Spielen bekränzt. Den Höhepunkt seiner Laufbahn bildeten seine Siege in Olympia, im Jahr 480 im Faustkampf und im Jahr 476 im Pankration, einer Verbindung von Ringen und Boxen. Man errichtete ihm Statuen in Olympia, Delphi und auf Thasos, seiner Heimat.

Merkwürdig ist nicht so sehr diese außergewöhnliche Serie sportlicher Siege als die Art und Weise, wie Theogenes nach seinem Tod zu einem göttlichen Wesen erhoben wurde. Pausanias schildert uns die näheren Umstände: „Nach dem Tod von Theogenes machte es sich einer seiner Feinde zur Gewohnheit, jede Nacht seine Bronzestatue mit Ruten zu schlagen, da er glaubte, auf diese Weise Theogenes selbst zu misshandeln. Die Statue bereitete diesen Gewalttätigkeiten ein Ende, indem sie den Mann erschlug, und die Kinder des Opfers verklagten das Standbild wegen Mordes vor Gericht. Die Thasier ließen es ins Meer werfen, wobei sie ein Gesetz aus dem drakonischen Strafrecht anwandten, demzufolge selbst unbelebte Dinge verbannt wurden, wenn eines durch Zufall einen Menschen erschlug. Daraufhin wurde der Boden auf Thasos unfruchtbar. Die Thasier schickten eine Gesandtschaft nach Delphi. Das Orakel schärfte ihnen ein, jene heimkehren zu lassen, die sie vertrieben hatten. Aber auch die Rückkehr der Verbannten bereitete der Unfruchtbarkeit des Bodens kein

WAGENLENKER VON DELPHI (Bronze, 180 cm, um 470 v. Chr.) Die Größe des Kutschers lässt die Ausmaße des gesamten Kunstwerks erahnen. Polykalos, Tyrann von Gela in Sizilien, ließ es zum Dank für seinen Sieg anfertigen.

Ende. Die Thasier befragten erneut die Pythia. Sie antwortete ihnen: ‚Des großen Theogenes habt ihr nicht gedacht.' Sie waren in einer großen Verlegenheit, da sie nicht wussten, wie sie die Statue des Theogenes wieder herbeischaffen sollten, bis eines Tages, wie man sich erzählt, einige Fischer die Statue in ihrem Netz fingen und ans Ufer zurückbrachten. Die Thasier stellten sie an ihrem früheren Standort wieder auf, und von nun an behielten sie den Brauch bei, ihr wie einem Gott Opfer darzubringen."

Der Totenkult

Dass in der aristokratischen mykenischen Gesellschaft ein Totenkult ausgeübt wurde, wissen wir lediglich durch ihre Gräber und Grabbeigaben. Die monumentale Architektur der Kuppelgräber, der reiche Inhalt der Schachtgräber und manch andere Züge, die auf einen Totenkult schließen lassen, zeigen hinreichend das Bemühen der Mykener, ihre Toten zu ehren. Wie sie sich das Jenseits vorstellten, wissen wir jedoch nicht. Homer ist von einem Weiterleben überzeugt. Bei ihm findet sich zum ersten Mal in der abendländischen Kulturgeschichte der Begriff der Seele, *psyche*, klar umrissen. Die Seele ist vom Körper getrennt und löst sich von ihm im Augenblick des Sterbens, um in das Reich der Toten zu Hades zu fliegen. Sie ist das Ebenbild, *eidolon*, dessen, was der Lebende war, ein körper- und schwereloses Ebenbild allerdings, das jedoch noch leiden und sich ins Leben zurücksehnen kann. Diese Schatten irren auf von Asphodelos bedeckten Fluren umher, die irgendwo unter der Erde jenseits der Pforten des Totenreichs liegen, des Hades, über den der Gott gleichen Namens herrscht. Die letzten Ehren, besonders aber die Verbrennung, waren notwendige Bedingungen dafür, dass die Seele an diesen Ort gelangte, an diese freudlose, düstere Ruhestatt. Eine derartige Auffassung vom Jenseits war für die Menschen wohl kaum tröstlich. Die homerischen Helden liebten das Leben, und das Gefühl, dass das Schicksal des Todes unabwendbar war, äußerte sich in einem gewissen Pessimismus.

Wollte man lediglich diesen armen Seelen einen gewissen Trost spenden? Oder fürchtete man insgeheim, daß die Verstorbenen in ihrem geheimnisvollen Leben nach dem Tod übernatürliche Kräfte besaßen, mit denen sie den Lebenden Leid zufügen konnten? Was auch immer der Grund sein mag – Tatsache ist, dass in den Nekropolen der geometrischen und früharchaischen Zeit vieles auf einen Totenkult hinweist. Auf den attischen Friedhöfen stößt man in der Nähe der Gräber auf die Asche der Opfertiere, und die großen Gefäße auf den Gräbern wurden bei Trankopfern benützt. Auf oder neben dem Grab war ein großer Stein aufgestellt, der als Kennzeichen, *sema*, diente. Nur in der griechischen Welt entstand aus diesem Stein schließlich die Grabstele. Anfangs wurde auf den fast unbehauenen Stein nur der Name des Toten geschrieben. In Attika wurden die Stelen Ende des 7. Jh. v. Chr. behauen, sie waren hoch und schmal, verjüngten sich leicht nach oben und erhoben sich auf einer breiten Basis. Schon um die Jahrhundertmitte war man auf Kreta auf den Gedanken gekommen, die Grabstelen mit figürlichen Darstellungen zu schmücken – eine Frau mit einer Spindel oder ein bewaffneter Krieger beispielsweise. Wahrscheinlich handelt es sich um Tote, die von den Lebenden verehrt wer-

DOPPELGÄNGER
(attische Amphore, um 490 v. Chr.) Zwei geflügelte Krieger tragen den Leichnam eines im Kampf gefallenen Heroen. Darüber flattert eine winzige Figur: der seelische Doppelgänger, der aus dem Leib des Toten entweicht.

ΔΗΜΟΚΛΕΙΔΗΣ : ΔΗΜΗΤΡΙΟ

TOD AUF SEE
(attische Grabstele, Anfang 4. Jh. v. Chr.) Auf dem Boden liegende Waffen und der Schiffsbug neben dem betrübten Mann lassen vermuten, dass der Tote auf See gestorben ist und sein Leichnam nicht geborgen werden konnte. Die Stele hält den Namen (Demokleides, Sohn des Demetrios) und das Gedenken an den Verstorbenen lebendig.

den. In der Folgezeit sind derartige Darstellungen häufiger. Die prunkvollsten Gräber Attikas aus dem 6. Jh. v. Chr. sind mit einem Flachrelief geschmückt, das den Toten darstellt. Diese Porträts waren Idealbilder, die den Toten in der Fülle seiner Lebenskraft und Schönheit zeigten, so, als habe der Tod ihm ewige Jugend verliehen. Die Toten wurden nach ihrem Tod zu Heroen, das heißt, sie wurden zu den Unsterblichen gezählt.

Dieses Phänomen der Heroisierung ist in der griechischen Geistesgeschichte von größter Bedeutung. Erklären lässt es sich wohl so, dass die Menschen Furcht und Ehrfurcht empfinden, wenn sie dem Tod begegnen. Von der archaischen bis in die hellenistische Epoche spielt die Heroisierung eine immer wichtigere Rolle. Den Gedanken hat Aristoteles sehr klar formuliert: „Wir glauben nicht nur, dass die Toten das Glück der Glückseligen genießen, sondern wir halten es auch für gottlos, über sie flache oder ehrenrührige Dinge zu sagen, denn wir glauben, dass wir damit Wesen beleidigen, die besser und mächtiger geworden sind." Durfte man aber wirklich hoffen, nach seinem Tod als ein Glückseliger – *makarios* – bezeichnet zu werden? Die Versuchung, dies zu glauben, war groß, noch leichter aber war man versucht, sich schon während seines Erdenlebens der ewigen Glückseligkeit zu versichern. Diese ganz natürliche Sorge erklärt die große Anziehungskraft der Orphik und der Mysterien. Obwohl Herodot, Euripides, Aristophanes und Platon ausdrücklich die Orphik erwähnt haben, bleibt sie für uns doch in Dunkel gehüllt.

126

Die Lehre stützte sich auf die Gedichte, die man dem thrakischen Musiker und Dichter Orpheus zuschrieb. Man erzählte sich seine bewegende Lebensgeschichte: die Teilnahme am Zug der Argonauten und die Eroberung des Goldenen Vlieses, seine tiefe Trauer beim Tod seiner Gattin Eurydike, sein tragischer Tod – er wurde von den Mainaden des Pangaiongebirges zerrissen. Es heißt, er habe die Menschen dazu aufgerufen, ein asketisches Leben zu führen, kein Fleisch zu essen, keine blutigen Opfer zu bringen und habe ihnen verboten, einen Toten in einem wollenen Kleidungsstück zu bestatten. Die Orphik hatte eigene Vorstellungen vom Schicksal des Menschen nach dem Tod entwickelt. Den Bösen drohten in der jenseitigen Welt harte Strafen, während den Gerechten ein Leben voll Wonne auf den Inseln der Seligen verheißen war. Vielleicht lehrte die Orphik auch die Seelenwanderung, die *metempsychosis*.

Die Mysterien von Eleusis

Man glaubte, dass die Mysterien, ein wesentlicher Bestandteil des Demeterkults, von der Göttin selbst gestiftet worden seien. Im *Panegyrikos* des Isokrates lesen wir: „Als Demeter nach dem Raub der Kore umherirrte und zu uns gelangte, brachte sie unseren Ahnen, die ihr einige Dienste erwiesen hatten, von denen nur die Eingeweihten etwas erfahren dürfen, großes Wohlwollen entgegen. Sie machte ihnen zwei der kostbarsten Geschenke, die man sich denken kann: den Ackerbau, der es uns erlaubt hat, anders als die wilden Tiere zu leben, und die Mysterien, die den Gläubigen hinsichtlich dessen, was sie am Ende ihres Lebens und in der Ewigkeit der Jahrhunderte erwartet, Trost und Hoffnung gibt." Die Gegenstände, die bei dieser Feier von den Eingeweihten – man nannte sie Mysten – gehandhabt, und die Formeln, die gesprochen wurden, waren auf Sexualsymbolik bezogen. Auch wurden eine Art religiöses Drama, das von der Suche der Demeter nach ihrer vermissten Tochter handelte, sowie andere Szenen aufgeführt. Am Ende der Zeremonie wurde den Zuschauern eine Weizenähre überreicht. Unser Wissen über diese Mysterien stützt sich im Wesentlichen auf die entrüsteten Anspielungen der Kirchenväter, von denen einige, etwa Clemens von Alexandreia, möglicherweise selbst in die eleusinischen Mysterien eingeweiht worden waren, bevor sie sich zum Christentum bekannten. Das Geheimnis dieser Mysterien blieb bewahrt.

DEMETER, TRIPTOLEMOS UND PERSEPHONE *(Relief aus Eleusis, 4. Jh. v. Chr.) Die beiden großen Göttinnen kümmern sich um den junge Triptolemos, Sohn des Königs von Eleusis, wie um jeden anderen, der sich in die Mysterien einweihen lässt.*

Besser Bescheid wissen wir über die soziale, nicht geheime Seite dieser Zeremonien. Sie waren in klassischer Zeit ein wesentlicher Bestandteil der großen Feste Athenes und wurden von Priestern organisiert, die aufgrund einer alten Tradition zwei großen eleusinischen Familien angehörten: der *hierophantes* der Familie der Eumolpiden, der *daduchos* jener der Keryken. Man unterschied zwischen kleinen Mysterien, die im Februar in Agra, einem Vorort Athens am Ilissos, gefeiert wurden, und den großen, die im September in Eleusis begangen wurden. Die eleusinischen Mysterien dauerten mehrere Tage mit Umzügen, einem Bad der Mysten im Meer nahe dem Piräus, Reinigungsriten, öffentlichen Gebeten, der Fahrt einer Wagenkolonne auf der heiligen Straße von Athen nach Eleusis, einer Nachtwache in Eleusis beim Heiligtum der beiden Göttinnen, einem feierlichen Opfer und der Weihefeier selbst. Diese fand in einem eigens zu diesem Zweck erbauten Saal, dem Telesterion, statt.

Die Fremden (aber nicht die Barbaren!) durften mit demselben Recht wie die Athener an diesen Mysterien teilnehmen, doch ließ man keine Zweifel an dem nationalen Charakter dieses Kults aufkommen: Die Leitung der eleusinischen Mysterien oblag einem hohen Beamten, dem *archon basileus,* dessen vornehmste Pflicht es war, über die Durchführung des Kults zu wachen. Der athenische Staat sorgte auch dafür, dass das Heiligtum der beiden Göttinnen die für den Kult notwendigen Geldmittel erhielt.

Wahrsagung und Vergöttlichung

Abgesehen von den großen Spielen waren es nur die Kulte der Orakelgötter und, gegen Ende der klassischen Epoche, der Kult des Heilgottes Asklepios, die große Scharen von Gläubigen anzuziehen vermochten.

Die große Zahl der Orakelstätten und das Vertrauen, das man ihren Vorhersagen schenkte, ist erstaunlich. Dennoch ist es eine unbestreitbare Tatsache, dass die Griechen, die sich mit solcher Vorliebe im skeptischen und vernünftigen Denken übten, für ihre öffentlichen wie für ihre privaten Angelegenheiten die Orakel häufig um Rat fragten. Die Geschichtsschreiber versäumen es nie, auf die Orakel und den Einfluss, den sie auf das Handeln der Menschen hatten, hinzuweisen. Uns sind auch seit dem Ende des 5. Jh. v. Chr. Orakelantworten auf Inschriften erhalten. Eine der ältesten, die bei Troizen gefunden wurde, bezieht sich auf den Asklepios: „Euthymidas hat (diese Opfergabe) gestiftet, um zu erfahren, welche Bedingungen er erst erfüllen muss, um vor den Gott hinzutreten, wenn er die rituellen Waschungen verrichtet hat." (Antwort): „Nachdem Herakles und Helios geopfert und ein günstiger Vogel gesichtet worden ist."

In diesem Orakelspruch ist also die Rede davon, dass zum Zweck der Weissagung Vögel beobachtet wurden. Den Weissagungen – der Kunst, Vorzeichen zu deuten – begegnen wir bei den Griechen auf Schritt und Tritt. Ein heiliges Gesetz aus Ephesos aus der zweiten Hälfte des 6. Jh. v. Chr. macht uns einige Angaben über die Regeln, nach denen der Vogelflug interpretiert wurde. Diese Art des Weissagens war so beliebt, dass das Wort Vogel, *ornis,* schließlich sogar die Bedeutung von Vorzeichen annahm.

Es gab noch zahlreiche andere Formen des Weissagens: Man deutete Himmelserscheinungen, Unebenheiten des Bodens oder Regentropfen. Auch Träume wurden ausgelegt: Schon in homerischer Zeit glaubten die Menschen, dass ihnen überirdische Mächte im Traum erschienen, und es war üblich, sich in bestimmten Heiligtümern, besonders dem Asklepiosheiligtum, zum Schlaf niederzulegen, um im Traum den Rat der Götter einzuholen. An tierischen Eingeweiden ließen sich günstige und ungünstige Omen ablesen. Sogar die Flamme, die auf dem Altar brannte, war ein Omen. Die Weissager von Olympia hatten die Aufgabe, das Feuer, das auf dem großen Zeusaltar brannte, zu deuten. Der gött-

ZEICHEN DER GÖTTER *(attische Amphore, 520 v. Chr.) Bevor er in die Schlacht zieht, inspiziert der Krieger die Eingeweide eines Opfers (Hieroskopie). Er untersucht die Zeichen, die die Götter in die Leber eingeschrieben haben. Diese wird ihm von einem jungen Sklaven gereicht, während ein alter Mann den Ort der Weissagung bestimmt.*

liche Wille offenbarte sich ihnen jedoch, wie die Griechen glaubten, auch mithilfe anderer Mittel, die für uns von ganz erstaunlicher Naivität und Alltäglichkeit sind: Oft genügte ein Wort, das zufällig an ihr Ohr drang und das sich irgendwie auf die gegenwärtige Situation anwenden ließ, bisweilen sogar ein Niesen.

Neben diesen Omen, die dem Dinglichen und Zufälligen verhaftet waren, gab es auch die sprachlichen, sorgfältig formulierten Weissagungen. Sie wurden oft von Frauen ausgesprochen, die von der Gottheit die Gabe der Prophetie empfangen hatten und die man Sibyllen nannte. Pausanias widmet ihnen ein ganzes Kapitel, von dem sich Michelangelo inspirieren ließ, als er auf die Decke der Sixtinischen Kapelle die Sibyllen von Delphi, Erythrai in Kleinasien und Cumae in Italien malte. Die männlichen Propheten wurden als Bakis bezeichnet. Man sammelte ihre Weissagungen und brachte sie in Verse, und die Kommentatoren oder Exegeten dieser in kurzer Zeit weit verbreiteten Orakelsammlungen machten es sich zur Aufgabe, die Weissagungen auf besondere Ereignisse zu beziehen, ähnlich wie es später mit den Prophezeiungen des Nostradamus geschah. Zu diesen Orakelsammlungen gehören unter anderem die berühmten *Sibyllinischen Bücher*, die Tarquinius Superbus von der Cumäischen Sibylle gekauft haben soll und die beim Brand des Kapitols im Jahr 83 v. Chr. den Flammen zum Opfer fielen.

Omina und Orakelsammlungen genügten natürlich nicht immer. Einzelne Menschen, aber auch Staaten, wandten sich um Rat an ein Heiligtum, in dem es ein Orakel gab, und stellten ihm die Frage, deren Beantwortung ihnen am Herzen lag. Solche Orakel, die auf Verlangen weissagten, gab es in der griechischen Welt in großer Zahl, und bis in römische Zeit entstanden immer weitere. Aber nicht alle genossen das gleiche Ansehen.

Das Orakel von Delphi

Kein Orakel erlangte solche Bedeutung wie das von Delphi. Das Apollon-Heiligtum lag am Südhang des Parnass, unter den steil abfallenden Felswänden der Phaidriaden. Soweit das Auge reicht, gibt es nichts als abschüssige Hänge oder fast senkrechte Felswände. Das Wort „Pytho, die felsige", wie es im homerischen Hymnos an Apollon heißt, trifft in vollem Umfang zu. Delphi liegt annähernd 600 Meter hoch, die Phaidriaden ra-

DIE ORAKEL

Einige Orakel enthielten Vorschriften, manchmal sogar ein ganzes Gesetzescorpus, etwa die Orakel Apollons an Lykurg. Andere waren auf die Zukunft gerichtet und unterstützten den Ratsuchenden bei der Entscheidungsfindung. Die von der schriftlichen Tradition überlieferten Orakel sind komplexer. Sie gaben oft undeutliche Antworten. In vielen Fällen wurde die prophetische Antwort erst verständlich, wenn das Ereignis stattgefunden hatte. Berühmt ist das Beispiel des Themistokles. Während der Perserkriege baten die Athener Pythia um Rat, die antwortete: „Die hölzerne Mauer wird unbezwingbar sein." Einige fassten das so auf, dass man sich auf der Akropolis hinter einem Holzzaun verbarrikadieren solle, aber Themistokles schloss: Man muss eine Flotte gegen die Perser einsetzen. Der Sieg von Salamis gab ihm Recht. Als Kroisos wissen wollte, ob er gegen die Perser in den Krieg ziehen solle, erhielt er die Antwort, er werde „ein großes Reich zerstören". Kroisos trat in den Krieg, und zerstörte sein eigenes Reich. So hat nicht das Orakel die Zukunft erklärt, sondern die Ereignisse haben es verständlich gemacht. Es ist eine Weissagung mit Zeitzünder. Eine Fabel von Äsop handelt von einem mutigen Menschen, der den Gott in seinem eigenen Spiel besiegen und beweisen will, dass dieser lügt. Der Held begibt sich zum Orakel mit einem Spatz in der Hand, den er unter seinem Umhang versteckt hält. Er fragt: „Ist das, was ich in der Hand halte, lebendig oder unbelebt?" Er hat vor, das Schicksal des Spatzen von der Antwort des Gottes abhängig zu machen. Dieser erwidert: „Ich weiß genau, dass es von dir abhängt, ob das, was du in der Hand hältst, lebendig oder unbelebt ist." In diesem exemplarischen Text ist die Antwort des Gottes eindeutig, obwohl die Frage zweideutig war. In diesem einen Fall lag das Rätsel in der Frage, nicht in der Antwort.

**APOLLONTEMPEL
IN DELPHI**
*Den Fuß der Phädriaden-
felsen hat Apollon als
Ort für sein Heiligtum bestimmt, nachdem er den
Drachen Python beseitigt
hatte. Von der am Abhang
gelegenen Tempelterrasse,
die im 4. Jh. v. Chr. neu erbaut wurde, ist nur der rät-
selhafte Sockel erhalten.
Dort war einmal das wich-
tigste Orakel beheimatet.*

gen bis über 1200 Meter auf, und der gegenüberliegende Kirphis erreicht fast 900 Meter. Dort also befand sich das berühmteste Orakel der antiken Welt.

Apollon, der Gott der Wissenschaften und Künste, blieb die höchste religiöse und moralische Autorität. Er wusste wirksame Mittel, mit deren Hilfe ein schweres nationales
Unglück abgewendet werden konnte: Man löschte die Spuren jener Befleckung, welche
die Ursache des Unglücks war. Er war der oberste Bewahrer der religiösen Traditionen
und verstand sich insbesondere auf Reinigungsriten. Außerdem verkündete das Orakel
Weisheit auf ganz besondere Art. Am Eingang des Tempels standen die beiden Lehren:
„Erkenne dich selbst" und „Nichts im Übermaß". Ratschläge praktischer Moral? Sollte

vor frevelhaftem Übermut gewarnt werden, der Hybris, der so viele Tyrannen verfallen sind? Oder war der Gedanke tiefer – sollten die Menschen aufgerufen werden, den Blick nach innen zu wenden oder asketisch zu leben? Keine Untersuchung über das delphische Priesterwesen oder über die Orakelantworten wird uns über den wirklichen Sinn dieser Gebote Aufschluss geben. Doch allein die Tatsache, dass nach Aischylos und Pindar auch Sokrates und Platon über diese Lehren nachgedacht haben, gereicht dem delphischen Apollon zum Ruhm.

Nur an einigen wenigen günstigen Tagen durfte man das Orakel befragen, und dann musste man im Heiligtum warten, bis man an die Reihe kam. Die Delpher vergaben gelegentlich für Dienste, die dem Gott oder ihrem Staat erwiesen worden waren, das Privileg der *promanteia*, also das Vorrecht bei der Befragung. Die Ratsuchenden bezahlten einen Geldbetrag, *pelanos* genannt, weil er den rituellen Kuchen ersetzte, den man ursprünglich opfern musste, bevor man das Orakel befragte. Diese Gebühr war für Staaten wesentlich höher als für Einzelpersonen. Dann brachte man ein Opfer dar, nach Plutarch eine Ziege, die vor der Opferung mit kaltem Wasser besprizt wurde. Fing das Tier daraufhin zu zittern an, so glaubte man, der Gott wolle nicht antworten, und die Befragung fand nicht statt. Andernfalls wurden die Ratsuchenden, nachdem sie den Text der Frage an den Gott abgegeben hatten, in den Tempel geführt, in dem das Orakel seine Weissagung erteilte.

Der Zustand starker Verfallenheit, in dem sich der Tempel befindet, macht es unmöglich, genau zu erkennen, wie die einzelnen Räume verteilt waren. Man weiß lediglich, dass er wie die meisten griechischen Tempel aus einem Vorraum und einer großen Halle bestand, auf deren Rückseite der Eingang zum Orakelraum lag. Dieser Raum lag tiefer, denn in den literarischen Zeugnissen heißt es, dass man dorthin hinabstieg. Handelte es sich wirklich um einen Raum unter der Erde, oder musste man nur einige Stufen hinabsteigen? Es scheint, dass die Fragesteller diesen untersten Teil nicht betreten durften, das eigentliche *adyton* – den verbotenen Ort –, an dem sich die Pythia aufhielt.

Diese Prophetin, die das Werkzeug des Gottes war, wurde unter den Delpherinnen ausgewählt und lebte, nachdem sie für dieses Amt bestimmt worden war, zurückgezogen und keusch. Bei den Befragungen saß sie im *adyton* auf einem Dreifuß in der Nähe eines kuppelförmigen heiligen Steins, den man Nabel (*omphalos*) nannte und der als Mittelpunkt der Erde galt. Die Pythia, auf dem Dreifuß sitzend, kaute Lorbeerblätter und trank Wasser aus der heiligen Quelle Kassotis, die in einiger Entfernung oberhalb des Heiligtums

ORAKELBEFRAGUNG *(attische Schale, um 430 v. Chr.) Die Priesterin Themis sitzt auf einem Dreifuß. Vor ihr steht Athens König Aigeus, der Apollon wegen seiner Zeugungsunfähigkeit um Rat fragen will. Die Szene vermittelt eine Vorstellung davon, wie die Konsultation der Pythia ausgesehen haben kann.*

131

APOLLONHEILIGTUM A
Apollontempel ❶
Theater ❷
Theaterkassen/
Dionysoskapellen ❸
Empfangsraum der Knidier ❹
Temenos des Neoptolemos ❺
Schatzhaus der Akanthier ❻
Streitwagen der Rhodier ❼
Statuen der Könige
Eumenes und Attalos ❽
Apollonaltar ❾
Verschiedene Schatzhäuser ❿
Stier von Kerkyra ⓫
Die Navarchen ⓬
Basis von Marathon ⓭
Dorisches Pferd ⓮
Die Könige von Argos
und die Epigonen ⓯
Basis der Tarentiner
(Pferde und Gefangene) ⓰
Schatzhaus der Sikyonier ⓱
Schatzhaus der Siphnier ⓲
Schatzhaus von Theben ⓳
Schatzhaus von Poteidaia ⓴
Schatzhaus der Athener ㉑
Buleuterion ㉒
Schatzhaus der Korinther ㉓
Schatzhaus von Kyrene ㉔
Agora ㉕

WESTLICHE SÄULENHALLE B

STADION C

GYMNASION D
Xystos (Säulengang) ❶
Loutronbecken ❷
Säulenhalle der Palaistra ❸

MARMAREIA E
Tempel der Athene Pronaia ❶
Dorisches Schatzhaus ❷
Aiolisches Schatzhaus ❸
Tholos (Rundgebäude) ❹

Am Abhang des Parnass, hoch über dem Golf von Korinth, erstreckt sich die Anlage von Delphi. Der zentrale Tempel ist Apollon geweiht und wird von einer Reihe von abgestuften, mehrfach erneuerten Terrassen umgeben, die bis ins 4. Jh. v. Chr. zurückreichen. Auf den Terrassen erbauten die zahlreichen Städte Schatzhäuser, um die Opfergaben, die für Apollon bestimmt waren, zu beherbergen. Jedes dieser kleinen Gebäude demonstriert – für alle sichtbar – den Reichtum des Spenders.

Delphi

ASKLEPIOS BEHANDELT
EINEN KRANKEN
(5. Jh. v. Chr.)
Rechts berührt Asklepios
unter Beobachtung der
Göttin Hygieia (Gesund-
heit) die Schulter des schla-
fenden Kranken. Links be-
ten drei Gläubige. Durch
ihre geringe Größe unter-
scheiden sie sich von den
Göttern, denen dieses
Votivbild aus Marmor
gewidmet ist.

sprudelte und deren Wasser im *adyton* wieder an die Erdoberfläche kam, nachdem es unterirdisch weitergeflossen war. Die Weissagende versank in einen tranceähnlichen Zustand und stammelte zusammenhanglose Worte. Da die meisten delphischen Orakel in Versform überliefert wurden, ist anzunehmen, dass die Prophezeiungen der Pythia von den Priesterbeamten überarbeitet wurden, ehe man sie den Fragestellern mitteilte. Eine Abschrift jedes Orakelspruchs wurde im Archiv des Heiligtums aufbewahrt.

Viele Orakel sind dunkel und zweideutig formuliert, und so hat man dem delphischen Apoll den Beinamen Loxias, der Zweideutige, gegeben. Selbst wenn viele dieser Texte nachträgliche Fälschungen sind: Hätten diese nicht dem üblichen Typus der delphischen Orakel entsprochen, so wäre ihnen kein Glaube geschenkt worden. Wir müssen also annehmen, dass die Befragung der Pythia üblicherweise in der oben beschriebenen Art vor sich ging. Daneben gab es aber auch die Befragung mithilfe von Losen. In diesem Fall wählte der Gott zwischen zwei oder mehreren Antworten, die der Fragesteller schon vorher formuliert hatte. Ob die Pythia auch hierbei eine Rolle spielte, ist nicht sicher.

Heilgötter

Die Hoffnung auf Genesung war von jeher eines der stärksten Motive für den religiösen Glauben. Auch die Griechen wandten sich an ihre Götter, wenn sie krank waren. Zuerst suchten sie Hilfe bei der örtlichen Gottheit. Apollon galt jedoch in ganz besonderem Maße als Heilgott, und mehrere seiner kultischen Beinamen – Paian, Epikurios, Alexikakos und Akesios – spielen auf diese Eigenschaft an. Auch manche Heroen konnten die Rolle des Heilers übernehmen. Seit dem Ende des 5. Jh. wurden diese Heilheroen durch einen besonderen Heilgott verdrängt – Asklepios.

In dem Apollonheiligtum in Epidauros in der Argolis, in dem Asklepios verehrt wurde, nahm er bald den ersten Platz ein. Aufsehen erregende Heilungen mehrten sei-

134

nen Ruf. In jener Zeit, also in den letzten 30 Jahren des 5. Jh., wurde die klinische Medizin von Hippokrates von Kos begründet. Der neue Kult verbreitete sich mit erstaunlicher Geschwindigkeit von Epidauros aus in der ganzen griechischen Welt, in Athen und Piräus (wohin Aristophanes in der Komödie *Plutos* die Heilung des Helden von Blindheit verlegt), in Delphi, Pergamon, Kyrene, in Kos, der Heimatstadt des Hippokrates, in der eine bedeutende Ärzteschule entstand. Glaube und Hoffnung der Pilger wuchsen, wenn sie von den wunderbaren Heilungen lasen, die der Gott vollbracht hatte. An solche Heilungen erinnerten Inschriften aus dem 4. Jh. v. Chr., die noch Pausanias gesehen hat und die zum Teil entdeckt worden sind. Von 66 Wundern des Asklepios wird in allen Einzelheiten berichtet, von der Heilung eines stummen Mädchens und der Entbindung einer Frau, die fünf Jahre lang schwanger gewesen war, bis zur Befreiung von Blasensteinen oder einem Bandwurm. Die Güte des Gottes ging so weit, dass er sogar ein versehentlich zerbrochenes Gefäß wieder zusammenfügte.

Schutzgötter

Dieser kurze Überblick über die wichtigsten kultischen Handlungen zeigt, wie sehr sich das griechische Volk in archaischer und klassischer Zeit seinen Göttern nahe fühlte. Sie offenbaren sich ihm überall – in den Naturgewalten und im Leben in der Gemeinschaft. Die Vielseitigkeit der Götter ist ein Wesenszug des griechischen Polytheismus, der durch die rationalistische Mythologie, die einen hierarchisch geordneten Olymp schuf und den einzelnen Göttern systematisch spezielle Funktionen zuteilte, nicht deutlich zu Tage trat. Sie zeigt sich jedoch bei den großen Staatsgöttern oder Poliaden, die in den einzelnen Stadtstaaten jeweils den allerhöchsten Rang einnahmen. In Athen ist es die Pallas, in Argos und auf Samos Hera, in Sparta, Milet und Kyrene Apollon, in Ephesos Artemis, auf Thasos Herakles, in Lampsakos Prapos. Man stellt fest, dass die Hauptgottheit, ganz gleich, um welche es sich handelt, bei aller Verschiedenheit der jeweiligen Sagen und kultischen Traditionen fast überall dieselbe Hauptfunktion hat, nämlich Beschützerin der Gesellschaft zu sein. Im hellenistischen Zeitalter äußert sich dies darin, dass der Gott selbst an der Verwaltung des Staates teilnimmt, wenn sich kein Bürger findet, der in der Lage ist, die Kosten des höchsten Staatsamts zu tragen. In diesem Fall bekleidete der Gott mit seinem Tempelschatz das eponyme Amt und wurde in den amtlichen Urkunden ein Jahr lang mit diesem Titel bezeichnet.

Ein aufnahmebereites Pantheon

So war für die Griechen der materielle und geistige Kosmos völlig vom Geist des Heiligen durchdrungen. Neben den bekannten panhellenischen Gottheiten gab es eine Vielzahl kleiner Götter, die nur lokal verehrt wurden. Unter ihnen bilden die Heroen eine eigene große Gruppe. Man hat lange darüber diskutiert, ob die Heroen einstmals Götter waren, die ihre göttlichen Rechte verloren hatten, oder Menschen, die zu den Unsterblichen eingegangen waren. Je nachdem ist die eine oder die andere Erklärung zutreffend. Häufig wurden die Gründer der Kolonialstädte als Heroen verehrt. Der Mittelpunkt dieser Kulte war die Grabstätte des Heros, die oft in der Stadtmitte, auf der *agorá* lag. Im Lauf der Zeit wurden solche Ehren auch für lebende Personen vorgeschlagen. So hatte die Bevölkerung von Thasos dem Spartanerkönig Agesilaos eine derartige Ehrung zugedacht, worauf ihnen dieser, wie Plutarch berichtet, eine ironische Ant-

ARTEMIS VON EPHESOS
(römische Kopie)
Die Schutzgöttin von Ephesos wurde in Gestalt einer archaischen Statue verehrt. Sie ist von vorn dargestellt und trägt ein enges Gewand mit Tiermotiven und zahlreichen Rundungen, die im Allgemeinen als Brüste interpretiert werden.

wort gab: „Die Thasier, denen Agesilaos große Dienste erwiesen hatte, errichteten ihm einen Tempel und erhoben ihn zum Gott, dann schickten sie zu ihm eine Gesandtschaft, um ihn davon in Kenntnis zu setzen. Agesilaos fragte sie, ob ihr Vaterland die Macht habe, Menschen zu Göttern zu verwandeln. Da diese mit ‚ja‘, antworteten, sagte er zu ihnen: ‚Nun denn, so verwandelt euch selbst in Götter! Und wenn euch dies gelingt, so will ich gern glauben, dass ihr auch aus mir einen Gott machen könnt!‘“ Die Reaktion des Agesilaos zeigt, dass die Vergöttlichung von Lebenden dem religiösen Empfinden der Griechen des klassischen Zeitalters widerstrebte. Im hellenistischen Zeitalter griff dieser Brauch aber weiter um sich und sank schließlich zur bloßen Schmeichelei ab.

Noch auf andere Weise wurde die ohnehin schon große Zahl der Götter vergrößert, nämlich durch die Vergöttlichung von Allegorien. Schon bei Homer gibt es derartige Göttergestalten, z.B. die Moiren (Schicksalsgöttinnen) oder Eris (die Göttin der Zwietracht). Man weiß, welchen wichtigen Platz in Hesiods Werk Dike (die Gerechtigkeit) und Mnemosyne (das Gedächtnis) einnehmen. Die Tendenz zur Vergöttlichung abstrakter Begriffe verstärkte sich im klassischen Zeitalter. Man baute Tempel zu Ehren der Themis (dem göttlichen Recht) und errichtete der Memesis (der göttlichen Vergeltung), der Eirene (der Friedensgöttin) und ihrem Sohn Plutos (dem Reichtum) Altäre.

BÜNDNIS ZWISCHEN ATHEN UND SAMOS (Attische Stele, 403 v. Chr.) Auf dem Relief, das den Vertrag zwischen den Städten bekräftigt, geben die beiden Schutzgöttinnen (Hera und Athene) zum Zeichen der Übereinkunft einander die Hand.

Eine Religion, die so leicht neu geschaffene Götter assimilierte, konnte sich auch fremden Göttern nicht verschließen, sofern diese nicht die Grundlagen des Staats gefährdeten. So haben die Griechen im Lauf ihrer langen Geschichte immer wieder neue Götter bei sich eingeführt. Ein auffallender Zug dieses Denkens ist die außergewöhnliche Fähigkeit, das Bekannte im Unbekannten wiederzufinden. Dies vor allem ist der Grund dafür, dass Herodot uns im zweiten Buch seiner *Historien* ein so merkwürdiges Bild von der ägyptischen Religion vermittelt. Ohne zu zögern stellt er jedem ägyptischen Gott sogleich einen griechischen gegenüber: Die Göttin Neith ist Athena, Bastet ist Artemis, Isis Demeter, Ra Helios, Uto Leto, Seth Ares, Osiris Dionysos, Chons Herakles, Hathor Aphrodite und Ammon Zeus.

ORPHIKER UND PYTHAGOREER

Orpheus war ein thrakischer Musiker und Mitglied der Argonauten. Mit seinem Gesang konnte er die wildesten Tiere in seinen Bann ziehen sowie Bäume und Steine bewegen. Als seine Frau Eurydike starb, gelang es ihm, die Götter zu erweichen, um sie aus der Unterwelt zurückholen zu können. Wenn er sich dabei nicht zu ihr umgewandt hätte, wäre ihm dies sogar gelungen.

In der griechischen Mystik nimmt Orpheus eine zentrale Stellung ein. Das beruht zum einen auf seinen Mysterien, die mit dem Glauben an eine Erlösung nach dem Tod verknüpft waren, zum anderen auf den heiligen Texten, den Hymnen. Die Orphiker lehnten das Töten ab. Darunter fiel auch das Tieropfer. Aus diesem Grund aßen sie auch kein Fleisch, wodurch sie sich von ihren Mitbürgern distanzierten, für die das Opfer und die zugehörige Mahlzeit eine Gemeinsamkeit zwischen Menschen und Göttern schuf.

Der Philosoph Pythagoras lebte im 6. Jh. v. Chr. und stammte aus Ionien. Im süditalienischen Kroton gründete er eine Schule, die ihre Blütezeit im Verlauf des 5. Jh. hatte. Auch die Pythagoreer aßen kein Fleisch und außerdem keine dicken Bohnen. Sie glaubten an die Wiedergeburt der Seele (Metempsychose).

Es wird berichtet, Pythagoras habe sich an seine früheren Leben erinnern können, unter anderem daran, dass er im Troianischen Krieg gekämpft hatte. Die Lehre des Pythagoras wurde ausschließlich mündlich überliefert, und zwar in Form von Lehrsätzen, die seine Schüler zusammenstellten.

Die Orphiker und die Pythagoreer haben oft Spott und Häme auf sich gezogen. Ihre Randgruppenexistenz und die dreiste Scharlatanerie einiger ihrer Mitglieder machten sie in ihrer Zeit zu leichten Opfern.

Ließ sich unter den griechischen Gottheiten keine finden, die dem fremden Gott entsprach, so konnte dieser trotzdem in den Kreis der griechischen Götter aufgenommen werden, solange er nicht den Vorstellungen widersprach, die man sich vom Äußeren und vom Wesen der Götter machte. So wurde die karische Göttin Hekate von den Griechen in archaischer Zeit eingeführt; sie war die Bewacherin der Türen und wurde von den Dichtern, von Hesiod bis Euripides, besungen. Demgegenüber brachte man einem anderen phrygischen Kult, dem Sabazioskult, zu dem auch Mysterien gehörten und der Ähnlichkeit mit dem Dionysoskult besaß, zumindest in klassischer Zeit Misstrauen entgegen.

Schließlich spielten im religiösen Denken der Griechen auch die so genannten Daimonen eine Rolle. Das Wort *daimon* kann sich durchaus auf einen Gott beziehen und ist manchmal, bei späteren Schriftstellern ebenso wie bei Homer, ganz einfach ein Synonym von *theos*, Gott. Vor allem werden damit auch überirdische Wesen bezeichnet, von denen man sich keine genaue Vorstellung machen kann, die im Rang aber tiefer stehen als die alten Götter. Bei Hesiod sind dies die Menschen des Goldenen Zeitalters, anderswo wird dieser oder jener Tote, den man zum Gott erhoben hat, so bezeichnet, schließlich gab es noch den Agathos Daimon, der den häuslichen Herd beschützte und den man mit Vorliebe in Gestalt einer Schlange darstellte. Der schöpferischen Phantasie ist demnach in Glaubensdingen ein großer Spielraum gelassen. Dieser Vielfalt und Flexibilität, dem Fehlen eines starren Schemas verdankt die griechische Religion zu einem guten Teil ihre große Lebenskraft. Mühelos konnte sie sich von innen heraus geistig erneuern und bereichern, während sie gleichzeitig an den alten Riten festhielt; sie beruht auf Tradition, kennt jedoch keine Dogmen.

Eine Religion, die keine Dogmen, Priesterklassen und heiligen Bücher kennt, lässt dem Einzelnen große Freiheit, sich mit ihr auseinander zu setzen. Atheismus jedoch wird nur bedingt akzeptiert. Platon geißelt ihn in den *Gesetzen* mit aller Schärfe, weil er ihn als einen intellektuellen Irrtum ansieht, der geradezu die Grundlagen des Idealstaats gefährdet. In der geschichtlichen Wirklichkeit aber hat man die Atheisten fast nur dann zur Rechenschaft gezogen, wenn sie sich den Pflichten entziehen wollten, die für alle Bürger verbindlich waren. Der Unglaube wurde erst zum Verbrechen, wenn er in Verachtung der

Religion ausartete. Der Staat griff in religiöse Angelegenheiten erst dann ein – allerdings mit großer Härte – wenn entweder ein politischer Grund vorlag oder wenn ein Religionsfrevel geschehen war, wie die Parodie auf die eleusinischen Mysterien, an der Alkibiades teilnahm, oder die Verstümmelung der Hermen, die in der Nacht vor der Abfahrt der Flotte zur sizilischen Expedition unter den Athenern Empörung auslöste. Das Volk glaubte, dass ein Frevel, den ein Einzelner begangen hatte, den Zorn der Götter erregte, wenn er nicht hart bestraft wurde, und dass der ganze Staat dafür büßen müsse. Man verfolgte also weniger eine Irrlehre als ein Verbrechen gegen die Gemeinschaft der Bürger.

Der Fall Sokrates

Unter diesem Aspekt muss auch der Prozess gegen Sokrates im Jahr 399 v. Chr. gesehen werden. Der Philosoph wurde angeklagt, die Jugend zu verderben, nicht an die Staatsgötter zu glauben und neue Gottheiten einzuführen. Die Anklage wurde von einem jungen Mann namens Meletos erhoben und von Anytos unterstützt, der in der demokratischen Partei eine bedeutende Rolle spielte. Das Gericht setzte sich aus 500 Richtern zusammen; Sokrates, den die Pythia als den weisesten aller Menschen bezeichnet hatte, wurde mit 280 gegen 220 Stimmen verurteilt. Wie kann man sich diesen Gerichtsbeschluss erklären, der seit Platons und Xenophons Schriften, in denen Sokrates verteidigt wird, als die nicht wiedergutzumachende Schande der athenischen Demokratie gilt?

Die Bürger, aus denen sich das Gericht, die *heliaia*, zusammensetzte, warfen Sokrates vor, einige der skrupellosen ehrgeizigen Charaktere heranzubilden, unter denen Athen seit 15 Jahren so viel zu leiden habe: Alkibiades, den Initiator der sizilischen Expedition, die so katastrophal endete, einen Mann, der später die Spartaner nur allzu klug gegen seine Vaterstadt beriet; Kritias, den zynischen und maßlosen Führer der Dreißig Tyrannen, der zahllose Athener umbringen ließ, nachdem er die Demokratie gestürzt hatte. Die Beziehungen, die zwischen den beiden und Sokrates bestanden, waren

SOKRATES *(römische Kopie) Sokrates war bekannt für seine auffällige Stirn und seine Sattelnase. Man verglich sein hässliches Gesicht mit dem eines Satyrs. Alkibiades fügte hinzu, dass wie beim alten Silenos, dem Vater der Satyrn, das groteske Aussehen des Sokrates eine göttliche Weisheit verberge.*

DIE DREI FORMEN DER LIEBE

Die Erzählung, die Platon im *Gastmahl* Aristophanes in den Mund legt, wird zu Unrecht als Mythos der Doppelgeschlechtlichkeit bezeichnet. Anfangs waren die Menschen Kugeln mit vier Armen und vier Beinen. Es gab drei Geschlechter, Männer, Frauen und Zwitter. Die Götter waren über ihre Macht besorgt und beschlossen, alle zu halbieren. Seither sucht jeder nach seiner fehlenden Hälfte, um sich mit ihr zu vereinigen: Die früheren Zwitter suchen das entgegengesetzte Geschlecht, die früheren Männer und Frauen jeweils das gleiche. Daraus erklären sich Heterosexualität und Homosexualität. Für Aristophanes stellt die männliche Homosexualität die höchste Form dar. Sie ist Ausdruck der Männlichkeit und zeichnet den politischen Mann aus. Die Auffassung, die Sokrates entwickelt, weicht davon kaum ab. Die Liebe ist für ihn der Wunsch nach Fruchtbarkeit und Unsterblichkeit. Sie kann zum Zweck der Fortpflanzung auf den Körper beschränkt bleiben. Die homosexuelle Liebe erhebt die Liebe zu den schönen Körpern zur Liebe zu den schönen Seelen und von dieser schließlich zur Kontemplation der Schönheit selbst. Der Liebende muss den Geist des Geliebten befruchten. Diese Proklamation der „platonischen" Liebe stieß jedoch auf einige Skepsis bei den Zeitgenossen …

allgemein bekannt, und es war verzeihlich, wenn die Richter den Lehrer teilweise für die Fehler seiner Schüler verantwortlich machten. Dies umso mehr, als die Freunde des Sokrates in ihren Jugendjahren aus ihren Neigungen, welche die guten Bürger Athens wenig schätzten, keinen Hehl gemacht hatten. Dazu gehörten eine gewisse Voreingenommenheit für Sparta, von dem sie glaubten, es sei ein besser regierter Staat als Athen, eine philosophische Neugier und dialektische Virtuosität, die sich unter dem Vorbild ihres Lehrers in so hohem Maße entwickelt hatte und ihnen im Gespräch eine so klare Überlegenheit verlieh, dass sich ihre Gesprächspartner notgedrungen beunruhigt fühlen mussten; schließlich – und dies war nicht von geringer Bedeutung – ein Hang zur Päderastie: Der athenische Durchschnittsbürger empfand für dieses Laster, wie aus den Lustspielen des Aristophanes hervorgeht, Verachtung und tiefen Abscheu. Er sah darin mehr als eine Verwirrung des Geistes und der Sinne, nämlich ein Zeichen für eine aristokratische Haltung, für die Entstehung eines exklusiven Bundes, der politische Ziele verfolgte, gegenüber denen die Demokratie misstrauisch sein musste. All diese selbstzufriedenen jungen Männer erweckten kaum die Sympathie derer, die nicht zu ihrem Kreis gehörten. Die Anklage, Sokrates habe die Jugend verdorben, schien also begründet. Doch bedeutete Sokrates für das moralische und politische Gleichgewicht in der athenischen Demokratie wirklich eine Gefahr? Seiner Waffe, der Dialektik, die er meisterhaft beherrscht, bedient sich Sokrates, um seinen Gesprächspartner in Widerspruch mit sich selbst zu bringen und ihm zu beweisen, dass er nichts Sicheres wisse. Er lehrt zu zweifeln, verkündet jedoch keinerlei Gewissheit. Nur seine Vertrauten kannten den edlen Philosophen als Staatsbürger, der seine Wehrpflicht erfüllte, sein Pflichtbewusstsein als Staatsbeamter, seine Selbstlosigkeit und Armut, Achtung vor dem Gesetz, seine Aufrichtigkeit und Wahrheitsliebe. Das Volk aber konnte ihn leicht mit den Naturphilosophen in Zusammenhang bringen, mit Anaxagoras etwa, der früher wegen Gottlosigkeit verurteilt worden war, oder mit den Sophisten wie Protagoras, den man ebenfalls wegen seines destruktiven Skeptizismus verbannt hatte. Freilich erwähnt Sokrates oft jene innere Stimme, sein *daimonion,* das ihn in schwierigen Situationen beriet und in dem er ein Eingreifen und eine Offenbarung des Gottes sah. Doch wie sollten die bisherigen Formen des Gemeinschaftslebens, die darauf beruhten, dass jeder gerne an den Kulten teilnahm, weiterbestehen können, wenn die Bürger von morgen, durch die Lehren des Sokrates in ihren Überzeugungen erschüttert, an allem zu zweifeln begannen und sich nur auf jene geheime Stimme verlassen würden, von der ein alter Mann behauptete, er vernehme sie in seinem Innern?

Wahrscheinlich haben viele Richter diese Argumente während der Plädoyers in Erwägung gezogen, bevor sie ihr Stimmtäfelchen in die Wahlurne legten. Dass 220 von den 500 Mitgliedern des Gerichts lieber einen Unschuldigen freisprachen als ein dem Staat nützliches Exempel zu statuieren, ehrt die athenische Demokratie. Die anderen glaubten wohl, dem Staat zu dienen. Zu viele denkende Köpfe aber waren bereits in den Bann jenes kritischen Geistes geraten, den Sokrates so sehr gefördert hatte, als dass die alte Religion samt der von ihr garantierten und sich in ihr widerspiegelnden Gesellschaftsordnung hätte weiterbestehen können.

SILENOS *(attischer Krug, 480 v. Chr.) Der oft betrunkene Gott, Philosoph und Prophet Silenos, der halb Mensch, halb Tier war, soll Erzieher des Dionysos gewesen sein.*

Das Pantheon

Die griechische Religion war polytheistisch. Das Göttliche manifestierte sich in einer Vielzahl von Mächten. Jede Gottheit konnte unter verschiedenen Aspekten angerufen werden, die durch Beinamen gekennzeichnet wurden. Athene war beispielsweise Parthenos (Jungfrau), Ergané (Handwerkerin), Polias (Bürgerin) und Niké (Siegerin). Die Gottheiten hatten zwar durch ihre Attribute sowie ihre Persönlichkeit einen individuellen Charakter, aber darüber hinaus waren sie Mächte, die in die Welt des Menschen auf bestimmte Weise und in festgelegten Bereichen eingriffen. Hermes begrenzte den Raum und überwachte jede Form von Wechsel: Reisen, Handel, Übergang ins Totenreich. Die Mächte ergänzten einander. Hermes entsprach im Innern Hestia (Vesta), der Göttin des Herdes und des Hauses. Dementsprechend agierten in jedem Bereich mehrere Gottheiten nach bestimmten Mustern. Für den Krieg war sowohl Athene zuständig, die über die taktische Intelligenz verfügte, als auch Ares, der die zerstörerische Gewalt beherrschte. Aus dieser Vielzahl von Göttern hoben sich die olympischen ab. Sie sind immer zwölf an der Zahl, aber nicht überall dieselben. In Athen zeigt der Parthenonfries Hermes, Dionysos, Demeter, Ares, Hera, Zeus, Athene, Hephaistos, Poseidon, Apollon, Artemis und Aphrodite. An anderen Orten wurden Ares und Dionysos durch Hades und Hestia ersetzt. Dionysos, der Sohn einer Sterblichen (Semele), aber aus dem Schenkel des Zeus geboren, nahm eine Sonderstellung ein. Als Gott des Weins, des Wahnsinns, des Theaters und der Illusion verkörperte er die Kräfte der Unordnung, die man erkennen musste, um ihr Wohlwollen zu gewinnen. Die Fremdheit des Dionysos war unabdingbar für die Identität und das Gleichgewicht der Stadt.

Jede Stadt besaß ihr eigenes Pantheon, das in unterschiedlichen Zusammensetzungen um die Stadtgottheit organisiert war: Hera in Argos, Artemis in Sparta, Zeus in Kos. In einigen Städten war der Titel Ergebnis eines Wettbewerbs. In Athen beispielsweise siegte Athene über Poseidon. Die Götter teilten die Welt unter sich auf, aber nach Regeln, die von den Menschen festgelegt wurden.

GOTT OHNE NAMEN
Die große Bronzestatue, die vor der Küste Attikas im Meer gefunden wurde, gibt Rätsel auf. Hält der linke Arm einen Dreizack oder einen Blitz? Handelt es sich um Poseidon oder um Zeus? Das Fehlen des Attributs macht es heute unmöglich, den Gott zu identifizieren.

DIE GEBURT ATHENES

Hephaistos hat mit einem Axthieb Zeus' Schädel gespalten. Aus ihm steigt Athene in voller Rüstung heraus. Poseidon und die Illityen, die Göttinnen der Geburt, sehen zu. Da er die Schmerzen ihrer Geburt erlitten hatte, begegnete Zeus seiner Tochter mit besonderer Liebe.

RELIEF VON THASOS

Am Eingang des Heiligtums begrüßte Hermes die Chariten (Grazien), die Göttinnen des Geschenks und des Tauschs. Der Gott wird hier in Aktion dargestellt, um die Gläubigen genauso zu empfangen wie die drei Göttinnen.

MÜNZE AUS SELINUNT

Auf Münzen, die in einer Stadt geprägt wurden, war oft die Stadtgottheit abgebildet. Hier handelt es sich um den Flussgott Selinos, der ein Trankopfer darbringt.

DIE OLYMPIER DES PARTHENON

Auf dem Parthenon fries nehmen zwölf sitzende Götter die Ehrbezeugungen des athenischen Volkes entgegen. Zu den Seiten der Geschwister Apollon und Artemis, hier neben Poseidon, sitzen Athene, Hephaistos und Aphrodite.

GÖTTERGESTALTEN

Im Unterschied zu den ägyptischen Göttern waren die griechischen Götter anthropomorph. Doch ihre Körper waren fiktiv: entweder strahlend jung oder im Alter der Reife. Die Bildhauerei drückte diese Idealisierung zuerst in der Geometrie der archaischen Kuroi (nackten Jünglingsgestalten) aus, dann durch den mathematischen Kanon des klassischen Zeitalters. Allerdings gab es neben den prächtigen Superkörpern auch abstrakte Göttergestalten: Balken und rohe, quadratische oder konische Steine. Ferner existierten einige Fälle von Zoomorphismus: Zeus nahm die Gestalt einer Schlange an, Demeter die eines Pferdes. Hermes und Dionysos nahmen einfachere Formen an. Der eine erschien als Pfahl mit einem Kopf und einem Phallus, der andere als Maske, die an einer Säule befestigt war und ein ephemeres Bild darstellte.

DIE RÜCKKEHR DES HEPHAISTOS

Der Olymp kannte auch Konflikte. Hier kehrt Hephaistos nach einem Streit in die Göttergemeinschaft heim, die so ihre Harmonie wiederfindet.

141

Der Bürger im Staat

Was ist der Staat?

Ist ein Grieche der archaischen oder klassischen Zeit Krieger, so folgt er damit dem Ruf seines Staates. Übt er die Religion seiner Väter aus, so geschieht dies im Wesentlichen im Rahmen des Staates. Der Begriff des Stadtstaats, eine ureigene Schöpfung des griechischen Volkes, die sich als sehr fruchtbar erweisen sollte, hat in der Geschichte und im Denken der Griechen eine beherrschende Rolle gespielt. Aus der Weiterentwicklung des Stadtstaats durch Rom leitete ganz Europa seine moderne Vorstellung vom Staat ab.

Nach Aristoteles ist der Stadtstaat das Ergebnis des politischen Zusammenschlusses mehrerer Dörfer. Diese These wird durch einige bekannte historische Beispiele belegt, so durch den berühmten Synoikismos, den Zusammenschluss der Dörfer Attikas zum Stadtstaat Athen, den die griechischen Geschichtsschreiber als ein Werk des Theseus bezeichnen. Als Folge davon entstand üblicherweise ein bedeutender städtischer Mittelpunkt, der Sitz des neuen Staates. Man identifiziert deshalb im Allgemeinen den politischen Staat mit der Stadt, nach der er benannt ist. Es war aber durchaus möglich, dass ein Zusammenschluss erfolgte, ohne dass sich eine Stadt zum Mittelpunkt des Staates entwickelt hätte. Auch dann aber handelte es sich für die Griechen um einen Staat, der durch den gemeinsamen Willen seiner Bewohner geschaffen worden

DER HELDENKULT IN DEN STÄDTEN

Viele griechische Städte verehrten einen Gründungshelden. Die Heroen tauchten meist zu Beginn der Geschichte einer Stadt auf, wie in Megara, das von Korobeus aus Argeus gegründet wurde. Er war wegen Mordes verbannt worden und hatte sich nach Delphi begeben. Dort ordnete Apollon an, er solle mit einem Dreifuß auf dem Rücken umherziehen und dort eine Stadt gründen, wo der Dreifuß herunterfiele. In manchen Städten spielten die Heroen eine Rolle bei der Stadtentwicklung. So hat Theseus die Athener vom Joch Kretas und des Minotauros befreit. Auf dem Marktplatz von Thasos stand ein kleines Monument mit der Grabinschrift des Glaukos, der zu den Bewohnern von Paros gehörte, die im 7. Jh. v. Chr. die Kolonie Thasos gegründet hatten. In Korinth befand sich der Marktplatz über einer alten Nekropole. Einige Gräber hatte man freigelegt, um sie zum Gegenstand von Heroenkulten zu machen. Die Entdeckung von mykenischen Gräbern in der archaischen Epoche hat oft zur Entwicklung von Kulten zu Ehren der verstorbenen Heroen geführt. Während die gewöhnlichen Toten außerhalb der Stadtmauern beerdigt wurden, genossen die Heroen durch ihre Anwesenheit im öffentlichen Raum einen besonderen Status innerhalb der Stadtgeschichte.

war. Einige Voraussetzungen mussten erfüllt sein, damit von einem Staat gesprochen werden konnte: Das Staatsgebiet musste genau abgegrenzt sein, ein Mindestmaß an politischer Organisation und die Anerkennung durch die Nachbarstaaten waren nötig, und schließlich, was von großer Bedeutung war, eine geschichtliche Grundlage, also wenigstens eine Sage über die Gründung des Staates und ein Kult, der daran anknüpfte.

Wenn man von den größten Staaten absieht – im eigentlichen Griechenland also Sparta und Athen, unter den Inseln Rhodos, in den Kolonien Syrakus und Kyrene –, so handelte es sich zumeist nur um einen kleinen Streifen bestellbaren Landes rund um die

EINE STRASSE KORINTHS
Die 7,5 m breite Straße mit Bürgersteigen war gesäumt von Geschäften und Monumenten und führte vom Hafen, Lechaion, zu den Propyläen, die den Zugang zum Marktplatz bildeten. Die Landschaft wird von der mächtigen Zitadelle von Akrokorinth beherrscht, die am Horizont zu sehen ist.

Hauptsiedlung sowie um einige Gebirgsweiden oder Küsteninseln. Das Land wurde teils von freien Bauern bewirtschaftet, die in den Dörfern wohnten und eigenes Ackerland besaßen, teils vom Gesinde der großen Gutshöfe. Die Verteilung des Grundbesitzes war in allen Gebieten und zu allen Zeiten sehr verschieden. Die reichen Grundbesitzer, wie etwa Perikles, wohnten gewöhnlich in der Stadt, obwohl sie auf ihren Ländereien Häuser besaßen, die den Sitzen der homerischen Gutsherren ähnlich waren. Da sie wahrscheinlich aus ungebrannten Ziegeln errichtet waren, haben sie keine nennenswerten

Spuren hinterlassen. Das nach Süden gelegene Haus umschloss mehrere Wohnräume und einen Schlafraum für die Herrschaft, Wirtschaftsräume, die zu Küche und Bad gehörten, Vorratskammern für den Ernteertrag – Getreide, getrocknetes Gemüse und Hülsenfrüchte –, getrennte Räume für Sklaven und Sklavinnen und schließlich Schuppen für das tote Inventar sowie Ställe für das Vieh. Die Höfe der freien Bauern waren offenbar weit bescheidener.

In einigen besonders gefährdeten (Grenz-)Gebieten mussten Dörfer und Gutshöfe befestigt werden. Ein einfacher steinerner Turm als kleines Fort konnte genügen, dem Feind die Lust zum Angreifen zu nehmen. Der freie Bauer, der sich ständig in Verteidigungsbereitschaft halten musste, bewahrte seine Waffen in seinem Hause auf und konnte einem Mobilmachungsbefehl sofort Folge leisten.

Das Ideal der Autarkie

Man baute überall Getreide, meist Gerste oder auch Weizen an. Der griechische Boden eignete sich schlecht zum Ackerbau. Da aber das Ideal des Stadtstaats die wirtschaftliche Autarkie war, wollte man vor allem jene Produkte erzeugen, aus denen die Grundnahrungsmittel – Kuchen, Brei und Brot – hergestellt wurden. Im Gemüsegarten wurden Bohnen, Linsen, Kichererbsen, verschiedene Arten grünes Gemüse, Knoblauch und Zwiebeln angepflanzt. Im Obstgarten standen Feigenbäume, die besonders in Attika gediehen, Quitten-, Birnen- und Apfelbäume. Der Ölbaum, der Athena geweiht war, spendete damals wie heute in ganz Griechenland Oliven und Öl im Überfluss. Für die Küche wurden Kräuter wie Thymian, Kümmel, Basilikum und Oregano geschätzt. Der Wein wuchs entweder an Spalieren oder wurde in Reihen angepflanzt. Im Gebirge weideten Schafe und Ziegen. Die wenigen Kühe und Ochsen halfen den Bauern bei der Arbeit. Die Bienenstöcke lieferten Honig, den man anstelle von Zucker verwendete.

Die Wälder lieferten Harz und Pech. Die Holzbestände reichten für den Schiffbau nicht aus, daher musste Holz in großen Mengen eingeführt werden. Flachs wurde in Elis angebaut, der einzigen Landschaft der Halbinsel, deren Boden dafür feucht genug war. In anderen Gegenden musste der Flachs aus Kleinasien oder Ägypten importiert werden. Der Bedarf an Wolle wurde im Wesentlichen durch die Schafherden Griechenlands gedeckt. In allen griechischen Haushalten war das Spinnen, Weben und Anfertigen der üblichen Kleidungsstücke die Hauptbeschäftigung der Frauen. Luxusprodukte kamen aus dem Ausland und wurden gehandelt. Dasselbe gilt für das Leder: Sandalen oder Mäntel aus Ziegenleder, Regenmützen, Schläuche und Beutel wurden in der Familie hergestellt, außer in den Städten, wo man sich an die darauf spezialisierten Handwerker wandte. Die bedeutendsten Wirtschaftsunternehmungen auf dem Land waren die Steinbrüche und Bergwerke. Die Tonvorkommen Attikas oder Korinths versorgten zahlreiche Töpferwerkstätten mit Rohstoff; in den Marmorbrüchen des Pentelikon bei Athen und denen von Aliki auf der Insel Thasos wurde Marmor im Tagebau, auf der Kykladeninsel Paros vor allem unterirdisch gebrochen. Dieser Marmor war wegen seiner außergewöhnlichen

OLIVENERNTE
(attische Amphore, um 520 v. Chr.) Die selten dargestellte landwirtschaftliche Arbeit ist hier auf schemenhafte Bilder reduziert, die die Olivenernte zeigen. Die Olivenproduktion war für Attika lebensnotwendig.

Reinheit als Material für Bildhauer sehr begehrt. Er wurde vor allem unterirdisch bei Lampenlicht abgebaut, ebenso wie die zum Bau benötigten Steine. Berühmt sind die Steinbrüche von Syrakus, in denen die gefangenen Athener nach dem unglücklichen Ausgang der sizilischen Expedition umkamen. In der Nähe von Kyrene in Libyen sieht man noch mancherorts die Muschelkalkbänke, aus denen die Steinblöcke herausgehauen wurden, die für die Denkmäler der großen afrikanischen Stadt bestimmt waren.

Über die Eisen- und Kupferbergwerke ist wenig bekannt. Besser unterrichtet sind wir dagegen über jene Bergwerke, in denen Edelmetalle gefördert wurden, da ihnen die antiken Schriftsteller Beachtung schenkten. Thasos kam durch seine Bergwerke zu großem Wohlstand. Die Goldbergwerke von Skapte Hyle, dem unterminierten Wald auf dem Pangaiosgebirge in Thrakien, wurden von der einheimischen Bevölkerung ausgebeutet, der Ertrag floss jedoch den Griechen zu. Die bedeutendsten Bergwerke waren die von Laureion an der Südostspitze Attikas. Mehrere tausend Sklaven waren dort mit der Gewinnung und Verarbeitung des Erzes beschäftigt, das an Ort und Stelle zu Silberbarren umgeschmolzen wurde. Sie besaßen bereits den nötigen Feingehalt, den die berühmten athenischen Münzen aufweisen mussten, die „Eulen von Laureion". Eine Prägestätte befand sich an Ort und Stelle.

Die archaische und klassische Stadt

Wenn auch die Arbeit der Landleute den Staat mit dem Nötigen versorgte, so wurden doch alle wichtigen Angelegenheiten in der Stadt geregelt. Mochte die griechische Stadt im archaischen und klassischen Zeitalter auch noch so klein sein – sie war dennoch die Hauptstadt eines Staates: Zu ihr gehörten Heiligtümer für die Staatskulte, Befestigungsanlagen, die den Bürgern vor Angriffen von außen Schutz boten, ein Marktplatz, die *agorá*, auf dem Geschäfte abgeschlossen wurden und politische Versammlungen stattfanden, Brunnen, welche die Stadt mit dem lebensnotwendigen Wasser versorgten, und schließlich besondere Gebäude, in denen die Verwaltungs- und Rechtsstellen ihren Sitz hatten. Um diese öffentlichen Gebäude, die zum größten Teil auf der Akropolis oder am Rand der *agorá* stehen, breitet sich das wirre Straßennetz der Stadt aus. Erst nach den Perserkriegen befasste man sich mit Stadtplanung und legte die ersten Städte nach einem regelmäßigen, rechteckigen Plan, dem so genannten Schachbrettsystem an. Vorbild war das im Jahr 494 v. Chr. von den Persern zerstörte und anschließend wieder aufgebaute Milet. Diese Neuerungen spielten jedoch nur bei Neugründungen eine Rolle und änderten nicht das Aussehen der alten Städte. Übrigens ließen auch die sehr unterschiedlichen Geländeverhältnisse in den einzelnen Städten von vornherein die generelle Übernahme eines regelmäßigen Stadtplans kaum zu.

Die Privathäuser mit ihren bescheidenen Ausmaßen und ihrer außerordentlichen Einfachheit bilden einen scharfen Kontrast zu der üblichen Pracht der Staatsbauten. Privathäuser sind selten aus Bruchsteinen gebaut. Ihre Mauern aus ungebrannten Ziegeln oder Strohlehm auf einem niedrigen Steinfundament erleichterten Dieben ihre Arbeit. Wir können uns von den Häusern aus klassischer Zeit durch die Angaben in der Literatur und die Grabungsergebnisse in Olynth eine ziemlich genaue Vorstellung machen. Diese Stadt, die im Jahr 348 v. Chr. durch die Truppen Philipps von Makedonien zerstört worden war, wurde seitdem nicht mehr bewohnt. Amerikanische Archäologen haben ihre Ruinen methodisch freigelegt, sodass wir nunmehr den Grundriss mehrerer Häuserviertel genau erkennen. Es handelt sich um neue Viertel, deren Plan gegen Ende des 5. Jh. v. Chr. entworfen worden war. Daher wurden die Häuser nicht mehr, wie in den älteren Städten,

PARFÜMFLÄSCHCHEN
(um 610 v. Chr.)
Für Parfümfläschchen
wählten die Töpfer oft un-
gewöhnliche Formen, bei-
spielsweise vertraute Tierar-
ten oder Körperteile. Bei
diesem Exemplar aus Ost-
griechenland umschließt
eine komplex geschnürte
Sandale einen zarten Fuß.

MOSAIK AUF DELOS
*(Haus des Dreizacks,
2. Jh. v. Chr.)
Einige Häuser auf Delos
zeugen noch von der ausgefeilten Mosaiktechnik des
2. Jh. v. Chr. Die Mosaiken
sind geometrisch oder figür-
lich und stehen den römi-
schen Mosaiken in nichts
nach.*

in formlosen Gruppen aneinander gebaut, sondern in rechteckigen Blocks, die durch sich rechtwinklig kreuzende Straßen begrenzt wurden. Dies ist bereits das System, das in hellenistischer Zeit allgemein üblich wurde. Die Römer gaben diesen Blocks später den Namen Inseln, *insulae*. Während es in Athen kaum Häuser gegeben haben dürfte, deren Mauern im rechten Winkel aufeinander stießen, bildeten die Mauern eines olynthischen Hauses im Allgemeinen ein Quadrat von durchschnittlich 17 Meter Seitenlänge. Durch eine Tür in der Mitte der Südfront gelangte man in den Innenhof, auf den sich an drei Seiten die Räume des Erdgeschosses öffneten. Der nördliche Teil des Hofes war überdacht. Von dieser Vorhalle aus, der *pastas,* konnte man die privaten Wohnräume betreten. Zu den weiteren Räumlichkeiten des Erdgeschosses gehörten Speisekammern, Küche und Bad *(oikos),* die nebeneinander lagen, ein Empfangszimmer *(andron)* und das dazugehörige Vorzimmer. Der Nordflügel hatte oftmals ein Obergeschoss, das über eine Holztreppe er-reichbar war und zu dem eine Galerie gehörte, die oberhalb der *pastas* lag. Die Räume im Obergeschoss wurden, wie aus der schriftlichen Überlieferung hervorgeht, von den Frauen bewohnt.

Das Einfamilienhaus war im klassischen Griechenland die Regel. Hohe mehrstöckige Häuser entstanden erst in Rom. Einige vom Schicksal Begünstigte bewohnten große Villen mit zahlreichen Räumen und großzügig angelegten Höfen mit Säulenhallen und Gärten. Aber auch hier war der Luxus nicht übertrieben. Die Mosaikfußböden, die man in Olynth in den Häusern der Reichen freigelegt hat – übrigens die ältesten, die wir kennen –, waren verhältnismäßig kunstlos aus schwarzen und weißen Kieselsteinen zusammengesetzt. Die Wände waren weiß gekalkt oder farbig bemalt und mit einfachen Motiven verziert. Bis in die klassische Zeit sind Pracht und Aufwand allein den Göttern vorbehalten.

Eine „aristokratische" Demonstration

In der Stadt wie auf dem Land wurde die körperliche Arbeit großteils von Sklaven ausgeführt. Sie erledigten zunächst einmal alle gröberen Hausarbeiten, denn für einen reicheren Haushalt schien ein Minimum an Dienstpersonal unentbehrlich. Sklaven waren es auch, die in den Handwerksbetrieben arbeiteten; von „Industrie" kann nur in wenigen Fällen gesprochen werden.

Im Übrigen verachtete man körperliche Arbeit. Das Wort für Arbeiter – *banausos* – wird häufig abwertend gebraucht, ebenso in noch stärkerem Maße das Wort *kapelos,* das den kleinen Händler bezeichnet. Wer eine derartige Tätigkeit ausübt, selbst wenn sie mit wahrer Kunst nahe verwandt ist, wird in der griechischen Gesellschaft, sogar in der demokratischen – nämlich der Athens –, nicht hoch geachtet. Die einzige eines freien Mannes würdige Beschäftigung ist die Teilnahme an den Staatsgeschäften.

In der Praxis also wurde paradoxerweise in einer „demokratischen" Stadt wie Athen die Arbeit der Handwerker kaum höher geachtet als in den aristokratischen Städten.

Hier zeigt sich der ausgesprochen aristokratische Charakter der griechischen Stadt, selbst wenn sie sich als Volksstaat bezeichnet. Die Begriffe Demokratie und Aristokratie beziehen sich bei den Griechen lediglich auf den Kreis der Vollbürger, der ganz oder nur teilweise die Staatsgeschäfte mitbestimmt. Der Kreis der Vollbürger, der bei weitem nicht den Großteil der Bevölkerung erfasst, stellt in Wirklichkeit eine privilegierte Minderheit dar. In allen griechischen Staaten bietet sich dasselbe Bild: Die Vollbürger haben nicht nur allein politische, sondern auch die wichtigsten bürgerlichen Rechte, wie etwa jenes, Ländereien oder Häuser zu besitzen. Daneben genießen die ansässigen Fremden, die „Mitbewohner" (Metoiken), einen Sonderstatus, der ihnen gewisse Sicherheiten gewährt. Sie müssen Steuern zahlen und Wehrdienst leisten, haben jedoch keine politischen Rechte. Der Anteil der Dienenden an der Bevölkerung ist häufig so groß wie jener der Bürger, manchmal sogar noch größer.

DER WAFFENSCHMIED *(attische Schale, 480 v. Chr.) Der Handwerker, der gerade einen verzierten Bronzehelm poliert, arbeitet für Stadtbürger. Diese waren zugleich Soldaten und Teilnehmer an Banketten, zu denen Trinkschalen mit derartigen Darstellungen gereicht wurden.*

Sklaven, Heloten, Metoiken und Perioiken

Neben den eigentlichen Sklaven gab es in Thessalien, auf Kreta und im lakedaimonischen Staat eine Klasse von Leibeigenen, die an die Scholle gebunden waren. In Sparta sind dies die Heloten, die allem Anschein nach zu den Stämmen gehören, die von den Doriern bei ihrer Einwanderung in Lakonien oder bei der Eroberung Messeniens unterworfen wurden. Sie waren völlig geknechtet und bestellten das Stück Land, das der Staat ihren spartanischen Herren zugeteilt hatte. Jedes Jahr verkündete man den Heloten den Kriegszustand, um die Unterdrückung in heilsamer Furcht zu halten. Die jungen Spartiaten hatten während der Prüfung, die *krypteia* genannt war, das Recht, jeden Heloten, den sie nachts im Freien antrafen, zu töten. Ihre Machtvollkommenheit enthob die Bürger jeder anderen Verpflichtung und gestattete ihnen, sich ganz den Kriegsvorbereitungen zu widmen. Während die fruchtbaren Ländereien Lakoniens und Messeniens nur den Spartiaten gehörten und von den Heloten bewirtschaftet wurden, lebte in den Grenzgebieten des spartanischen Staates eine besondere Klasse von Staatsbürgern, die so genannten Perioiken (Umwohner). Sie waren keine Vollbürger, konnten jedoch im Unterschied zu den Spartiaten frei der Landarbeit oder einem Gewerbe nachgehen und Handel treiben. Sie hatten nur die Pflicht, zusammen mit den Spartiaten im lakedaimonischen Heer zu dienen. Es scheint, dass sie im Gegensatz zu den Metoiken in anderen griechischen Staaten im Besitz der Bürgerrechte waren und sich als loyale Untertanen Spartas erwiesen.

Der Sklave ist überall nur ein „beseeltes Werkzeug", das nach dem Willen seines Herrn arbeitet. In den juristischen Texten, etwa den Freilassungsurkunden, die wir aus hellenistischer Zeit besitzen, werden sie mit den Begriffen „ein männlicher Leib" oder „ein weiblicher Leib" bezeichnet, als handle es sich um Sachen und nicht um Menschen. Zusammen mit der Freiheit hat der Sklave auch den Anspruch verloren, Mensch zu sein, sei er nun griechischer oder barbarischer Abstammung. Daher wurde ein Sklave, bevor er vor Gericht als Zeuge vernommen wurde, gefoltert, denn man glaubte, dass man ihn nur durch Qualen dazu bringen könne, die Wahrheit zu sagen. Die Sklavinnen und Sklaven hatten kein Privat- und kein Familienleben. Die Sklavinnen mussten ihren Herren zu Willen sein. Auch den gefangenen Troianerinnen, Briseis, Andromache, Kassandra, blieb diese Demütigung nicht erspart. Da ein Krieg für jeden frei Geborenen stets die Gefahr der Versklavung mit sich brachte, erschien den Griechen das menschliche Schicksal, das ohnehin für jeden schwere Prüfungen bereithielt, noch beklagenswerter. Die Versklavung als eine Quelle des Tragischen – dieses Thema wurde von den griechischen Dichtern häufig behandelt.

Sklaven oder Heloten, Metoiken oder Perioiken oder die Vollbürger mit ihren Familien – wir sind kaum in der Lage, ihren Anteil an der Gesamtbevölkerung anzugeben. Hier sollen einige Näherungswerte genannt werden, die für Athen und Sparta, jeweils für die Zeit ihrer größten Entfaltung, gelten. In Athen dürften zum Beginn des Peloponnesischen Krieges, um das Jahr 432 v. Chr., etwa 40 000 Vollbürger gewohnt haben (mit ihren Familien zusammen etwa 150 000 Personen), 10 000 bis 15 000 Metoiken (mit ihren Familien zusammen also 40 000 Personen) und etwa 110 000 Sklaven, sodass die Gesamtbevölkerung 300 000 Personen betrug. Der lakedaimonische Staat zählte unmittelbar nach den Perserkriegen um die Jahre 480–470 vermutlich 5000 Spartiaten (mit ihren Familien etwa 15 000 Personen), 50 000 Perioiken und 150 000 bis 200 000 Heloten, zusammen also 250 000 Menschen. Die Einwohnerzahl vieler mittlerer Staaten wird bei etwa 10 000 gelegen haben. Diese Größe sieht Aristoteles als ideal an. Zieht man in Betracht, dass so mancher privilegierte Bürger aus Nachlässigkeit, Untauglichkeit oder Krankheit den Staatsgeschäften fernblieb, so erkennt man, wie klein im Grunde der griechische Stadtstaat war: Inmitten einer Bevölkerung, die zum größten Teil keine bürgerlichen und politischen Rechte besaß, kannten sich alle jene, die eine auch noch so unbedeutende Rolle spielten, wenigstens vom Sehen.

SCHLAFENDER SKLAVE
(um 350 v. Chr.)
Die Haltung des Sklaven, der an einer Weinamphore kauert, entspricht den Vorurteilen, die in den griechischen Komödien Ausdruck finden: Der Sklave ist trinksüchtig und faul und wird mit allen Lastern belegt, von denen der freie Mann sich angeblich lösen konnte.

148

„DIE AUS DER ERDE GEBORENEN"

Wie konnten sich die Athener als Kinder der Athena Parthenos betrachten, die eine Jungfrau war? Der Mythos konnte den Widerspruch durch das Eingreifen von Athenes Halbbruder Hephaistos auflösen. Eines Tages wurde Hephaistos von einem heftigen Verlangen nach Athene übermannt, die als starke Kriegerin den Übergriff des hinkenden Gottes mühelos abschmetterte. Sie konnte allerdings nicht verhindern, dass sich Sperma auf ihren Schenkel ergoss. Angewidert wischte sie es mit einem Büschel Baumwolle ab, das ihr gerade zur Hand war. Das Büschel warf sie zur Erde, die es aufnahm und zu einem Säugling heranwachsen ließ. Am Tag der Geburt gab die Erde das Kind Athene zurück, die es zärtlich auf der Akropolis großzog. Das Kind, Erichthonios, hatte wie viele aus der Erde erwachsene Geschöpfe einen Schlangenkörper. Es wuchs zum König von Athen heran. Die Athener, die von diesem mythischen Vorfahren abstammten, waren zugleich „aus der Erde Geborene" und Kinder ihrer Stadtgöttin. Daher bezeichneten sie einander als Brüder. Viele Städte haben den Bezug zu ihrem Territorium hergestellt, indem sie ihre Gründung einem Heroen zuschrieben, der mit ein paar Pionieren aus der Fremde kam. Die Athener entschieden sich dagegen für die Autochthonie: Sie wollten aus ihrem Territorium geboren worden sein und prahlten damit, eine „unvermischte" Rasse zu sein. Immerhin wussten sie, dass die Reformen des Kleisthenes einigen Fremden und sogar Sklaven das Bürgerrecht eingebracht hatten. In religiöser Hinsicht zeugte der Dionysoskult von der Notwendigkeit, Fremden Tribut zu zollen. In rechtlicher Hinsicht erhielten die Metoiken, in Athen ansässige Ausländer, die eine wichtige wirtschaftliche Rolle spielten, einen besonderen Status und sogar eine Funktion in der Armee.

Wer sind die Bürger?

Die Vollbürger allein besaßen jene Rechte, die es ihnen gestatteten, wirklich Mensch zu sein. Sie wurden in ihren Stand hineingeboren. Zumindest ihr Vater, manchmal auch ihre Mutter, mussten bereits dieser privilegieren Schicht angehören. Dadurch behielten die Geschlechter mit alter Tradition im Staat einen festen Platz. Die Gewährung des Bürgerrechts an Fremde blieb ein Privileg, das nur selten verliehen wurde. So nahm das athenische Volk im Jahr 409 v. Chr. jenen Mann in seine Reihen auf, der den verhassten Phrynichos, einen Führer der oligarchischen Partei, getötet hatte. Im Jahr 406 wurden die Metoiken, die bei der Arginusenschlacht als Ruderer gedient hatten, dadurch belohnt, dass man ihnen durch einen Volksbeschluss das Bürgerrecht verlieh. Im Jahr 405 schließlich, in der völligen Verwirrung, die auf die Niederlage bei Aigospotamoi folgte, erteilten die Athener den Samiern, die ihnen treu blieben, das Bürgerrecht. In Athen wie andernorts hütete das Volk gewöhnlich eifersüchtig seine bürgerlichen Vorrechte und war keineswegs bereit, weitere Bevölkerungsgruppen in deren Genuss kommen zu lassen; es suchte im Gegenteil ein Anwachsen der Zahl der Staatsbürger zu verhindern. Auf diese Weise erklärt sich ein von Perikles erlassenes Gesetz, welches das Bürgerrecht auf jene Athener beschränkte, bei denen bereits Vater und Mutter Athener waren.

Die Geburt allein genügte jedoch noch nicht: Das Kind musste außerdem von seinem Vater offiziell anerkannt und in den staatlichen und kultischen Gemeinschaften aufgenommen werden. Solange diese Formalität nicht vollzogen war, konnte ein Kind noch ausgesetzt werden. In Sparta hatte nicht einmal der Vater darüber zu entscheiden, ob das Neugeborene am Leben bleiben durfte, sondern ein Rat der Stammesältesten, die, nachdem sie das Kind besichtigt und es für kräftig und wohlgestaltet befunden hatten, die Erlaubnis zum Aufziehen gaben. Andernfalls wurde es in einen Abgrund am Taygetos geworfen. In Athen wurde das Kind mit der Feier der Amphidromien nach der Geburt offiziell in die Familie aufgenommen. Die Frauen des Hauses nahmen das Kind auf den Arm

DER RAUB
DER KASSANDRA
(attische Schale,
um 430 v. Chr.)
Als Troia erobert wurde,
vergewaltigte Ajax Kassan-
dra. Sie hatte sich zu einer
Statue Athenes geflüchtet.
Die Griechen stellten gerne
das Entsetzen von Frauen
dar, die von einem Mann
bedroht wurden.

und trugen es im Laufschritt um die Herdstelle. Dies war sowohl ein Reinigungsritual, das die Befleckung, welche die Entbindung mit sich gebracht hatte, tilgen sollte, als auch ein Aufnahmeritus für das Neugeborene. Am zehntenTage erhielt es anlässlich eines Gastmahls seinen Namen. Danach wurde das Kind erstmals jener Gruppe vorgestellt, die halb religiösen und halb politischen Charakter trug und das Verbindungsglied zwischen Familie und Volk darstellte, der Phratrie. Von nun an hatte es eine rechtliche Existenz.

Erziehung im Staat

Die Erziehung des Kindes war in Athen und Sparta völlig verschieden. Hatte der junge Spartiate das siebte Lebensjahr erreicht, begann für ihn die staatlich organisierte gemeinschaftliche Erziehung. Von Lehrern und Ausbildern unterwiesen rückte er von einer Altersgruppe in die nächste auf, musste regelmäßig an Übungen teilnehmen, sich schweren Prüfungen unterziehen und wurde in strenge Zucht genommen, um seine physische Widerstandskraft und seine moralische Kraft zu stärken – damit aus dem jungen Mann ein tüchtiger Krieger wurde. Diese Erziehung dauerte bis zum 30. Lebensjahr. Selbst die Verheiratung befreite den jungen Spartiaten nicht vom Gemeinschaftsleben mit seinen Kameraden. Die geistige Bildung spielte in diesem System offensichtlich nur eine untergeordnete Rolle: Sie beschränkte sich auf Chorgesang, Studium der Nationaldichter sowie Unterweisung in einer anspruchsvollen, aber eng begrenzten staatsbürgerlichen Moral. Daher rührt das Misstrauen der Spartiaten gegenüber der Rhetorik, eine Haltung, die das Erstaunen der übrigen Griechen hervorrief, denen die Übung in der Redekunst besonders am Herzen lag. Sie empfanden jedoch Bewunderung für jene knappen, schlagenden Sentenzen, die man *apophthégmata lakoniká*, lakonische Aussprüche, nannte.

DER SCHULMEISTER
(attische Schale,
um 480 v. Chr.)
Ein Junge steht vor dem
Schulmeister, der eine
Schriftrolle hält, auf der
der Anfang eines epischen
Gedichts zu lesen ist. Der
Junge sagt unter den Bli-
cken seines Hauslehrers,
der rechts sitzt, seine Lek-
tion auf. Die Kinder aus gu-
tem Haus verließen nie al-
lein das Haus, nicht einmal
wenn sie zur Schule gingen.

Für den jungen Athener endet im Alter von sechs oder sieben Jahren die ausschließliche Gesellschaft der Frauen im *gynaikon;* er geht in Begleitung eines Sklaven, des Pädagogen, zur Schule. Die Lehrer waren nicht fest angestellt, sondern erhielten von den Eltern des Kindes einen Lohn für ihre Dienste. Der Elementarlehrer unterrichtete Lesen, Schreiben und Rechnen und ließ die Dichtungen von Homer, Hesiod, Solon oder Simonides auswendig lernen. Der Musiklehrer lehrte Lyra und sogar Kithara zu spielen, was weit schwieriger war und ein so großes technisches Können verlangte, dass es mit den Traditionen einer freien Erziehung kaum noch vereinbar schien. Der Sportlehrer oder *paidotribes* schließlich unterwies das Kind in den wichtigsten Sportarten. Zu diesem Zweck gab es besondere Bauten, die so genannten Palaistren. Nach seinem 15. Lebensjahr besuchte der junge Mann die öffentlichen Gymnasien in der Akademie, im Lykeion oder auf dem Kynosarges, in denen ähnliche Einrichtungen wie in den privaten Palaistren zu seiner Verfügung standen, außerdem eine Laufbahn sowie Gärten und Versammlungsräume, in denen die Philosophen und Sophisten mit ihren Schülern zusammentrafen. Das Gymnasion war also ein beliebter Ort der körperlichen Ertüchtigung, der Erholung und des Zusammentreffens mit anderen.

150

Was die in der griechischen Literatur gelegentlich zitierten Liebesbeziehungen zwischen heranwachsenden und erwachsenen Männern, die so genannte Päderastie, betrifft, so wäre es ein schwerer Irrtum anzunehmen, ein solches Laster sei in der griechischen Gesellschaft weit verbreitet gewesen und habe etwa kein Ärgernis erregt. Gewiss war die Geschlechtermoral der Hellenen nie sehr streng, wenn man von der Verurteilung des Ehebruchs absieht. Die öffentliche Moral gestattete zwar das Zusammenleben mit einer Konkubine oder das Aufsuchen von Hetären, sie war aber nicht überall so nachsichtig, wenn es sich um widernatürliche Beziehungen handelte. In den verschiedenen Staaten lassen sich Unterschiede feststellen. In manchen dorischen Staaten, in Sparta, auf Kreta sowie in Theben, also überall dort, wo die Jünglinge Erwachsenen anvertraut waren, die sie für das Kriegshandwerk ausbilden sollten, begünstigte diese soldatische Kameradschaft schon in sehr früher Zeit die Entstehung „persönlicher" Freundschaften, die nur allzu leicht von physischen Vertraulichkeiten begleitet wurden. Beziehungen dieser Art wurden manchmal sogar gefördert, um den moralischen Zusammenhalt der Elitetruppen zu stärken. Gelegentlich wird das Phänomen auch mit Nützlichkeitserwägungen erklärt: Aristoteles nimmt in seiner *Politik* an, dass die Gesetzgeber auf Kreta, welche die Homosexualität zuließen, auf diese Weise einer Überbevölkerung entgegenwirken wollten. Aber in Athen und der übrigen griechischen Welt war sie das Privileg einer kleinen Minderheit, die von der allgemeinen Meinung verurteilt wurde. Aristophanes geißelt bei jeder Gelegenheit diejenigen unter seinen Landsleuten, deren entsprechende Neigungen stadtbekannt waren. Er hätte dies gewiss nicht mit so viel Vergnügen getan, wenn er nicht sicher gewesen wäre, die volle Zustimmung des Volkes zu finden. Die Päderastie war unter den Adeligen weit verbreitet, nicht aber im Volk. Um ihrer reichen Kundschaft ent-

DIE RINGKÄMPFER *(attisches Relief, um 510 v. Chr.) Die Kampfszene schmückte den Sockel einer Grabstatue. Die Übungen in der Palaistra waren Anlass, die Schönheit der Körper junger Männer zur Schau zu stellen. Sie inspirierten die Bildhauer und Maler.*

gegenzukommen, feierten die attischen Töpfer gegen Ende des archaischen Zeitalters in Vaseninschriften die Schönheit einiger Knaben. In der Zeit des Peloponnesischen Krieges waren die Geheimbünde, die aristokratischen Hetairien, die Zentren der Homosexualität. Die athenischen Gesetze waren, was die Verführung Jugendlicher anbetraf, sehr streng. Wer einen Sklaven missbrauchte, wurde ebenso bestraft wie der Verführer eines freigeborenen Knaben.

Das Wesen des Staates

Zum griechischen Stadtstaat gehört ein bestimmtes, im Allgemeinen zusammenhängendes Territorium sowie vor allem aber eine Menschengruppe, die Gemeinschaft der Staatsbürger. Der offizielle Name eines Staates, wie er in der schriftlichen Überlieferung erscheint, war daher nicht der eines Landes oder einer Stadt, sondern der eines Volkes: Man sprach nicht von Athen, sondern von den Athenern, nicht von Sparta, sondern von den Lakedaimoniern, nicht von Korinth, sondern von den Korinthern und so fort. Kam es zum Krieg, bestand der Staat auch dann weiter, wenn zwar das Land verloren, aber wenigstens der Volkskörper verschont geblieben war und dieser an einem anderen Ort seine Traditionen und Kulte wieder zum Leben erwecken konnte. Als im Jahr 480 v. Chr. die Perser Athen besetzten,

DER SCHÖNE TOD UND DIE GRABREDE

In der *Ilias* spricht Priamos: „Dem Jüngling stehet es wohl an, wenn er im Streit erschlagen, zerfleischt von der Schärfe des Erzes, daliegt; schön ist alles im Tode noch, was auch erscheinet." Priamos drückt das Ideal des Heldentods aus, von dem das ganze homerische Epos durchdrungen ist. Auf diese Weise werden die Schrecken des Krieges, die in zahlreichen Passagen beschrieben werden, durch eine Ästhetik des heroischen Leibes vergessen gemacht. Die Entscheidung des Achilleus zeugt von der gleichen Auffassung: Ein kurzes Leben mit einem heldenhaften Tod in der Schlacht ist besser als ein langes, ruhmloses Leben. Das

epische Modell wurde jedes Jahr in den offiziellen Reden wiederholt, die zu Ehren der Kriegsgefallenen in Athen gehalten wurden. Der Redner, der damit beauftragt war, die Verdienste der für das Vaterland gefallenen Bürger zu preisen, vermied alle Hinweise auf Individuen und die Gegenwart. Um die Tapferkeit der Toten hervorzuheben, verglich er sie mit den großen Helden der Vergangenheit. Jeder Bürger wurde so zum potenziellen Achilleus. „Für das Vaterland zu sterben ist ein so würdiges Schicksal, dass Scharen einen so schönen Tod erstreben …" Homer, Perikles und viele ihrer Nachfahren – alle haben die gleiche Schlacht geschlagen.

drohte Themistokles im Namen der nach Salamis geflüchteten Athener dem spartanischen Feldherrn Eurybiades, dem Oberbefehlshaber der griechischen Flotte, aus der Koalition auszutreten, wenn er nicht bereit sei, eine Schlacht zu liefern. „Wenn du nicht tust, was ich vorschlage, werden wir unverzüglich mit unseren Familien nach der Stadt Siris in Italien aufbrechen, die schon lange unser ist und in der wir, den Orakeln zufolge, eine Kolonie gründen sollen." Diese erpresserische Drohung wirkte, und das Ergebnis war der Seesieg bei Salamis. Hätten jedoch die Athener ihr Vorhaben ausgeführt, hätte der athenische Staat nur sein Territorium und folglich seinen Namen gewechselt, aber den Menschen, die zu ihm gehörten, wäre auch im neuen Land die Würde griechischer Staatsbürgerschaft erhalten geblieben.

Im Prinzip nahm jeder Bürger an der Regierung des Staates teil und fühlte sich ihm durch die strengen Pflichten, die ihm auferlegt waren, eng verbunden. Jedoch gab es nicht in jedem Fall unmittelbare Beziehungen zwischen dem Staat und dem Einzelnen. In jedem Staat gehörten die Bürger kleineren Gruppen an, die sowohl eine religiöse als auch eine politische Rolle spielten und eine Verbindung zwischen dem Staat und dem Einzelnen herstellten. Neben der Familie im engeren Sinn gab es die alten Adelsgeschlechter, die ihre Abstammung von einem mehr oder weniger mythischen Ahnen herleiteten und deren Gemeinschaftsbewusstsein durch eigene Kulte gestärkt wurde. Gewiss vollzog sich, in Athen zumindest, die Entwicklung hin zum klassischen Staat im Wesentlichen gegen den Widerstand der Häupter dieser Geschlechter, die ehedem unumschränkte Allmacht besaßen. Dennoch bedeutete die Zugehörigkeit zu einem *genos* noch im Athen der klassischen Zeit eine Ehre, auf die sich mancher etwas zugute hielt.

Bei weitem nicht alle Bürger gehörten einem *genos* an. Alle aber waren in Gemeinschaften organisiert, die religiösen und staatspolitischen Charakter trugen. Auf Kreta, auf Thera und in Kyrene gab es die Genossenschaften, die Hetairien (nicht mit den gleichnamigen politischen Vereinigungen zu verwechseln), die während des Peloponnesischen Krieges in Athen eine Rolle spielten. Viel weiter verbreitet als diese waren die Brüderschaften oder Phratrien, die in Athen über das Bürgerrecht wachten. Kleisthenes hatte jedoch in seiner athenischen Verfassung den Staat, ohne den Phratrien etwas von ihren Privilegien zu nehmen, auf territorialer Basis neu eingeteilt und neben den Phratrien die Demen geschaffen. Diese Stadtviertel oder Landbezirke bilden von nun an die Grundelemente des Staatsaufbaus. Die Eintragung in die Bücher eines *demos,* die als Personenstandsregister dienten, war die amtliche Voraussetzung für die Staatszugehörigkeit. Diese Amtshandlung fand beim Erreichen des 18. Lebensjahrs statt und wurde durch eine Abstimmung der zum *demos* gehörigen Bürger, der Demoten, bestätigt. Nach dieser Eintragung wurde der junge Athener zum Epheben. Sein amtlicher Name bestand von nun an aus einem Eigennamen, dem der Name des Vaters – im Genitiv – und ein Adjektiv, das *demotikon,* hinzugefügt wurden, das angab, zu welchem *demos* er gehörte und ihn als Bürger auswies: Perikles, Sohn des Xanthippos, aus dem *demos* Cholargos; Demosthenes, Sohn des Demosthenes, aus dem *demos* Paiania.

Neben der Einteilung in Phratrien oder Demen hielten die meisten griechischen Staaten an der alten Einteilung der Bürgergemeinschaft in Stämme (Phylen) fest. Diese waren ursprünglich ethnische Gruppen oder Sippen. Häufig spiegelten sie die Aufgliederung des griechischen Volkes vor seiner Einwanderung in den ägäischen Raum wider.

Im Rahmen der Stämme wurden nicht nur gemeinsame Kulte gefeiert – etwa der des *Heros eponymos* – und den Mitgliedern dadurch das Gefühl der Zusammengehörigkeit vermittelt, sondern vor allem die öffentlichen, politischen und richterlichen Ämter verteilt sowie Soldaten ausgehoben, außerdem wurde der Stamm zur Steuer veranlagt. In Athen wurde die Mehrheit aller obrigkeitlichen Ämter von einem Beamtenkollegium verwaltet; die Zahl der Beamten in diesen Kollegien war jeweils ebenso groß wie die der Stämme – zehn seit Kleisthenes – oder ein Vielfaches davon. Nach derselben Regel besetzte man die Gerichte. Schon seit Menschengedenken wurden die Truppen nach einem System ausgehoben, dem diese Gliederung des Volkskörpers zugrunde lag, und diese Gliederung wurde auch auf die Einheiten der Fußtruppen und der Reiterei übertragen. So musste beispielsweise jeder Stamm eine Reiterabteilung stellen, die dann ebenfalls *phyle* genannt und von einem Phylarchen befehligt wurde. Der Zusammenhalt eines griechischen Heeres in der Schlacht schien damit verknüpft zu sein, dass in den militärischen

DIE VERSTORBENE UND IHRE FAMILIE *(attische Grabstele, um 350 v. Chr.) Die Verstorbene sitzt auf einem Stuhl und hält die Hand eines vor ihr stehenden Mannes. Eine zweite Frau in der Mitte und ein Kind hinter dem Stuhl vervollständigen die Familienszene.*

153

Formationen die staatlichen Gemeinschaften beibehalten wurden. Die Verteilung der meisten der großen finanziellen Verpflichtungen, der so genannten Leiturgien, die von den Reichsten getragen werden mussten, übernahmen ebenfalls die Phylen. Dabei konnte das Ansehen einer ganzen Phyle auf dem Spiel stehen, wenn sich anlässlich eines Wettbewerbs die Phylen in der Person ihrer Gymnasiarchen oder Choregen gegenüberstanden.

Die Gewaltenteilung

Der Bürger wird im Alltag ständig daran erinnert, dass er in einer Gemeinschaft lebt. So gesehen war der Bezirk der Heroen auf der *agorá*, wo die Statuen der Schutzherren der zehn Phylen nebeneinander aufgestellt waren, gleichsam das Symbol des athenischen Staates. Auch die amtlichen Anschläge brachte man dort an. Erwies schließlich der Staat jenen, die im Kampf gefallen waren, die letzte Ehre, dann legte jede Phyle die sterblichen Überreste ihrer Angehörigen in einen einzigen Sarg aus Zypressenholz, und die Namen derer, die für das Vaterland gestorben waren, wurden – nach Phylen geordnet – in Marmor eingemeißelt.

Die Regierungsgewalt teilten sich die Bürgerversammlung, einer oder mehrere Räte und die Beamten. Diese drei Grundelemente des politischen Systems der Griechen finden sich, mit jeweils wechselnden Funktionen, in den meisten Stadtstaaten wieder, gleichgültig, welche Regierungsform sie haben – ob aristokratisch, oligarchisch oder demokratisch. Der spezifische Charakter der Regierungsformen eines Staates wurde bestimmt durch die Art der Zusammensetzung dieser Regierungsgewalten und durch Prinzipien, nach denen ihre Mitwirkung an der Regierung geregelt war.

Der Volksversammlung (*ekklesia*) gehörten grundsätzlich alle Bürger an, die im Besitz ihrer politischen Rechte waren. Da sie nur selten zusammentreten konnte, führte ein zahlenmäßig kleinerer Rat, die *bulé,* die laufenden Geschäfte. War der Rat aus den Ältesten (*gerontes*) des Staates zusammengesetzt, wurde er *gerusia* genannt. Gelegentlich bestanden *bulé* und *gerusia* nebeneinander. Die Beamten verwalteten die verschiedenen öffentlichen Aufgabenbereiche und sorgten dafür, dass die Beschlüsse der Volksversammlung und des Rates ausgeführt wurden. Häufig waren die Staatsmänner in einem Kollegium organisiert, in dem alle Phylen vertreten waren. Theoretisch verbindet dieses System die unmittelbare Regierungsform (Beschlüsse der Volksversammlung) mit einer Art halbparlamentarischen Regierung (Tätigkeit des Rates), wobei die Beamten der ständigen Kontrolle des Rates und der gelegentlichen Volksversammlung unterworfen waren. Eine echte parlamentarische Regierungsform, bei der die Abgeordneten Vollmacht haben, im Namen des Volkes zu handeln, ohne diesem Re-

EINE KULTUR DES WORTES

Der heutige Reisende entdeckt in Griechenland eindrucksvolle Ruinen und beredte Steine. Noch mehr wird sein Blick in den Museen von Statuen, Vasenmalereien und Reliefs gefesselt, die geschaffen wurden, um dem Auge zu gefallen. Diese zahlreichen stummen Dokumente lassen vergessen, dass die Welt des alten Griechenlands eine der mündlichen Überlieferung, des Wortes und des Gesangs war. Ein Epos wurde mit instrumenteller Begleitung gesungen. Auch im Theater nahmen Musik und Gesang eine wichtige Rolle ein. Es war also ebenso sehr ein klangliches wie ein optisches Erlebnis.

Bei der Volksversammlung wurde das Feld vom Wort beherrscht. Politiker mussten in erster Linie begabte Redner sein. Der Unterricht in Redekunst war demnach keine eitle rhetorische Spielerei, sondern Grundbedingung für die Ausübung von Macht in einer direkten Demokratie, in der jeder Bürger öffentlich das Wort ergreifen durfte, ohne durch Repräsentanten vertreten zu sein. Der Politiker musste dazu in der Lage sein, sich auf einer Versammlung von 6000 Menschen Gehör zu verschaffen, und er musste die Menge zu führen wissen. Daher kam den Meistern des Wortes solch eine Bedeutung zu.

chenschaft ablegen zu müssen, gab es in der griechischen Welt der klassischen Epoche allerdings so gut wie nicht. Nur wenige Staatenbünde, wie etwa der Boiotische Bund, konnten ein derartiges System praktizieren. In den meisten Staaten hatten eine oder mehrere kleinere Ratsversammlungen die eigentliche Regierungsgewalt inne – dann trug die Regierungsgewalt aristokratischen oder oligarchischen Charakter – oder eine Volksversammlung, deren Beschlüsse mehr oder weniger wirksam durch die *bulé* vorbereitet wurden. Diese letztere traf für demokratisch regierte Staaten wie Athen zu.

Bei den aristokratischen Herrschaftsformen stand der Weg in die verschiedenen Ratsversammlungen ausschließlich den Vertretern der adligen Familien offen und die Mitglieder des Rates wurden meist auf Lebenszeit nominiert. Dies gilt für den Rat auf dem Areopag in Athen vor der Reform des Solon. Die Rolle der Volksversammlung bestand nur darin, mehr oder weniger spontan den vom Rat gefassten Beschlüssen beizustimmen.

DAS BULEUTERION VON EPHESOS
(Kleinasien, 2. Jh. v. Chr.)
Der Name des Bauwerks leitet sich von dem des Rates (Bulé) ab, der hier tagte. Es öffnet sich zur Agora. Die unabhängigen Städte haben derartigen Bauwerken große Bedeutung beigemessen, weil sie ihre Autonomie symbolisierten.

AUSLOSUNGSKASTEN
(3. Jh. v. Chr.)
*Der obere Teil des Steines,
den man auf dem Markt-
platz von Athen fand, ist
abgebrochen. Die Tafel
diente dazu, die Namen der
Geschworenen und der Ma-
gistrate auszulosen. Diese
waren auf Bronzeblättchen
geschrieben, die man in die
Schlitze der Tafel steckte.
Das Losprinzip gewährleis-
tete absolute Gleichheit unter den Bürgern und beugte
jeglicher Korruption vor.*

In den oligarchischen Staatsformen war hingegen nicht mehr die Herkunft, sondern der Reichtum maßgebend für die Herrschaftsausübung, was eine Umschichtung der Elite zur Folge hatte. Um einen Sitz im Rat oder ein Amt zu erhalten, ja selbst für die Teilnahme an der Volksversammlung war ein bestimmtes Vermögen Voraussetzung. Je nachdem, ob schwere soziale Probleme vorlagen oder nicht, waren die Maßnahmen, welche die Zahl der privilegierten Bürger beschränken sollten, mehr oder weniger streng.

Die antike Demokratie

Die echte Demokratie weist meist ganz ähnliche Einrichtungen wie die aristokratischen oder oligarchischen Staatsformen auf, aber der Geist ist ein anderer. Die Volksversammlung tritt regelmäßig zusammen, jeder Bürger kann teilnehmen und hat völlige Redefreiheit; sie kontrolliert die Arbeit der Beamten und des Rates und entscheidet in allen wichtigen Angelegenheiten. Über die Beschlüsse wurde nach einer öffentlichen Diskussion durch Handerheben abgestimmt. Die Volksversammlung regierte also unmittelbar, wobei sie sich von der Empfehlung der Redner leiten ließ. Im athenischen Staat fand im klassischen Zeitalter viermal während jeder Prytanie eine Volksversammlung statt. Eine Prytanie umfasst 35 oder 36 Tage; in dieser Zeit amtieren die 50 Buleuten (oder Ratsmitglieder), die derselben Phyle angehören müssen, als ständiger geschäftsführender Ausschuss der *bulé*; sie tragen den Titel Prytanen. Da es zehn Phylen gibt, wird das Amtsjahr in zehn Prytanien eingeteilt. Die *ekklesia* wird somit regelmäßig alle neun bis zehn Tage einberufen. Die Häufigkeit der Einberufungen erklärt, warum die Beteiligung der Volksversammlung an den Regierungsgeschäften so stark, die Zahl der Bürger jedoch, die sich für so zahlreiche Sitzungen freimachen konnte, nur klein war. Hier zeigt sich, dass die antike Demokratie weitgehend eine Fiktion ist. Man griff zu allen möglichen Notbehelfen, um den Bürger zur Teilnahme an der Volksversammlung zu bewegen, führte etwa im 4. Jh. v. Chr. eine Anwesenheitsmarke ein, die eine Entschädigung für entgangenen Verdienst einbrachte, den *misthos ekklesiastikos*, und ließ die Leute von der Straße

156

weg durch Polizisten, die skythischen Bogenschützen, mithilfe eines zinnoberroten Seils auf die *pnyx*, den Hügel, auf dem die Volksversammlung tagte, treiben. Theoretisch blieb es zwar die vornehmste Aufgabe eines jeden Bürgers, an der Regierung des Staates mitzuwirken, in der Praxis war dies jedoch einer kleinen Zahl müßiger Städter überlassen, welche die Sorge um das öffentliche Wohl oder die Aussicht auf finanzielle Entschädigung herbeigezogen hatte.

So wenig repräsentativ auch diese Minderheit im Verhältnis zur Gesamtbevölkerung war, sie wachte doch missgünstig über die Vorrechte, welche die demokratische Verfassung dem Volk einräumte. Das Volk ist in jeder Hinsicht, auch in der Rechtssprechung, souverän.

Um die Umsetzung des Volkswillens zu erleichtern, hatte Kleisthenes, vielleicht auch einer seiner Nachfolger, den Ostrakismus geschaffen, wovon im Jahr 487 v. Chr. zum ersten Mal Gebrauch gemacht wurde: Jedes Jahr in der sechsten Prytanie beschloss die *ekklesia*, ob das Verfahren angewendet werden solle oder nicht. Fiel die Antwort positiv aus, so schritt man zur Abstimmung, bei der jeder Stimmberechtigte auf eine Tonscherbe *(ostraka)* den Namen des Politikers schrieb, den er verweisen wollte. Der Meistgenannte wurde für zehn Jahre aus Athen verbannt und musste damit seinen Gegnern das Feld überlassen. Im Lauf des 5. Jh. v. Chr. wurden mehrere politische Führer durch Ostrakismus verbannt, unter ihnen Thukydides, der Sohn des Melesias, dessen Verbannung es Perikles im Jahr 433 ermöglichte, Athen nach seinen Vorstellungen zu regieren. Der Ostrakismus kam nach dem Jahr 417 v. Chr. außer Gebrauch, als offenbar wurde, dass man ihn für Parteiintrigen missbrauchte.

Nicht weniger bedeutend als die Rolle der Volksversammlung war jene der demokratischen Gerichte. Ein im Gericht stimmberechtigtes Volk ist bereits dadurch Herr des gesamten politischen Lebens im Staat.

Die Gefahr des Systems lag offenkundig darin, dass das Volk durch gewandte Redner nach deren Belieben beeinflusst werden konnte. Eine zusammenhängende und konsequente Politik konnte höchstens dann die Zustimmung einer Versammlung finden, wenn sie durch einen Mann vertreten wurde, der es verstand, die Menge für sich zu ge-

THEMISTOKLES RAUS! *(Bruchstück einer attischen Schale, um 471 v. Chr.) Auf einer Tonscherbe hat ein Athener den Namen Themistokles eingeritzt, um seine zehnjährige Verbannung zu fordern. Sie wurde 471 durchgesetzt. Man fand Tausende von Tonscherben dieser Art (ostraka), die für das Verfahren des Ostrakismus verwendet wurden.*

DIE DEMOKRATIE

Die athenische Demokratie war alles andere als vollkommen. Die Mehrheit der Bevölkerung war vom politischen Leben ausgeschlossen. Das betraf vor allem die Frauen und die Sklaven. Die Gleichheit vor dem Gesetz wurde durch die soziale und wirtschaftliche Ungleichheit begrenzt. Dennoch wurde zum ersten Mal in der Geschichte die Macht *(kratos)* unter allen Staatsbürgern (dem *demos*, also dem Volk) aufgeteilt. Prinzipiell durfte jeder Bürger in der Volksversammlung das Wort ergreifen und mit seiner Stimme die wichtigsten Entscheidungen beeinflussen. Im Losverfahren wurden die Mitglieder des Rates bestimmt, der die Gesetze ausarbeitete, die Finanzen und die Außenpolitik kontrollierte und die Konten der Magistrate am Ende ihrer Dienstzeit überprüfte. Ebenfalls durch Los wurden die Mitglieder der Volkstribunale bestimmt, die in politischen Prozessen zu entscheiden hatten. Auch wenn es eine politische Klasse gab, die sich aus denen zusammensetzte, die die Muße und das Interesse hatten, am politischen Leben teilzunehmen, stellte die Macht des Volkes eine nicht zu vernachlässigende Größe dar. Sie äußerte sich z.B. in der Heftigkeit von Angriffen auf Feinde der Demokratie, die in widersprüchlicher Weise zum einen die Apathie der Volksversammlung verurteilten, zum anderen ihre Unordnung und Uneinigkeit. Neuere Historiker haben mit Recht bemerkt, dass der Widerstreit zwischen entgegengesetzten Interessen Ausdruck des freien Kräftespiels war und die Minderheit sich nach einer gefällten Entscheidung der Mehrheit beugte. Andere griechische Städte haben die demokratische Regierungsform übernommen. Aber das Modell hatte seinen Ursprung in Athen, wo dieses politische System zwei Jahrhunderte lang funktionierte. Diese Zeit war zugleich die Blüte der Macht und Ausstrahlung Athens.

winnen und sich ihr Wohlwollen zu erhalten. Das außerordentliche Verdienst von Perikles besteht darin, dass ihm dies während eines Zeitraums von nahezu 30 Jahren gelang und Athen dabei den Gipfel seiner Macht und seines Wohlstands erreichte. Dieses Wunder wiederholte sich jedoch nicht. Das athenische Volk musste Niederlagen und Knechtschaft hinnehmen, da es außerstande war, sich für bestimmte politische Richtlinien zu entschließen. Die Geschichte seines Konflikts mit Philipp zeigt die Unfähigkeit der athenischen Demokratie, in der überkommenen Form des 4. Jh. einer Gefahr von außen zu begegnen. Denn Athen hätte, nach der Überlegenheit der ihm zur Verfügung stehenden Mittel zu urteilen, im Kampf gegen Philipp und im Peloponnesischen Krieg den Sieg davontragen müssen, wäre es nicht durch den Mechanismus seiner wankelmütig und halbherzig entscheidenden Institutionen zur Ohnmacht verurteilt gewesen.

Die spartiatische Oligarchie

Die politische Organisation Spartas beruhte auf der totalen und ausschließlichen Herrschaft einer Kriegerkaste über die Perioiken und Heloten. Diese Privilegierten nennen sich selbst die „Gleichen": Sie allein sind Vollbürger und leben von den fruchtbarsten Feldern Lakoniens und Messeniens, die die Heloten für sie bebauen. Bis zum 30. Lebensjahr lebte der Bürger Spartas mit seinen Altersgenossen in einer Gemeinschaft. Das Eheleben blieb auf ein Mindestmaß beschränkt. Danach wurden dem Spartiaten größere Freiheiten zugestanden, so besaß er etwa ein eigenes Heim. Aber er musste weiterhin eine Mahlzeit am Tag mit den Männern seiner Einheit einnehmen und war bis zum 60. Lebensjahr zur Teilnahme an den militärischen Übungen verpflichtet.

Die Regierungsgewalt lag in Sparta zum Teil bei den zwei Königen aus den Geschlechtern der Agiden und der Eurypontiden. Frei ausüben konnten sie ihre Macht nur auf militärischem Gebiet; im Kriegsfall unterstand das Heer dem Befehl eines der beiden Könige. Bei den großen politischen Entscheidungen dagegen teilte sich ein Rat von 28 Greisen, die *gerusia*, die Verantwortung. Sie war auch der oberste Gerichtshof. Nach der Stärke des Beifalls, mit der jeder einzelne Bewerber begrüßt wurde, entschied eine Jury, welches die auf Lebenszeit Gewählten waren. Die spartanische Volksversammlung, die

DAS TRUGBILD VON SPARTA

Thukydides zufolge müsste man zu dem Schluss kommen, dass Sparta nie existiert hat, wenn man seine Denkmäler mit denen Athens vergleicht. So spartanisch war diese Stadt. Das können die Archäologen bestätigen – und die Touristen. Jeder kennt die Akropolis, aber was weiß man von Lakedaimon? Es ist kaum Literatur über Sparta erhalten, und es gibt keinen einzigen spartanischen Historiker. Was wir über die Stadt wissen, stammt von anderen Orten, von ausländischen Autoren. Ihre Beschreibungen vermitteln allerdings ein Trugbild. Sparta soll für seine Anhänger als Stadt von Gleichen *Homoioi* das beste politische System gefunden haben, in dem das allgemeine Interesse immer Vorrang vor dem Einzelinteresse hatte, Disziplin und Standhaftigkeit als oberste Tugenden galten und die Tätigkeiten der Männer von militärischen Aufgaben dominiert waren. Tatsächlich bestand die Klasse der Bürger Spartas, die die politische Macht ausübte, aus einer kleinen privilegierten Gruppe von Menschen, von denen die Gesamtheit der arbeitenden Bevölkerung abhängig war. In dieser Hinsicht war Sparta das Gegenteil von Athen. Es verwundert daher kaum, dass athenische Gegner der Demokratie wie Platon und Xenophon Sparta idealisierten und zu einem Modell für Ordnung und Disziplin erklärten. Vor diesem Hintergrund haben die Gesetze, die Lykurg (der mythische Gesetzgeber) in Delphi von Apollon erhalten und Sparta gegeben hat, einen zugleich göttlichen wie exemplarischen Charakter. Das egalitäre Modell hat 1789 einige französische Revolutionäre fasziniert. Robespierre, der Anhänger der absoluten Gleichheit war, verteidigte das idealisierte Bild Spartas, das „wie ein Stern in der ungeheuren Finsternis funkelt". Andere Revolutionäre dagegen sprachen sich für Athen aus, das liberaler und demokratischer war.

so genannte *apella,* welche die hohen Beamten nach dem geschilderten einfachen Verfahren wählte, trat regelmäßig zusammen, nahm die Berichte der Behörden entgegen und billigte die Beschlüsse, die von diesen vorberaten worden waren. Die *apella* ließ sich nicht auf Erörterungen ein, sondern bekundete nur ihr Einverständnis mit den Führern des Staates, die sich somit auf die moralische Unterstützung der gesamten Bürgerschaft verlassen konnten.

Die *apella* konnte nicht verhindern, dass die Magistraten nach ihrem eigenen Willen handelten. In jeder Hinsicht war Vorsorge getroffen, um die Regierungsgewalt zu stärken. Neben der *gerusia* bildeten die fünf Ephoren eine weitere Regierungsgewalt. Die *ephoroi,* das heißt Aufseher, wurden aus der Mitte der *apella* und von dieser gewählt. Die eigentliche Macht im Staat lag in ihren Händen. Im Namen des Volkes durften sie sogar die Könige zur Verantwortung ziehen, die vor ihnen geschworen hatten, nach den Gesetzen zu regieren. Sie wachten über die Einhaltung der althergebrachten Sitten im privaten wie im öffentlichen Leben, waren für die Sicherheit des Staates verantwortlich und hatten daher die Vollmacht, weit reichende Entscheidungen zu treffen, etwa den Beamten Weisungen zu erteilen und Strafen auszusprechen. Außer ihren Nachfolgern hatten die Ephoren niemandem Rechenschaft abzulegen. Daher unterwarf man sich ihnen bedingungslos. Im Übrigen scheinen sie jedoch bei aller Strenge und Unerbittlichkeit lange Zeit durchaus in Übereinstimmung mit den unausgesprochenen Wünschen ihrer Mitbürger gehandelt zu haben.

Diese in sich abgeschlossene, stolze, streng konservative Gesellschaft wollte sich um jeden Preis vor zersetzenden Einflüssen von außen schützen. Von der Mitte des 6. Jh. v. Chr. an verschloss sie sich sogar der Kunst und Architektur. Einzig von dem Willen bestimmt, in der bisherigen Form weiter zu bestehen, verbot sie den Handel und sogar den Gebrauch von Silbergeld. Ihr Ehrgeiz beschränkte sich darauf, ihre Macht in Messenien, der Kornkammer, die ihre Kriegerkaste ernährte, aufrechtzuerhalten, sich auf dem Peloponnes die Vorrangstellung zu bewahren, auch wenn dies immer neue Feldzüge gegen Argos oder Arkadien bedeutete, und jeden Versuch anderer Staaten, im eigentlichen Griechenland eine dominierende Stellung zu erringen, mit Waffengewalt zu vereiteln – gleichgültig, ob es sich um den Einfall der Perser, den athenischen Imperialismus oder die Politik des Epameinondas handelte. Aus der Auseinandersetzung mit Theben ging Sparta sehr geschwächt hervor. Hinzu kam, dass die Basis des spartanischen Staates durch einen fortwährenden schleichenden Verfall brüchiger und schmaler wurde. Das Prinzip der Gleichheit aller Bürger, das darauf beruhte, dass jeder ein gleichwertiges Stück Land besaß, wurde immer weiter untergraben. Durch die Siege Spartas waren dem Stadtstaat außergewöhnliche Reichtümer zugeflossen. Der Wunsch nach größeren Privatvermögen führte schließlich zur Konzentrierung des Grundbesitzes in der Hand einer immer kleineren Zahl. Viele Spartiaten, die nicht in der Lage waren, die Beiträge für die gemeinsamen Mahlzeiten aufzubringen, stiegen von der Kaste der Glei-

TORSO EINES SPARTANISCHEN KRIEGERS *(um 480 v. Chr.) In dieser Statue hat man oft Leonidas gesehen, den Anführer eines spartanischen Bataillons. Auf jeden Fall deutet der Widder, der die Seite des Helms schmückt, auf einen militärischen Führer hin.*

159

GESETZ GEGEN DIE
TYRANNIS
(attische Stele, 336 v. Chr.)
Nach der Niederlage von
Chaironeia stimmten die
Athener für ein Gesetz ge-
gen jeglichen Versuch, die
absolute Macht zu ergrei-
fen. Über dem Text krönt
Athene eine Personifizie-
rung des Demos, des
Volkes.

chen in die der Minderberechtigten ab. Die Zahl der Vollbürger wurde im Laufe des 5. und 4. Jh. immer kleiner. Dieser langsame, aber stetige Substanzverlust des Volkskörpers erschien schon den Beobachtern im Altertum als die tödliche Krankheit Spartas, die sie als *oliganthropia*, Menschenmangel, bezeichneten. Schon allein dieser Mangelzustand hätte jede weit gespannte Politik verhindert, selbst wenn der enge Gesichtskreis der spartanischen Regierung es erlaubt hätte, eine solche zu ersinnen.

Vielfalt in der Rechtssprechung

Die oligarchischen und demokratischen Staatsformen der Griechen waren für kleinere Gemeinschaften geschaffen und behinderten die Bildung großer Staaten. Dafür haben sie in ihren vielfältigen Ausprägungen zum ersten Mal klar das Verhältnis zwischen Staat und Bürger definiert und so die Grundlage für alle modernen politischen Systeme gelegt. Jeder zivilisierte Staat, ganz gleich welcher Herrschaftsform, versuchte, dem Ideal eines durch vernünftige Gesetze geregelten Gemeinschaftslebens *(eunomia)* nahe zu kommen. Die Gesetze *(nomoi)* wiederum haben an der religiösen Verehrung Anteil, die man den Prinzipien der Ordnung und der Weisheit entgegenbringt. Die vielfältigen Gesetze haben die Aufgabe, Gewalt und Willkür aus den menschlichen Beziehungen zu verbannen. Ihnen obliegt es, dafür zu sorgen, dass im Staat Eintracht, *homonoia*, und Gerechtigkeit, *dike*, walten.

Ein Unterschied zwischen Staatsrecht und Privatrecht ist im archaischen und klassischen Griechenland kaum zu erkennen. Der Staat hat das Recht, sich für jede Handlung seines Bürgers zu interessieren, und kann, in der Person seiner Gesetzgeber, auf allen möglichen Gebieten eingreifen. Er beschäftigt sich übrigens weniger mit der Ausarbeitung von Leitsätzen als mit der Planung von praktischen Maßnahmen zur Lösung eines bestimmten Problems. Im Allgemeinen wurde jedes neue Gesetz auch auf eine Stele übertragen. So konnte sich die Öffentlichkeit mühelos orientieren. Dennoch haben die Griechen der klassischen Zeit, denen das juristische Denken der Römer abging, nicht versucht, diese verschiedenartigen Gesetzestexte zu systematisieren und zusammenzufassen. Der juristische Partikularismus der Stadtstaaten machte die Vereinheitlichung des Rechts, zu der die Bildung eines großen Staates natürlich hätte führen können, nicht zu einer zwingenden Notwendigkeit.

Die gesetzlichen Regelungen betrafen zumeist den Rechtsstatus von Personen und Gütern. Gesetzlich verankert war die privilegierte Stellung der Vollbürger gegenüber jener der Frauen, die stets eine untergeordnete war, ebenso gegenüber den Bürgern oder Einwohnern minderen Rechts (wie etwa in Sparta) und gegenüber den Fremden und Sklaven. In den Gesetzen waren genau die Rechte und Pflichten festgelegt, die der Einzelne gegenüber der staatlichen Gemeinschaft hatte, ferner die Art der Bestrafung sowie die Verfahren zur Schlichtung von Streitigkeiten zwischen Privatpersonen und zur Bestrafung von Staatsverbrechen. Das staatliche Vorrecht der Münzprägung wurde in Wirtschaftsgesetzen geregelt.

Vom Staat festgelegt wurde auch der Kalender, der von Stadt zu Stadt wechselte. Die wichtigsten Anhaltspunkte boten die religiösen

Feste der Gemeinschaft. Im Allgemeinen benannte man die Monate nach Göttern oder wichtigen Feierlichkeiten. Trotz ihres großen Interesses für Astronomie war es den Griechen nie gelungen, die Schwierigkeiten zu lösen, die sich aus der Verschiebung zwischen dem Mond- und dem Sonnenkalender ergaben. Noch komplizierter wurden es, als zu dem astronomischen und religiösen Kalender noch ein Verwaltungskalender, wie in Athen jener der Prytanien, hinzukam.

Maße und Gewichte

Maß- und Gewichtssysteme waren in allen Einzelheiten staatlich geregelt. Die Behörden bemühten sich um genaue Vorschriften, um den Handel zu vereinfachen und Betrügereien auszuschalten. Die Griechen kannten verschiedene Maßsysteme, in denen gewöhnlich Dezimal- und orientalische Sexagesimalmaße miteinander kombiniert waren. So war etwa das Stadion, das für große Entfernungen gebräuchliche Maß, 600 Fuß lang. Ein Fuß war zwischen 0,27 und 0,35 Meter lang, ein Stadion demnach 162–210 Meter. Ein anderes häufig verwendetes Längenmaß war die Elle, die anderthalb Fuß maß. Der Fuß selbst wird in 16 Finger oder Daktylen unterteilt. Man sieht, wie schwierig es ist, mit einem derartigen System zu rechnen, zu dem noch Maße ausländischen Ursprungs hinzukommen, wie die persische Parasange, die 30 Stadien lang ist (etwas über 6 km). Auch Gewichte und Hohlmaße variierten von Stadt zu Stadt. Allerdings erhielten verschiedene Systeme, wie das aiginetische und später das attische größere Bedeutung, insbesondere die Münzsysteme. Die Namen der Münzeinheiten, ob es sich dabei einfach um Zähleinheiten handelte (wie bei dem Talent oder der Mine) oder um wirkliches Geld (wie die Drachme oder der Obol), waren die der entsprechenden Gewichtseinheiten.

Um die vielfältigen Maße zu kontrollieren, beschäftigte der Staat besondere Beamte, die Metronomen, die Maße und Gewichte in Athen zu überprüfen hatten. Einige Schriften erwähnen Agoranomen, Aufsichtsbeamte für den Markt, Sitophylaken, Getreidekommissare, und Epimeleten, Inspektoren für den Handelshafen. Andernorts lassen vereinzelte und fragmentarische Zeugnisse ein gewisses System von Steuern und Schutzmaßnahmen erkennen, so auf Thasos für den Weinhandel.

Der Handel war im Wesentlichen ein Seehandel. Die kleinen Frachtschiffe der Griechen waren in Anbetracht dessen, dass es keine befahrbaren Straßen gab, das einzige geeignete Transportmittel. Der Laderaum war allerdings nur klein. Die Ladung wog gewöhnlich zwischen 80 und 250 metrischen Tonnen. Außerdem begann die für die Schifffahrt geeignete Jahreszeit erst im April und endete im Oktober. Im Gegensatz zu den Trieren wurden auf den Frachtschiffen keine Ruder benutzt; ihre viereckigen Segel ließen allerdings keinerlei Manöver zu. Leuchttürme gab es vor Beginn der hellenistischen Zeit noch nicht, und die sehr ungenauen Seekarten leisteten noch schlechtere Dienste als die Portolanen oder *periploi*, nach welchen sich die Steuerleute richten konnten.

Die großen Städte importierten ihr Getreide aus den fruchtbaren Gebieten Ägyptens, der Kyrenaika oder des heutigen Südrusslands. Man schätzt die jährlichen Einfuhren

METROLOGISCHES RELIEF *(Ostgriechenland, um 460 v. Chr.) Der Fuß und die Spanne waren Maßeinheiten, deren Einheitlichkeit durch dieses Relief gewährleistet wurde. Wie diese Figur mit ausgestreckten Armen andeutet, war der Mensch „das Maß aller Dinge".*

Athens im 4. Jh v. Chr. auf 10 000 Zentner. Holz, Marmor, Kupfer- oder Bleibarren waren die übrigen schwerlastigen Handelsgüter.

Hinzu kamen Agrar- und Gewerbeprodukte von hohem Handelswert: Qualitätsweine aus der Chalkidike, von den Inseln Thasos oder Chios, attisches Öl, Parfüms, Stoffe aus Milet, Samos und dem Orient, bemalte Tonvasen aus Korinth und Athen, die häufig mit Inhalt exportiert wurden, Bronzen aus Korinth, Silphion aus der Kyrenaika, Silber geprägt oder in Barren, Elfenbein, Goldschmuck. Diese wertvollen Ladungen beanspruchten nur wenig Raum. Reeder und Bankiers konnten mit ihnen ein Vermögen machen und den Ruhm der griechischen Kunsthandwerker weithin verbreiten.

Diese Handelsbeziehungen reichten aus, um den Wohlstand einer gewissen Anzahl von Händlern und Seeleuten zu sichern. Einige vom Schicksal begünstigte Städte wie Athen, Korinth, Tarent, Syrakus, Kyrene und Naukratis wurden auf diese Weise für ihre Epoche zu wichtigen Umschlagplätzen. Die Mehrzahl der griechischen Staaten kannte jedoch nur lokalen Handel mit einheimischen Produkten, wie dies dem Autarkieideal der Gesetzgeber entsprach. Tatsächlich ist für die Griechen die bäuerliche Tradition stärker als alle Versuchungen des Meeres. Kühne Seefahrer haben ihnen stets weniger Respekt eingeflößt als etwa die Hopliten.

KOSTBARE PFLANZE
(lakonische Schale, um 560 v. Chr.) König Arkesilas sitzt auf der Brücke eines Schiffes, dessen Segel und Mast am oberen Bildrand zu sehen sind. Vor ihm laden Arbeiter Bündel von Silphion (Stinkasant) auf die Schalen einer großen Waage, eine Heilpflanze, für die das libysche Kyrene bekannt war.

Die engen Grenzen der politischen Einheit

Der enge Rahmen des Stadtstaates, in dem der Grieche lebte, arbeitete, seine Bürgerrechte ausübte und seine Götter verehrte, diese kleine politische Einheit, für die er aufgerufen war zu kämpfen und sein Leben hinzugeben, entsprach lange Zeit aufs beste seinen Bedürfnissen und Neigungen. Ehe das politische und militärische Genie eines Philipp und Alexander, zwar ohne die alten Stadtstaaten abzuschaffen, der griechischen Welt einen neuen, andersartigen Staatsbegriff aufzwang, haben die Griechen nur selten und außerdem erfolglos versucht, ihren Gesichtskreis zu erweitern oder mehrere Staaten in einer organischen Form von Bestand miteinander zu vereinigen.

Gewiss stellte die Religion ein verbindendes Prinzip dar. Sie ermöglichte die Bildung regionaler Gruppen um den Mittelpunkt eines großen Heiligtums. Der berühmteste dieser Staatenverbände mit zentral gelegenem Heiligtum ist die Amphiktionie von Delphi. Dieser Staatenverband besaß zwei kultische Zentren von allerdings verschieden großer Bedeutung: das Heiligtum von Delphi und jenes der Thermopylen, kurz die Pylen oder „Tore" genannt. Dort versammelten sich die Delegierten der Bevölkerung von zwölf meist mittelgriechischen Staaten – Thessaler, Phoker, Boioter, Lokrer und Angehörige weiterer Staaten, dazu die Dorier und Ioner, die allein die übrige griechische Welt vertraten. Jedes dieser Völker entsandte zwei Delegierte oder Hieromnemonen in den Rat der Amphiktionie. Athen verfügte regelmäßig über eine der beiden ionischen Stimmen, während Sparta nur ab und zu eine der beiden dorischen Stimmen vertrat. Die Amphiktionie hatte keinen Anspruch darauf, das gesamte Griechentum zu repräsentieren. Ihre Aufgabe war es, unter Mitwirkung der Hieromnemonen die finanziellen Angelegenheiten des delphischen Apollon zu regeln, Spiele und traditionelle Feste des Heiligtums zu veranstalten und das Heiligtum des Gottes vor jedem Eingriff zu schützen. Letzteres gab den Anlass zu den heiligen Kriegen der Amphiktionie.

162

LÖWENTERRASSE
Inmitten der Kykladen befindet sich auf der kleinen Insel Delos – wo Leto Apollon und Artemis zur Welt gebracht hat – eines der wichtigsten panhellenischen Heiligtümer. Nach den Perserkriegen war sie der Sitz der Liga, die die Athener gegen die persische Bedrohung gegründet hatten.

Zwischen den Amphiktionenstaaten bestand nur ein lockerer moralischer Zusammenhalt. Die Pflichten der Mitgliederstaaten waren in dem Eid, den sie ablegen mussten, formuliert: Sie schworen, sich im Fall eines Krieges gegenseitig nicht völlig zu vernichten und jene zu züchtigen, die den delphischen Gott beleidigten. Zwischen ihnen bestanden keinerlei enge politische Bindungen. Die Amphiktionie war weniger ein einigendes Prinzip für die griechischen Staaten als ein Instrument, mit dessen Hilfe der einzelne Staat seine Sonderinteressen durchzusetzen versuchte.

In manchen Gegenden bestanden allerdings Bestrebungen, lokale Bündnisse zu schaffen, die über ständige politische Einrichtungen verfügten. Auf diese Weise sollte zwi-

163

schen Nachbarstaaten ein wirklicher Zusammenhalt entstehen. Diese Versuche von verschiedener Zeitdauer und unterschiedlichem Erfolg zeigen, dass man durchaus das Bedürfnis nach staatlicher Einigung fühlte. Zur Bildung eines wirklichen Staates führt jedoch keiner dieser Versuche.

Dies traf auch dann zu, und zwar noch in weit höherem Maße, wenn der eine oder andere der Großen Staaten unter seiner Hegemonie einen zentralisierten Bund schaffen wollte. So sollte der Peloponnesische Bund die militärische Vormachtstellung Spartas auf dem Peloponnes bestätigen. Es handelte sich dabei jedoch nur um ein Schutz- und Trutzbündnis, das den Mitgliedsstaaten, die durch Vertrag und Eid an Sparta gebunden waren, in jeder Hinsicht ihre innere Autonomie ließ. Ein sehr viel kühner konzipiertes Unternehmen stellte der Attisch-Delische Seebund dar, der von den Athenern nach den Perserkriegen geschaffen wurde. Die Einführung von Kleruchien auf dem Territorium der Bundesgenossen, deren Überwachung durch athenische Beamte *(episkopoi)* sowie wirtschaftliche Maßnahmen zugunsten des attischen Handels – dies alles verwandelte den Bund in Kürze in ein attisches Seereich und machte den unterworfenen Staaten das athenische Joch unerträglich. Der Abfall und die Aufstände der athenischen Verbündeten trugen viel dazu bei, dass der Imperialismus, dessen geistiger Vater Perikles war, letzten Endes eine Niederlage erlitt. Der zweite Attisch-Delische Seebund, im Jahr 377 v. Chr. gegründet, konnte aber einen Krieg zwischen Athen und dessen Verbündeten in den Jahren 357–355 nicht verhindern. Es bedurfte erst der starken Hand des Makedonen Philipp, um dem Korinthischen Bund wirklichen Bundescharakter zu verleihen.

Angesichts des Widerstands gegen eine Vereinigung fragt man sich, was es den Griechen eigentlich ermöglichte, sich ein und demselben Volk zugehörig zu fühlen: Ungeachtet aller inneren Rivalitäten drängte sich ihnen das Bewusstsein ihrer Zusammengehörigkeit immer wieder auf – sei es bei den großen panhellenischen Götterfesten, sei es im Kampf gegen die Perser, die Etrusker und die Karthager. Dieses Bewusstsein gründete auf der Gemeinsamkeit von Sprache und Religion, auf der Sagenüberlieferung und jenen Werken, welche die Weitergabe der Traditionen verbürgten: den Schöpfungen der Dichter und bildenden Künstler. Mehr als jedes andere Volk bedurften die Griechen der Unterstützung durch Literatur und Kunst, um seiner selbst bewusst zu werden.

DIE GRIECHEN IM SPIEGEL DER ANDEREN

Vor Alexander war Griechenland zwar nie ein einheitliches politisches Gebilde, aber die Griechen hatten immer ein ausgeprägtes Bewusstsein ihrer gemeinsamen Identität aufgrund ihrer Sprache und ihrer Religion: Trotz der verschiedenen Dialekte konnten sie einander verstehen, sie verehrten dieselben Götter und glaubten an dieselben Mythen. Auch im Konflikt mit ihren Nachbarn, den Barbaren – denen, die eine Sprache hatten, von der die Griechen nur unartikulierte Laute verstanden, also „bar bar" – gelangten die Griechen zu einer Abgrenzung. Die Texte Herodots enthüllen ebenso viel über die Welt, die er beschreibt, wie über das Selbstbild der Griechen. Die Eigentümlichkeiten, von denen er berichtet, stellen ein Negativ der griechischen Normen dar. So wunderte er sich über die Griechen, weil sie „sich Sitten und Gebräuche gegeben haben, die in fast allen Stücken im Gegensatz zu denen der übrigen Menschheit stehen. Bei ihnen gehen die Frauen auf den Markt und treiben Handel, während die Männer zu Hause bleiben und am Webstuhl sitzen … Sie kneten den Brotteig mit den Füßen, den Lehm mit den Füßen, und den Mist lesen sie auf." Auf die gleiche Weise beschreibt Herodot, vermittelt über die Perser, die Nomadenwelt der Skythen. Bei ihnen handelte es sich um Reiter, die ihren Verfolgern immer entkamen und nicht zu fassen waren, weil sie keine Stadt zu verteidigen hatten. Für die Griechen war eine Welt ohne Stadt nicht vorstellbar, denn sie definierten sich über eine feste städtische Gemeinschaft und sahen im Menschen, mit Aristoteles' Worten, „ein politisches Lebewesen". So erfüllt der Blick auf die anderen in gewisser Weise auch die Funktion eines Spiegels. Er enthüllt eine Identität, die nicht nur den Menschen dem Tier und den Mann der Frau gegenüberstellt, sondern auch den Griechen dem Barbaren.

KAPITEL 8

Dichter und Denker

Eine unglaublich reiche Literatur

Wir kennen die Namen von etwa 2000 antiken griechischen Schriftstellern. Der allergrößte Teil ihrer Literatur jedoch fiel katastrophalen Ereignissen zum Opfer: dem Brand der Bibliothek von Alexandria, der Ersetzung des Pergamentkodex durch Papyrosrollen und schließlich der Krise des Byzantinischen Reiches in der Zeit der Ikonoklastenkämpfe, also im 7. oder 8. Jh. n. Chr. Dennoch ist eine riesige Zahl von Werken aller Art überliefert worden, die der Literatur des Abendlands immer wieder als Vorbilder gedient haben. Die größten der Schriftsteller und Denker gehören dem archaischen und dem klassischen Zeitalter an, in denen sich ein kultureller Reichtum sondergleichen entfaltete.

Die griechische Literatur ist seit ältester Zeit schriftlich fixiert worden. Man ist sich heute darüber einig, dass *Ilias* und *Odyssee* in annähernd der Gestalt, in der sie uns heute vertraut sind, nicht ohne die Hilfe einer Alphabetschrift hätten entstehen können. Wir müssen uns vorstellen, dass der Dichter auf ein Pergament aus Schaf- oder Ziegenhaut schrieb, auf Griechisch *diphtera*. Diese Bezeichnung übertrugen sie später auf die Papyrosrollen. Wie es scheint, wurde der Papyros erst seit Mitte des 7. Jh. v. Chr., also fast ein Jahrhundert nach Entstehung der *Ilias*, in der griechischen Welt allgemein verwendet, als der erste saitische Pharao, Psammetich, dem griechischen Handel den Zugang zum Nildelta geöffnet hatte. Von nun an mussten die Griechen die Werke ihrer Schriftsteller auf Papyrosrollen lesen. Die Papyrosrolle wurde aus dem Mark der Stängel der Papyrosstaude hergestellt, das man in dünne Scheiben zerschnitt und in frischem Zustand so aufeinander presste, dass jeweils eine Lage mit waagrecht verlaufenden Fasern *(recta)* auf eine solche mit senkrecht verlaufenden *(verso)* kam. Der Papyros wurde auf zwei Holzstielen aufgerollt, die an den beiden Enden der Rolle befestigt waren. Der Text, in großen Buchstaben, ohne Wortabstände und Satzzeichen geschrieben, war in einzelne, parallele Spalten unterteilt, die quer zur Längsrichtung verliefen. Jede Rolle *(tomos)* enthielt bis zu 60 solcher Textspalten von jeweils etwa 30 Zeilen. Zum Lesen rollte man den Papyros in der Breite einer Spalte auf; ging man zur nächsten Spalte über, so wurde das gelesene Stück auf dem Griff, den man in der Linken hielt, wieder aufgerollt, während die Rechte vom Rest der Rolle die nächste Spalte abrollte. Erst in römischer Zeit traten die *codices* aus zweiseitig beschriebenen Blättern, die zu Heften und dann zu Büchern gebunden wurden, an die Stelle der *volumina*, womit man üblicherweise die Papyrosrollen bezeichnet.

Als Beschreibstoff stellte der Papyros einen großen Fortschritt gegenüber den frültharchaischen *diphterai* dar. Trotzdem hatte das *volumen* gewisse Nachteile. Die einzelnen Rollen waren platzraubend, und dies verhinderte zunächst den Aufbau großer Biblio-

BOIOTISCHE STATUE
(um 500 v. Chr.)
Trotz ihres schlechten Rufs konnten die Boiotier lesen und schreiben. Davon zeugt der thebanische Schreiber aus Terrakotta, der mit seinem Griffel Schriftzeichen in eine Tontafel ritzt.

theken. Auch waren die *volumina* unpraktisch, wenn man ein Zitat suchte. Bis man es gefunden hatte, musste man meist einen großen Teil des Papyros abrollen. Sich beim Lesen Aufzeichnungen zu machen, war schwierig, da man das *volumen* mit beiden Händen hielt. Diese Erwägungen praktischer Natur erklären zum Teil, warum man in Griechenland so großen Wert auf die Schulung des Gedächtnisses legte.

Nicht vergessen werden darf in diesem Zusammenhang, dass die Griechen im Allgemeinen laut lasen. Die meisten ihrer literarischen Texte waren dazu bestimmt, im Chor gesungen, dramatisch aufgeführt oder vor einem Zuhörerkreis öffentlich vorgelesen zu werden. Dies erklärt viele Wesenszüge der griechischen Literatur: die große Bedeutung etwa, die dem Poetischen und der Beredsamkeit zukam; die oft didaktische Form, in die Prosawerke gekleidet wurden, die dadurch den Eindruck erweckten, als handle es sich um Vorträge und Vorlesungen; das Bemühen, die Übergänge durch hinweisende Worte deutlich zu kennzeichnen, auch an Stellen, an denen in den modernen Sprachen nur ein Satzzeichen steht, und schließlich der große Erfolg des Dialogs als literarischer Gattung, einer originalen Schöpfung des griechischen Geistes. Schriftsteller und Philosophen dieser Zeit haben, unterstützt von einer reich gegliederten Sprache, mit den Mitteln mehrerer Dialekte, die bisher unbekannte literarische Wirkungen ermöglichten und neue Stilebenen erschlossen, und auf der Grundlage einer Tradition, die eine Stütze bedeutete, ohne den Geist einzuengen, die wichtigsten literarischen Gattungen geschaffen.

Die epische Gattung

Das homerische Epos erscheint ganz unvermittelt, und zwar gleich in seiner vollendeten Gestalt. Diese Vollkommenheit lässt jedoch vermuten, dass *Ilias* und *Odyssee* durch frühere dichterische Versuche, die heute verschollen sind, vorbereitet wurden. Im Troianischen Krieg war der *Zorn des Achilleus* nur eine Episode. Die *Rückkehr des Odysseus* berichtet nur die Abenteuer eines einzigen Helden nach der Einnahme der Stadt Troia. Allmählich muss durch die Sänger, die *aiodoi* – vergleichbar etwa jenem Demodokos, der uns in der Odyssee am Hofe von Alkinos, dem König der Phaiaken, begegnet –, eine lange epische Tradition entstanden sein, die im Wesentlichen mündlich war.

DER EPISCHE GESANG

Wenn wir im stillen Kämmerlein die *Ilias* oder die *Odyssee* lesen, sind wir weit vom lebendigen Epos entfernt. Der Text lässt uns miterleben wie Odysseus bei den Phaiaken aus dem Munde des Demedokos die Worte vernimmt: „Herold, bringe das Fleisch Demodokos, auf dass er es esse ... Denn den Sängern werden bei allen Menschen der Erde Achtung und Ehrfurcht zuteil; denn es hat die Muse sie selbst Sangesweisen gelehrt, weil das Volk der Sänger ihr lieb ist." Der Dichter war zugleich Sänger und das Epos eine öffentliche Aufführung. Bevor er begann, spielte der Dichter ein Vorspiel auf seiner Lyra und beschwor die inspirierende Muse. Sie diktierte den Faden seines Gesangs und stellte die Verbindung zu den verschwundenen Helden her, indem sie ihm die Verkettung der Ereignisse und ihre wahren Ursachen enthüllte, also die Rolle der Götter. Der Dichter kannte von Berufs wegen die traditionellen Erzählungen und beherrschte die Techniken seiner Kunst – Gedächtnis, Gesang, Textgestaltung und musikalische Begleitung. Seine Inspiration aber war religiös, und jede Aufführung war eine rituelle Handlung, eine Improvisation, deren Resultat jedesmal verschieden ausfiel. Über die Rolle der Schrift bei der Niederlegung der *Ilias* und der *Odyssee* sind die Meinungen gespalten, denn wir können uns nur schwer die Möglichkeiten einer ausschließlich mündlichen Kultur vorstellen. Sicher ist jedoch, dass der Text beider Epen im 6. Jh. feststand, als der Tyrann Peisistratos ihn übertragen ließ. Die Überlieferung der Werke blieb dennoch weiterhin mündlich. Sie wurden bei großen religiösen Festen oder auf öffentlichen Versammlungen von Rhapsoden rezitiert, und die Kinder lernten sie in der Schule auswendig. Selbst wenn das Buch bereits existierte, hatte sich das Lesen im stillen Kämmerlein noch nicht durchgesetzt.

Rund um die *Ilias* entstanden die Dichtungen des Troianischen Zyklus. Sie berichten Episoden, die zeitlich vor dem *Zorn des Achilleus* liegen. Die *chrestomathie*, eine Sammlung zu Unterrichtszwecken, die entweder im 2. oder 5. Jh. n. Chr. von einem gewissen Proklos verfasst wurde und teilweise erhalten ist, gibt uns bezüglich dieser Epen ziemlich genaue Auskünfte: In den *Kypria* wurden die der Ilias vorausgehenden Ereignisse behandelt, von der Vermählung der Thetis mit Peleus und dem Parisurteil bis zum Raub der Helena und den ersten Episoden der Belagerung Troias. Die *Aithiopis*, möglicherweise am Ende des 7. Jh. v. Chr. von Arktinos aus Milet verfasst, knüpfte unmittelbar an die Ilias an. Es wurde geschildert, wie der König der Äthiopier, Memnon, Sohn der Eos und des Tithon und Bruder des Priamos, seinem Onkel zu Hilfe kommt. Er wird von Achilleus erschlagen, der auch Penthesilea, eine andere Verbündete der Troianer, tötete. Achilleus selbst kam auch ums Leben, ihn traf der Pfeil des Bogenschützen Paris, dem Apollo zur Seite stand. Ein anderes Epos des Arktinos, *Die Zerstörung Troias (Iliu persis)*, beschrieb die Einnahme der Stadt. Parallel zur *Odyssee* hatte Hagias aus Troizen ein Epos *Die Rückfahrten (Nostoi)* gedichtet, in dem die Abenteuer der achaiischen Feldherren, Odysseus ausgenommen, nach dem Ende des Troianischen Krieges geschildert wurden. Das tragische Geschick des Odysseus war Gegenstand der *Telegonie*, die Eugammon, der um 570–560 v. Chr. lebte, zum Verfasser hatte. Nach seiner

Rückkehr nach Ithaka bricht Odysseus zu einer Expedition in das Gebirge von Epirus auf, findet aber, wieder auf die Insel zurückgekehrt, durch die Hand seines eigenen Sohnes Telegonos, dessen Mutter die Zauberin Kirke war, den Tod. Telegonos, der sich auf der Suche nach seinem Vater befand, hatte diesen, ohne ihn zu erkennen, mit seiner Lanze getötet.

Neben dem troianischen gab es einen thebanischen Zyklus, der sich mit den Sagen von Oidipus und dessen Nachfahren befasste. Kinethon aus Lakedaimon galt als Verfasser einer *Oidipodie*, welche die Ereignisse schilderte, die auf die *Thebais* folgten, ein Epos, das manchmal Homer selbst zugeschrieben wurde und die ergebnislose Belagerung Thebens durch die Sieben Feldherren und den brudermörderischen Zweikampf zwischen Eteokles und Polyneikes zum Inhalt hatte.

Wie das Werk Homers, so wurde auch das Hesiods immer wieder nachgeahmt. Hesiod beendet seine *Theogonie* mit dem Versprechen, jene sterblichen Frauen zu besingen, die als Geliebte der Götter zur Stammmutter edler Geschlechter wurden. In zahlreichen Dichtungen, die das Altertum manchmal Hesiod selbst zuschrieb – moderne Forscher be-

DIE MUSEN
(attischer Krater, um 570 v. Chr.) Im Trauerzug der Götter, die Peleus, dem jungen Gatten der Göttin Thetis, die letzte Ehre erweisen, nehmen die Musen neben Zeus' Wagen einen herausragenden Platz ein. Kalliope, die von vorne dargestellt ist, spielt die Syrinx; daneben ist Urania zu sehen, die Muse des Himmels.

zweifeln jedoch seine Autorschaft –, wurden diese Liebesbeziehungen zwischen Göttern und Menschen besungen. Sie waren im *Katalog der Frauen* gesammelt, auch *Eoien* genannt. Viele Autoren in späterer Zeit – hier sei nur Pindar genannt – haben aus diesem reichen Sagenschatz geschöpft. Und sämtliche Literaturen des Abendlands haben ihre Vorstellung vom Epos von Homer übernommen, wobei Vergil den Vermittler spielte.

ALKAIOS UND SAPPHO
*(attischer Krater, um
470 v. Chr.) In zwei Inschriften werden die Namen der
Musiker genannt: Alkaios
und Sappho, Dichter und
Dichterin aus Lesbos. Solche
Hinweise auf historische Personen auf Vasen sind selten.
Dies zeigt die Bedeutung, die
die beiden Dichter für die
Teilnehmer von athenischen
Festmählern hatten.*

Die lyrische Gattung

Die archaische Epoche präsentierte sich durch ihre Lyrik in zwei Formen: dem Chorgesang und der *monodia*, also dem Einzelgesang. Die Lieder wurden gewöhnlich auf der – der Sage nach von Hermes erfundenen – Lyra begleitet, einem Instrument mit sieben Saiten und einem Schallkasten, der ursprünglich aus einem Schildkrötenpanzer bestand. Die Kithara ist eine Lyra mit einem hölzernen Schallkasten, der größer ist. Auch die Flöte, *aulos*, wurde verwendet, unserer Klarinette ähnlich. Gewöhnlich spielte man zwei Flöten zugleich, sie waren daher am Mundstück verbunden. Die Versrhythmen, die wir heute aufgrund der Angaben der antiken Metriker analysieren können, erhielten erst durch die Begleitmusik, die heute verloren ist, ihr volles Gewicht.

Diese lyrische Dichtung wies eine außerordentliche Formenvielfalt auf. Es gab liturgische Hymnen wie die *nomoi*, religiöse Lieder wie den *paian* oder den Dithyrambos, Lieder, die bei Umzügen gesungen wurden, Tanzlieder, Kriegslieder, Siegeslieder, Epinikien zu Ehren der Sieger bei den Spielen, Liebeslieder, Totenklagen, Trinklieder, Lieder, die staatsbürgerliche Ermahnungen enthielten.

Von den meisten dieser Dichtungen kennen wir nur vereinzelte Fragmente. Im 7. Jh. v. Chr. gelangte Terpandros von Lesbos wegen seiner Virtuosität auf der siebensaitigen Lyra zu Ruhm. Der Lyder Alkman aus Sardes schrieb für die Feste Spartas erhabene Hymnen voller Anmut, während Tyrtaios die lakedaimonischen Hopliten mit seinen Kriegsliedern anfeuerte. Der Ioner Mimnernos von Kolophon, ein gewandter Flötenspieler, besang Liebe und heitere Seiten des Lebens. Archilochos von Paros lässt in seinen Elegien und anderen lyrischen Gedichten den Leidenschaften freien Lauf.

An der Wende vom 7. zum 6. Jh. schrieb Solon, der athenische Gesetzgeber, für seine Landsleute von hoher staatsbürgerlicher Moral durchdrungene Elegien. Sein Zeitgenosse Stesichoros von Himera auf Sizilien behandelte mythologische Sagen in Hymnen. Da er in einem seiner Gedichte Helena geschmäht hatte, soll er mit Blindheit geschlagen worden sein. Erst als er seine Behauptungen in einem weiteren Gedicht widerrief, erlangte er das Augenlicht wieder. Zur selben Generation gehören schließlich die Lyriker von Lesbos, Alkaios und Sappho. Bei Alkaios finden sich neben Liebes- und Trinkliedern auch Schmähgedichte, etwa gegen den Tyrannen Pittakos von Mytilene. Sappho spricht in leidenschaftlichen Strophen mit bis heute unverminderter Eindringlichkeit von der Zuneigung zu ihren jungen Gefährtinnen.

Im 6. Jh. v. Chr. bilden die erotischen Lieder Anakreons ein Vorbild für die anmutige Lyrik aller Zeiten. Simonides von Keos gab, noch vor Pindar, der Siegesode ihre vollendete Form. Er galt außerdem als Meister in der Kunst des Epigramms, jener knappen, pointierten Distichen, die zunächst als Inschriften auf Gräbern und Denkmälern dienten.

Von allen Dichtern lässt sich einzig Pindar, der in der ersten Hälfte des 5. Jh. v. Chr. lebte, anhand überlieferter Schriften beurteilen. Die vier Bücher *Epinikien*, die erhalten sind, zeigen hinreichend sein dichterisches Genie. Pindar hat glasklare Formulierungen hinterlassen: „Eines Schattens Traum ist der Mensch." Oder: „Strebe nicht, meine Seele, nach Unsterblichkeit, sondern schöpfe den Bereich des Möglichen aus."

Auf solche Höhepunkte konnte in der lyrischen Dichtung kaum etwas anderes als ein Abstieg folgen. Am Ende des 5. Jh. v. Chr. erweckte Timotheos von Milet die *nomoi*, in denen früher Terpandros geglänzt hatte, in einer modernisierten Form wieder zum Leben, während ihm Philoxenos von Kythera Dithyramben verfasste. Beide wurden stark durch das attische Theater beeinflusst, das in jener Zeit die Stätte der einzigen wirklichen lebendigen Dichtungsform war. Im 4. Jh. v. Chr. verwendete Antimachos von Kolophon, Verfasser des Epos *Thebais*, für das lange Gedicht *Lyde*, in dem er unglückliche Liebesgeschichten schildert, das elegische Versmaß. Eine rhodische Dichterin, Erinna, nahm auf ihre Weise den Ton Sapphos in einem Hexametergedicht, die *Spindel*, wieder auf. Wie für das Epos, so hatte der griechische Geist im archaischen und klassischen Zeitalter auch für die Lyrik feste Gesetze geschaffen.

KITHARASPIELERIN *(attische Ölflasche, um 450 v. Chr.) Die sitzende Frau hält in der Linken ein Plektrum, mit dem sie die Kithara spielt. Das Instrument, das hier einen abgerundeten Korpus hat, wiegt deutlich mehr und ist weniger leicht zu spielen als die Lyra, die auf Festen eingesetzt wurde.*

Geburt der Tragödie

Tragödie und Komödie entstanden viel später als die anderen Dichtungsgattungen. Beide entwickelten sich in Athen während der Herrschaft des Peisistratos, Erstere aus dem Dithyrambos, Letztere aus den phallischen Liedern, die Teil des Dionysos-Kults waren.

Die drei großen attischen Dichter des 5. Jh. v. Chr. vertreten für unsere Begriffe die griechische Tragödie schlechthin: Aischylos, der Älteste, lebte in der ersten Hälfte des Jahrhunderts. Euripides, der Jüngere, in der zweiten Hälfte, und Sophokles, der 90 Jahre alt wurde, erlebte fast das ganze Jahrhundert. An ihren Werken lässt sich ablesen, wie nach und nach die Tragödie Form gewann. Der Chor, der anfangs eine sehr bedeutende Rolle

DER HISTORISCHE AUGENBLICK DER TRAGÖDIE

In Athen entstanden, erfuhr die Tragödie ihren Aufstieg und Niedergang im 5. Jh. v. Chr. Die Tatsache, dass die Tragiker einen juristischen Wortschatz benutzten, stellt eine Verbindung zwischen den Widersprüchen und Konflikten, die Gegenstand der Tragödie sind, und der Ausarbeitung des Rechts in der Stadt her. Dies wird offensichtlich in der *Orestie* von Aischylos, deren Handlung mit der Schaffung des Tribunals auf dem Areopag zusammenfiel, das über Kapitalverbrechen zu richten hatte. Es wird jedoch auch in der *Antigone* von Sophokles deutlich, wo das Wort *Nomos* (Gesetz) unterschiedliche Bedeutungen erhält. Im Allgemeinen entwickelt die Tragödie zwei Formen von Gerechtigkeit (*Diké*), die im Widerstreit miteinander stehen. Die Diskussionen über die menschliche Verantwortung, die die Tragiker auf die Bühne bringen, wurden gleichzeitig im Bereich des athenischen Rechts geführt, das zu einem stimmigen System ausgearbeitet werden sollte. Man kann sagen, dass die Tragödie so lange lebendig blieb, wie die alten religiösen Vorstellungen mächtig genug waren, um mit den neuen Denkweisen in Konflikt zu geraten. Als die heroischen Werte schließlich in eine ferne Vergangenheit verlagert wurden, verlor die Diskussion ihren Sinn und die Tragödie ihre Daseinsberechtigung.

169

THEATERKULISSE
*(Modell aus Terrakotta,
3. Jh. v. Chr.) Die Wand der
Bühne wurde als Schmuck
verwendet. Sie stellte zumeist einen Palast dar, auf
dem eine Empore ange-
bracht war. Dort erschienen
gelegentlich die Götter, die
oft eingriffen, um die Entfaltung der Handlung zu
erleichtern.*

KOMÖDIENSCHAUSPIELER
*(attische Terrakotta, um
350 v. Chr.) Neben einer
Maske trugen die Komödienschauspieler ein gefüttertes
Kostüm, das ihren Bauch und
ihr Gesäß betonte. Ferner waren sie mit einem langen Phallus ausstaffiert, der unter
ihrem Wanst verstaut wurde.*

gespielt hatte, trat immer mehr zurück, gleichzeitig auch das lyrische Element, das zunächst vorherrschend war. Der Dialog entwickelte sich und wurde lebendiger. Aischylos führte einen zweiten Schauspieler im Drama ein und schließlich, nach dem Vorbild des Sophokles, einen dritten. Jeder dieser Schauspieler konnte durch Wechsel von Kostüm und Maske nacheinander verschiedene Personen spielen. Bei Euripides spielte der Chor fast nur noch die Rolle eines zurückhaltenden Zuschauers, wobei er aber durch Darbietungen in der *orchestra* die Aufmerksamkeit der Zuschauer weiterhin fesselte. Das ganze Interesse des Dichters und der Zuschauer galt nun dem Fortschreiten der Handlung, den unerwarteten Wendungen, den Gefühlsregungen der handelnden Personen und den Rededuellen der Darsteller.

Die moderne Tragödie verdankt den griechischen Tragikern die beklemmende Frage nach dem Schicksal. Aischylos, dessen Glaube sich aus den alten religiösen Quellen nährt, zeigt uns die Sterblichen, die der Nemesis unterworfen sind, der Rache der erzürnten Götter, die jede Maßlosigkeit, jedes Vergehen gegen die rituellen Gesetze bestrafen. Sophokles will unsere Anteilnahme für die Opfer eines grausamen Schicksals wecken, dessen unvorhersehbarer Lauf alle Erwartungen der Menschen zunichte macht. Diese nahezu grotesk erscheinende Ohnmacht des Menschen ist es, die den Zuschauer bei König Oidipus zutiefst erschüttert. Was diese Menschen adelt, die sich, wie etwa Antigone, einem Ideal opfern, ist ihre hohe Auffassung von den sittlichen Gesetzen. Euripides, der vielschichtigste der drei Dichter, vermehrt die dramatischen Höhepunkte, um beim Zuschauer Mitleid mit den handelnden Personen zu wecken, die Schicksalsschlägen ausgesetzt sind. Mehrere seiner Tragödien enden mit denselben bedeutsamen Versen: „Vielfache Gestalt hat die göttliche Macht: Gar vieles verhängt unerwartet ein Gott, doch was wir gewähnt, vollendet sich nicht, für Unglaubliches findet der Gott den Weg. So endet dieses Begebnis." Die Sterblichen, Spielball übermächtiger Kräfte, müssen manches Leid ertragen, für das sie bisweilen selbst verantwortlich sind, das sie durch Seelengröße aber manchmal zu überwinden wissen. Die Stoffe der Tragödie wecken noch heute Bewunderung.

Die klassische Komödie

Die klassische griechische Komödie dagegen entspricht modernen Vorstellungen weniger. Bereits am Ende des 6. Jh. v. Chr. hatte der Sizilianer Epicharmos im dorischen Dialekt Komödien verfasst, von denen kaum etwas überliefert ist. Die Alten jedoch schätzen sie hoch, wegen der in ihnen enthaltenen Wahrheiten und treffenden Beobachtungen und wegen der dazwischen eingestreuten Sentenzen. Ebenfalls auf dorischem Gebiet, in Megara in der Nähe Athens, hatte sich der Brauch eingebürgert, komische, recht derbe Szenen aufzuführen. In diesen ersten Versuchen sowie in den sehr freien Liedern, den Spottversen, die bei den dionysischen Umzügen in Attika gesungen wurden, wurzelt die so genannte Alte Komödie. Sie erhielt in den offiziellen Wettkämpfen während der dionysischen Feste sehr bald einen Platz neben den Tragödien. Es gab etwa 40 Dichter der Alten Komödie, ein Hinweis darauf, wie beliebt und erfolgreich diese typisch athenische literarische Gattung im 5. Jh. v. Chr. war. Kratinos, der um 455 seine ersten Komödien schrieb, Eupolis und Aristophanes, deren Schaffenszeit ins letzte Viertel des Jahrhunderts fällt, waren ihre berühmtesten Vertreter.

Die Alten Komödien sind stets Gelegenheitswerke polemischen Charakters. Auf Wahrscheinlichkeit wird wenig Wert gelegt, das Publikum soll vor allem durch lustige Einfälle und Anspielungen auf das Tagesgeschehen zum Lachen gebracht werden. Im Mittelpunkt steht ein phantastisches oder groteskes Unternehmen des Hauptdarstellers, dem ein verkleideter Chor – Menschen, Tiere oder personifizierte Abstraktionen – beiwohnt. In mehreren Episoden wird gezeigt, wie der Held, allen Hindernissen zum Trotz, ans Ziel gelangt. In einem Zwischenspiel wendet sich der Chor ans Publikum und trägt ihm, ohne unmittelbaren Bezug zur Handlung, die Ansichten des Dichters zu diesem oder jenem aktuellen Thema vor. Hieran schließt sich eine weitere Reihe von Szenen an, in der die Folgen der im ersten Teil geschaffenen Situation gezeigt werden, und den Abschluss bildet ein Umzug zu Ehren des Dionysos, nach dem der Chor das Theater verlässt. Aristophanes stehen vielfältige Stilmittel zu Gebote. Der moderne Leser ist überrascht, mit welcher Leichtigkeit er vom Derbsten zum Zarten wechselt. Kein Werk bringt uns das athenische Volk zur Zeit des Sokrates so nahe wie seine klassischen Komödien.

Mit den *Ekklesiazusen* (Frauen, die eine Versammlung abhalten) und dem *Plutos* schuf Aristophanes Ende des 4. Jh. eine neue Form der Komödie, die so genannte Mittlere. Die Rolle des Chors ist unbedeutender. An die Stelle der Satire auf Personen tritt die soziale Satire, der komische Einfall wird durch den parodistischen Gebrauch des Mythos ersetzt. Die Nachfolger des Aristophanes, wie Antiphanes oder Alexis von Thurioi, scheinen fruchtbare Schriftsteller gewesen zu sein, von deren Werken jedoch wenig überliefert ist. Die griechische Komödie, wie auch die Tragödie, bringt bis zu Menander, der schon der hellenistischen Epoche angehört, keine Meisterwerke mehr hervor.

KOMISCHER CHOR *(attische Amphore, um 540 v. Chr.) Ein Jahrhundert vor den Komödien des Aristophanes und noch vor der Existenz des Theaters zeugen Darstellungen von Choraufführungen. Hier führt ein Flötenspieler eine Gruppe von Sängern, die zum Teil als Pferde verkleidet sind.*

Die Historiker

Die Verwendung der einfachen Prosa, die des poetischen Schmucks entbehrte, zeigt das ursprüngliche Bemühen, die Wahrheit zu suchen. Die Suche heißt griechisch *historia*. Sie gilt zunächst den menschlichen Schicksalen und dem natürlichen Rahmen, in dem diese sich vollziehen. Daher die Bezeichnung Historie, von der in der ersten Zeit die Geographie noch nicht getrennt war. Bei den Griechen galt Homer als der erste Geschichtsschreiber. Tatsächlich gab es ja auch anfangs keine Unterscheidung zwischen Geschichte und Epos.

Hekataios von Milet, der am Ende des 6. Jh. lebte, brach mit dieser Tradition. Er verfasste in ionischem Dialekt in Prosa die *Genealogien*, eine Sammlung von Sagen, die er mit naivem Rationalismus interpretierte, und die *Periegesis*, eine Beschreibung der ganzen bewohnten Welt, die auf Herodot nicht ohne Einfluss blieb. Im 5. Jh. fand er mehrere Nachahmer. Keiner von ihnen aber gelangte zu solchem Ruhm wie Herodot von Halikarnassos, der erste Prosaschriftsteller, dessen Gesamtwerk uns überliefert ist. Cicero nennt ihn zu Recht den „Vater der Geschichtsschreibung".

Seit Herodot waren die Gesetze dieser literarischen Gattung festgelegt: Die Erkenntnisse des Historikers sollen für die Nachwelt aufgezeichnet werden. Herodot erwirbt sein reiches Wissen, das sich sowohl auf umfangreiche Lektüre als auch auf gründliche persönliche Nachforschungen stützt, durch seine Aufgeschlossenheit und Sympathie für Völker und Menschen, denen er ohne jedes rassische oder kulturelle Vorurteil gegenübertritt. Sein reger Geist, der Fabeln misstraut, gleichzeitig aber sittliche Gesetze und Götter verehrt, lässt ihn sein Ziel aufs Glücklichste erreichen. Dieses erste Beispiel griechischer Prosa hat seine Frische bewahrt; so, als habe es, laut einem byzantinischen Gelehrten, „die Nachtigall von Halikarnassos verstanden, ihren schönen Stil mit allen Blüten der ionischen Sprache zu schmücken".

Herodot war ein Zeitgenosse des Perikles. Der Athener Thukydides gehört der nächsten Generation an, die Zeuge des Peloponnesischen Krieges war. Er nahm zunächst aktiv als Stratege am Kampf teil und sollte mit einer Flotte die Chalkidike gegen Brasidas

BÜSTE HERODOTS
(2. Jh. v. Chr.) Athen hat den Historiker der Perserkriege geehrt, indem es ihm eine Büste widmete, die wahrscheinlich eine Bibliothek schmücken sollte. Das zweifellos erfundene Porträt feiert den Ruhm des Mannes, der traditionell als Vater der Geschichtsschreibung bezeichnet wird.

DOKUMENTE FÜR DIE EWIGKEIT

Schon früh diente die Schrift nicht nur der Erfassung von Gütern, sondern auch der Anfertigung von Genealogien und zur Erinnerung an wichtige historische Ereignisse. Die ältesten erhaltenen Chroniken sind die sumerischen (4. Jt. v. Chr.). Als der Athener Solon nach Ägypten reiste, zeigten ihm die Priester Chroniken, die die Griechen als Kinder ohne nennenswerte Vergangenheit erscheinen ließen. Auch in Griechenland existierten Archive und Genealogien. Mit Herodot aber vollzog sich ein qualitativer Sprung: Seine Untersuchung (das ist die Bedeutung des Wortes *Historia*) war rational und systematisch, wertete die Zeugnisse aus und setzte sie zueinander ins Verhältnis. Herodot unterschied seine Sichtweise von der seiner Informanten. Er wollte festhalten, was sich zwischen den Griechen und den Barbaren abgespielt hatte, und es logisch erklären. Thukydides war der Meinung, die Texte seines Vorgängers seien noch zu sehr dem Mythos verhaftet. Er versuchte, die Geschichte der jüngsten Vergangenheit zu schreiben, die des Peloponnesischen Krieges, dessen Bedeutung für die griechische Geschichte er sogleich erfasste. Sie erschien ihm nur erkennbar, weil er den Krieg unmittelbar erlebt hatte. Er wollte, dass seine Geschichte „eine Errungenschaft für die Ewigkeit" sei.

decken. Als es ihm nicht gelang, Amphipolis zu retten, ging er in die Verbannung. Er folgte den einzelnen Phasen des Konflikts und gab die Ereignisse getreulich wieder. Sein Bericht ist streng chronologisch und hält sich, da es keinen zuverlässigen staatlichen Kalender gibt, an den Rhythmus der Jahreszeiten. Die Tatsachen werden beim Namen genannt und mit dem nüchternen Auge des Taktikers und Feldherrn gesehen, ohne malerische Details anzustreben. Der klare Verstand des Thukydides schuf sich aus dem vortrefflichen athenischen Dialekt einen ausgefeilten, geschmeidigen Stil, der mit wenigen Worten viel zu sagen vermag. Sein Bericht bricht bei den Ereignissen des Jahres 411 ab. An dieser Stelle nimmt sein Nachfolger, der Athener Xenophon, der ein Schüler Sokrates' war, den Faden der Erzählung wieder auf und führt sie bis 362, dem Jahr der Schlacht bei Mantineia, weiter. Doch hält weder seine *Hellenische Geschichte* noch die Anabasis über den Zug der Zehntausend, an dem er selbst teilgenommen hat, noch der pädagogisch-politische Roman über die Erziehung des persischen Königs Kyros, die *Kyrupaideia*, einem Vergleich mit den Werken Herodots und Thukydides' stand. Xenophon schreibt zwar klar, lebendig und gut unterrichtet, doch mangelt es seiner Darstellung an Dichte und Tiefe.

Philosophen und Gelehrte

Mit der Geschichtsschreibung ist seit Beginn des 6. Jh. v. Chr. in Ionien auch die Entstehung der wissenschaftlichen Forschung und der Philosophie zu beobachten. Thales von Milet und Pythagoras von Samos – der eine zu Beginn, der andere in der zweiten Hälfte des 6. Jh. lebend – stehen am Anfang der frühesten mathematischen und astronomischen Spekulationen. Bei Pythagoras waren sie mit einer mystischen Askese verbunden, die nachhaltigen Einfluss ausübte. Parmenides von Eleia, der später in seiner Heimatstadt seinen Schüler Zenon unterrichtete, und Empedokles von Agrigent, der um dieselbe Zeit lebte, bedienten sich der Poesie, um ihre ontologischen Vorstellungen darzulegen. Ihr Zeitgenosse Heraklit von Ephesos, der Prosa schreibt, erklärt, dass alles ständiger Kampf, ein einziges Geschehen und Werden sei.

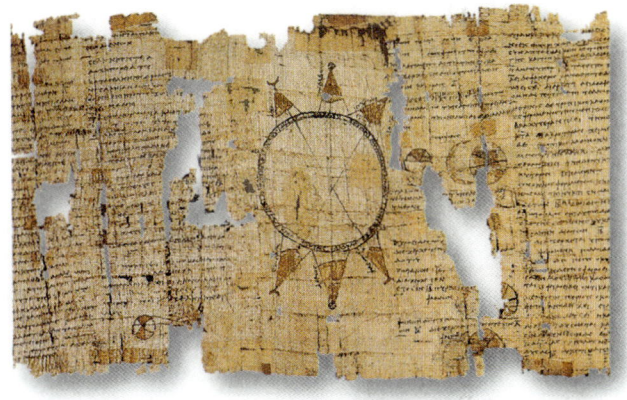

GRIECHISCHER PAPYROS ÜBER ASTRONOMIE
(Ägypten, um 165 v. Chr.) Die Zeichnung stammt aus einer astronomischen Abhandlung. Diese bezieht sich größtenteils auf den Kalender und entstand unter dem Einfluss des großen Mathematikers Eudoxos von Knidos. Die Zeichnung stellt die Position der Planeten im Tierkreis dar.

Anaxagoras von Klazomenai, ein Freund des Perikles, sieht in dem Geist, der das anfängliche Chaos ordnet, das Grundprinzip der Welt. Mit den Mitteln der rationalistischen Kritik bekämpft er die Göttlichkeit der Sterne und manche Formen der Weissagung. Wegen seines Freidenkertums wurde er der Gottlosigkeit angeklagt und anschließend aus Athen verbannt. Hippokrates von Kos, der einer Ärztefamilie entstammte, übertrug die Prinzipien rationalistischer Beobachtung auf seine Kunst. Er begründete die klinische Medizin und legte in seinem Eid die Pflichten des Arztes fest. Zur gleichen Zeit wandte sich Athen mit Begeisterung den Sophisten zu, die gegen Geldzahlungen Unterricht in Beredsamkeit und Dialektik erteilten. Durch die platonischen Dialoge lernen wir Gorgias von Leontinoi und Protagoras von Abdera schätzen, die große Geschicklichkeit darin besaßen, mit widersprüchlichen Gedanken Zweifel an Meinungen aufkeimen zu lassen.

Sokrates' Einfluss war so entscheidend, dass man heute alle vor ihm lebenden Philosophen Vorsokratiker nennt. Er stellt die Erforschung der menschlichen Seele in den Mittelpunkt seiner Bestrebungen und fordert von jedem, sich zuallererst um die Selbsterkenntnis zu bemühen. Von einfachen, dem Leben entnommenen Beispielen ausgehend, näherte er sich Schritt für Schritt, wobei er sämtliche dialektischen Kunstgriffe der Sophisten anwendete, der Erkenntnis des Wahren und der Tugend.

Während Sokrates nichts geschrieben hat, war sein Schüler Platon von bewunderswerter Produktivität. Seine zahlreichen Dialoge, von den Apokryphen abgesehen, sind von der modernen Forschung chronologisch geordnet worden. In den ersten Dialogen bleibt er der Methode des Sokrates treu und gibt, wie es scheint, ein genaues Bild von dessen Lehre. Dann wird sich Platon der eigenen Persönlichkeit bewusst: Er legt nun seinem Lehrer, der weiterhin der bedeutendste Partner in den Dialogen bleibt, seine eigenen Thesen in den Mund. Zu den vorwiegend moralischen Fragestellungen kommen jetzt ausgedehntere Untersuchungen hinzu: Erklärung des Weltsystems durch die Ideenlehre, Erklärung des Wesens der unsterblichen Seele und ihres Verhältnisses zum Leib und schließlich Formulierungen der Gesetze, nach denen der Idealstaat regiert werden soll. Denn für Platon leiten Metaphysik und Psychologie unweigerlich zur Politik hinüber, in der sich die Richtigkeit des Denkens durch die Tat beweisen sollte. Die Sprache Platons bleibt ein unübertroffenes Vorbild attischer Prosa. Zweifellos stand dem menschlichen Denken zu keiner Zeit ein ausgefeilteres sprachliches Werkzeug zur Verfügung.

DIE GRIECHISCHE WISSENSCHAFT

Wenn man Wissenschaft als ein Verhaltenssystem definiert, das es dem Menschen erlaubt, seine Umwelt zu beherrschen, versteht sich von selbst, dass keine Gesellschaft ohne sie auskommen konnte.

Wenn man sie jedoch als Erkenntnissystem betrachtet, insbesondere als Suche nach systematischen Erklärungen für Naturerscheinungen, ist die Wissenschaft innerhalb der westlichen Welt in Griechenland entstanden. Die Griechen hatten allerdings keine Vokabel dafür. Sie verwendeten Begriffe wie „Untersuchung über die Natur", „Theorie", „Erkenntnis" oder „Philosophie".

Schließlich war es ein Philosoph, Thales von Milet, der als Erster eine Suche nach Ursachen unternommen hat. Obgleich er sich dabei auf alte Glaubensvorstellungen stützte, war sein Denken – wie auch das seiner Landsleute Anaximander und Anaximenes – ein echter Bruch mit der Vergangenheit. Ähnliches geschah in der Medizin durch die Schriften des Hippokrates, der eine genaue Beschreibung von Krankheiten und eine Darstellung der möglichen natürlichen Ursachen lieferte. Die Mileter schließlich verwarfen die Vorstellung eines göttlichen Eingreifens im Bereich der Astronomie und der Meteorologie.

Platon wirkte nicht nur durch seine Werke weiter, sondern ebenso durch den Unterricht, den er vom Jahr 387 an in der beim Hain des Heros Akademos gelegenen Philosophenschule erteilte. Man gab dieser Schule vor den Toren Athens daher den Namen Akademie. Andere Schüler des Sokrates schlugen verschiedene Wege ein. Der Athener Antisthenes, Verfasser zahlreicher Dialoge oder Abhandlungen, die verloren sind, begründete die kynische Schule, während Aristipp aus Kyrene, der Theoretiker des Hedonismus, der späteren epikureischen Philosophie den Weg ebnete. Was die Schüler Platons betrifft, so wurden sie alle von der übermächtigen Persönlichkeit des Aristoteles überstrahlt, der das abendländische Denken maßgebend geprägt hat.

Rhetoren und Sophisten

Die Werke Platons und Aristoteles' laufen auf eine Staatsphilosophie hinaus. Da man glaubte, man könne auf seine Mitbürger nur durch das Wort einwirken, überrascht es nicht, dass die Griechen die eigentlichen Väter der Rhetoriker waren und dafür Gesetze aufstellten. Die Beredsamkeit, die eng mit der Entstehung der Demokratie als Staatsform verknüpft war, trat daher als letzte der literarischen Gattungen in Erscheinung.

Die Sophistik, am Anfang des 5. Jh. v. Chr. auf Sizilien entstanden, war im Grunde die Kunst des logischen Denkens, die sich an praktischen Zwecken orientierte. Sehr schnell entwickelte sie die Praxis, mit Scheingründen zu operieren, unter Zuhilfenahme aller sprachlichen Mittel, mit denen man die Zuhörer überreden konnte.

Der Rhetor Isokrates, der im Jahr 338 v. Chr. starb, hat sich wohl die meisten Gedanken über die Kunst der Rede gemacht. Da es ihm seine kraftlose Stimme und seine schwache Gesundheit unmöglich machten, selbst Reden zu halten, widmete er sich sehr erfolgreich dem Unterricht in der Rhetorik. In seinen *Prunkreden*, etwa dem *Panegyrikos* (so genannt, weil er für die Panegyrie, das heißt die Versammlung aller Griechen bei den Olympischen Spielen des Jahres 380 v. Chr. bestimmt war), versteht er es, Gemeinplätze glanzvoll mit allen Schönheiten einer wohlklingenden Sprache zu schmücken. Die Lobrede auf seine Vaterstadt Athen hatte solchen Erfolg, dass der Titel in der Folge für „Lobrede" schlechthin stand, eine Bedeutung, die das Wort auch heute noch hat.

Man kann sich keinen größeren Gegensatz denken als den zwischen Isokrates und Demosthenes. Jener ist ein Stubengelehrter, dieser ein Mann der Tat. Der eine nimmt sich Zeit, in Ruhe an kunstvollen Passagen zu feilen, der andere lässt sich von seiner leidenschaftlichen Beredsamkeit fortreißen. Isokrates glaubte lange Zeit, der Makedonenkönig werde das Griechentum vor dem Verfall retten, Demosthenes kämpfte erbittert gegen die Politik Philipps an. Die Geschichte gab schließlich dem Gelehrten und nicht dem Politiker Recht. Und doch soll Isokrates an der seelischen Erschütterung gestorben sein, die in ihm die Nachricht bei Chaironeia ausgelöst hatte, während Demosthenes die außerordentliche Ehre zuteil wurde, die Leichenrede auf die in der Schlacht gefallenen Krieger zu halten.

DIE SCHULE VON ATHEN (*Fresko von Raffael im Vatikan, 1510*) Im Zentrum der Gruppe antiker Autoren, die den Ruhm Athens begründet haben, hat Raffael Platon und Aristoteles platziert. Ersterer weist als idealistischer Philosoph mit dem Finger in den Himmel, während Letzterer, der die Welt so verstehen wollte, wie sie ist, die Hand auf den Boden gerichtet hat.

Das Festmahl der Männer

Die Griechen konnten Fleisch nur essen, wenn die Götter dabei ihren Anteil erhielten. Der Verzehr von Fleisch war fast immer mit einem Opfer zu Ehren eines Gottes verknüpft. Die Knochen und das Fett wurden auf einem Altar verbrannt, während die Menschen das Fleisch verspeisten. Die Aufteilung, die im Prometheusmythos vorweggenommen ist, bestimmte zum einen den Zustand des Menschen – der sterblich geworden ist, weil er Fleisch aß, während sich die Götter mit dem Rauch zufrieden gaben –, zum anderen die Hierarchie von Göttern und Menschen.

Das griechische Festmahl beschränkte sich nicht auf die Nahrungsaufnahme. Es war eine Feier. Die Aufteilung der Fleischstücke, die meist gleich groß waren, spiegelte die Ordnung der Gemeinschaft wider. Die Organisation der öffentlichen Festmähler war bezeichnend für die klassischen und hellenistischen Städte. In zahlreichen Inschriften wird den Wohltätern gedankt, die Festmähler für ihre Mitbürger organisierten.

Etwas anderes war die Praxis des Symposions, wo man gemeinsam *(syn)* trank. Nachdem man gegessen hatte, hob man die Tafel auf und ging zum Trinken über.

Oder man begab sich geschlossen zu einem Gastgeber, um bei ihm zu trinken. Das wird in Platons Gastmahl durch die Ankunft des Alkibiades belegt. Die Gäste tranken in relativ kleinen Räumen auf Liegen. Meist gab es zwischen sechs und zwölf. Durch seine Enge wurde der Raum intimer. Vor allem in der archaischen Epoche hatte das Symposion einen elitären Charakter: Es war den Männern vorbehalten, lediglich Hetären waren zugelassen, die Gespielinnen. Dementsprechend waren Dionysos und Eros die Schutzgottheiten des Symposions.

Die Griechen versuchten einen Zustand des Gleichgewichts zwischen Nüchternheit und Rausch zu erreichen, den Konsum des Weins zu kontrollieren, den sie als Pharmakon betrachteten: als Gift und Heilmittel. Es handelte sich um eine Droge, deren Kraft man durch Beigabe von Wasser bändigen musste. Dazu brauchte man spezielle Gefäße: einen Krug mit einem großen Bauch zum Mischen, Amphoren zum Transport des Weines, Hydrien für das Wasser, Krüge zum Einschenken und ein Trinkgefäß (Schale oder Skyphos) für jeden Festteilnehmer. Auf vielen Trinkschalen war die Gemeinschaft des Symposions idealtypisch dargestellt.

IM ZEICHEN DES WEINES
Die Kykladeninsel Naxos war berühmt für die Qualität ihres Weines. Diese Münzen zeigen Dionysos und einen trinkenden Satyr, der am Fuß eines Weinbergs sitzt und eine Trinkschale in der Hand hält.

DIE VERTEILUNG DES FLEISCHES

Das Fleisch, das während eines Festmahls verspeist wurde, stammte von einem den Göttern dargebotenen Opfer. Die Aufteilung des Fleisches unter den Festteilnehmern verlief hierarchisch. Der Moment des Zerteilens, was mit einem großen Messer geschah, wurde selten auf Vasen abgebildet.

REICH DEKORIERTER SARG

Die Malerei auf den Wänden des Sarges des Turmspringers in Paestum zeigt ein Symposion, das den Verstorbenen an die Freuden seiner vergangenen Existenz erinnern sollte.

IN DER LAUBE

Die Teilnehmer des Symposions sitzen im Kreis auf dem Boden. Eine Rebe über ihren Köpfen gibt Schatten. Die Mitte dieser Trinkschale ist mit einer beschützenden Gorgone bemalt.

GASTFREUNDSCHAFT

Die private Atmosphäre des Symposions wurde selten auf öffentlichen Monumenten dargestellt. Einige Tempel erinnern an die Pflicht zur Gastfreundschaft, die nach einem Opfer gegeben war. Hier zeigt der Dekor des Tempels von Assos in Kleinasien eine Reihe von Trinkenden, die auf dem Boden sitzen.

DIE POESIE DES GASTMAHLS

Beim Symposion wurde nicht nur getrunken, sondern auch diskutiert und gesungen. Die wichtigsten archaischen Dichtungen entstanden für solche Anlässe. Man begleitete sie mit dem Aulos (einem Blasinstrument, das ähnlich einer Oboe mit einem Rohrblatt ausgestattet ist) und vor allem mit der Lyra: Daher der Name Lyrik. Die Trinkenden sangen turnusmäßig und teilten ihr poetisches Wissen, das es ihnen ermöglichte, ein gegebenes Thema fortzuführen oder auf ein verwandtes Motiv überzuleiten. Dieses kollektive Gedächtnis war charakteristisch für die archaische Kultur. Auf diese Weise wurden nicht nur Liebesgedichte und Elogen auf siegreiche Sportler verbreitet, sondern auch mythologische Geschichten. Das Symposion sicherte ihren Fortbestand. Anakreon, Pindar, Alkaios und Sappho sind berühmte Gastmahl-Dichter.

TRINKKULTUR

Da der Wein mit Wasser gestreckt wurde, war der Krater, der zum Mischen diente, ein wichtiges Gefäß. Er wurde in die Mitte zwischen die Trinkenden gestellt. Er war ein Sinnbild des Gastmahls. Auf dieser Trinkschale sind zwei Diener abgebildet, die aus einem Krater schöpfen.

Der Mensch – Maßstab für die Kunst

Trügerische Klarheit

NACHDENKLICHE ATHENE *(attisches Relief, um 460 v. Chr.) Die Augen auf den Start- und Zielstein gerichtet, sinnt Athene über den Fortgang des bevorstehenden Rennens nach.*

Die in den Museen heute zugänglichen Meisterwerke der bildenden Kunst erlauben eine unmittelbare Begegnung mit dem griechischen Genius. Die unscheinbarste mykenische Vase, die bescheidenste geometrische Statuette, eine Silbermünze, eine Gemme werden heute zu höchsten Preisen auf den Kunstmärkten von London, Basel oder New York gehandelt – ganz zu schweigen von archaischen und klassischen Marmor- und Bronzeplastiken, rotfigurigen Vasen bekannter Künstler, die praktisch unerschwinglich sind. Diese Vorliebe zeigt, in welch hohem Maß diese Werke auch heute noch Geschmack und Gefühl ansprechen. Deshalb aber zu glauben, dass wir sie als Zeugnisse der Kultur, aus der sie hervorgegangen sind, mühelos deuten könnten, wäre verfehlt. Der reine Genuss, den ein griechisches Werk unserem Auge bietet, das in der jahrhundertelangen klassischen Tradition Sehen gelernt hat, bedeutet noch nicht, dass wir gleichzeitig die Botschaft, die es enthält, verstehen können. Es ist daher sinnvoll, zuerst die Absichten des Künstlers zu ergründen, um das Werk nicht falsch zu deuten. Dazu zwei Beispiele:

Über das berühmte Flachrelief, die so genannte *Trauernde Athena*, das aus der Mitte des 5. Jh. stammt, ist unendlich viel geschrieben worden, seit es im Jahr 1888 auf der Akropolis von Athen gefunden wurde. Die Göttin, den Helm auf dem Haupt, beugt sich auf die Lanze gestützt leicht vornüber, in die Betrachtung eines rechteckigen Pfeilers vertieft. Man hat vermutet, dass Athena die Inschrift auf einer Stele, den Rechenschaftsbericht der Schatzmeister des Tempelschatzes oder die Liste der auf dem Feld der Ehre gefallenen Krieger liest. Andere haben ihn als einen Grenzstein des Heiligtums der Göttin angesehen, die demnach mit ihrer Lanze die Grenze ihres heiligen Bezirks markieren würde. Dass all diese Erklärungen falsch waren, wurde mittlerweile bewiesen. Zahlreiche Vasenbilder, die zur selben Zeit wie das Flachrelief entstanden sind, ermöglichen es, den Pfeiler mit Sicherheit als Begrenzungsstein, griechisch *terma*, zu deuten, der in einem Stadion Start- und Ziellinie der Laufbahn markierte. Dieses *terma* nun nimmt die Aufmerksamkeit der Athena in Anspruch, die ja, der Sage zufolge, selbst an Wettrennen teilnahm. Die Göttin trauert keineswegs, und das Relief ist nichts anderes als eine Votivgabe, auf welcher der Sieger des Wettkampfs im Laufen die Schutzgöttin vor dem *terma*, dem Symbol für den Wettbewerb, hatte darstellen lassen.

Ein anderes, nicht weniger überzeugendes Beispiel bietet die berühmte Bronzestatue aus dem Museum von Athen, der *Knabe von Marathon* genannt. Kurz nach dem Ersten Weltkrieg wurde sie von Fischern an der Nordostküste Attikas an Land gezogen. Dargestellt ist ein Jüngling, beinahe noch ein Knabe, in einer Haltung, die sich schwer deuten lässt: Die linke Hand, mit nach oben gewendeter Handfläche, hält er flach ausgestreckt. Auf dem Handteller scheint er einen heute verlorenen Gegenstand getragen zu haben. Die rechte Hand ist erhoben, Daumen und Zeigefinger berühren sich. Ist es ein Knabe, der sich damit vergnügt, mit der Rechten den Faden eines bereits den Alten bekannten, aus zwei miteinander verbundenen Scheiben bestehenden Spielzeugs zu bewegen? Pflückt er Obst oder gießt er ein Getränk ein? Die richtige Lösung war bereits kurz nach der Auffindung der Statue ausgesprochen worden. Es handelt sich um den jugendlichen Hermes, der, wie in dem homerischen Hymnos zu Ehren des Gottes beschrieben, unterwegs eine Schildkröte gefunden und sie auf die flach ausgestreckte linke Hand gesetzt hat. Nun schnalzt er mit den Fingern der erhobenen Rechten, wie dies mit derselben Geste auch noch die heutigen Griechen tun, wenn sie spontan ihre Freude zum Ausdruck bringen wollen. Der Gott hatte soeben die Idee, die Schale der Schildkröte als Resonanzkasten für ein Instrument zu verwenden – die Lyra war erfunden. Nun gibt er sich der naiven Begeisterung hin, die der schöpferischen Phantasie entspringt. Das Werk ist so auch ein Zeugnis für das religiöse Denken jener Zeit.

Diese Beispiele zeigen, dass die griechische Kunst des archaischen und klassischen Zeitalters nicht nur genossen, sondern auch verstanden sein will. Stendhal hat sehr treffend gesagt: „Für die Griechen ist das Schönste nur ein Nebenprodukt des Nützlichen." Der l'art pour l'art-Standpunkt war dem griechischen Denken völlig fremd.

Der Künstler ist nur Handwerker

Wir dürfen nicht annehmen, Zeitgenossen hätten die heute berühmtesten griechischen Künstler wie Pheidias, Iktinos, Zeuxis oder Praxiteles ebenso beurteilt wie die Nachwelt. Nur die wenigen Zeugnisse, die wir von den Schriftstellern des 5. und 4. Jh. v. Chr., Herodot, Platon und Xenophon, besitzen, lassen einige überraschende Schlüsse über die Stellung des Künstlers in der Gesellschaft zu.

Unter den neun Musen, den Töchtern Apolls, den Beschützerinnen geistiger Betätigung, gibt es keine, die als Behüterin der Architektur und der bildenden Künste aufträte. Dies bedeutet, dass die Griechen die Arbeit des Baumeisters, des Malers oder des Bildhauers nicht zu den schöpferischen Tätigkeiten rechneten, wie die des Dichters, Astronomen oder Musikers. Sie wird vor allem als Handwerk angesehen.

Wir haben dazu ein weiteres Zeugnis. Die reichen römischen Kunstliebhaber umgaben sich gern mit den Bildnissen der großen Philosophen und Dichter. Man schmückte damit Bibliotheken und Gärten. Zu diesem Zweck wurden von den tatsächlichen oder angeblichen Porträts Homers, Platons, Sokrates', Euripides', Demosthenes' und Epikurs, so wie sie die griechischen Bildhauer des 4. Jh. v. Chr. oder der hellenistischen Epoche gesehen hatten, eine Unzahl von Kopien hergestellt. In dieser gesamten, sehr reichen Auswahl befindet sich aber weder ein Maler noch ein Bildhauer. Die Bewunderung, die man ihren Werken entgegenbrachte, wurde nicht auf ihre Person übertragen.

EPHEBE VON MARATHON
(Bronze, um 330 v. Chr.)
Die Geste des jungen Gottes Hermes ist rätselhaft. Spielt er hier mit dem Kind Dionysos wie die Hermesstatue von Olympia?

DAIDALOS, DER MYTHIFIZIERTE HANDWERKER

Der Handwerker wurde zwar für seine Werke bewundert, aber als Individuum nicht geschätzt. Hierzu bildete die mythische Figur des Daidalos ein Gegengewicht. Man möchte glauben, seine Legende sei das Werk der Handwerker selbst, denn die Tradition machte aus ihm einen echten Helden. Für die Athener war Daidalos in erster Linie der Erfinder der Statue, der erste Entdecker der Gestalt der Götter. Das verlieh ihm königlichen Status. Die Namen seiner Nachkommen verwiesen auf Geschicklichkeit (*Palamaon*, der Geschickte) und praktische Intelligenz (*Metion*, der Mann mit *Fertigkeiten*). Seine Statuen waren so lebendig, dass man sie anbinden musste, damit sie nicht flohen. Der mythische Handwerker war gleichzeitig Polytechniker: Architekt, Flieger und Ingenieur. In Athen erfand er die Instrumente, die zur Holzbearbeitung notwendig waren: das Beil, den Bohrer, das Lot und den Klebstoff.

Daidalos war eifersüchtig auf seinen Neffen und Schüler, der den Kompass und die Säge erfunden hatte. Er stürzte ihn von der Akropolis und musste nach Kreta fliehen, wo er für König Minos gute Dienste leistete. Er schuf für dessen Frau Pasipha einen künstlichen Stier. Sie verliebte sich in diesen und vereinigte sich mit ihm; es entstand Minotauros. Um das Monster zu verstecken, erbaute Daidalos ein Labyrinth. Der König sperrte Daidalos dort ein, als er erfuhr, dass dieser seinem Cousin Theseus den Ariadnefaden gegeben hatte, um Minotauros finden und töten zu können. Daidalos floh mit Ikaros auf dem Luftweg. Doch Ikaros hielt sich nicht an die Anweisungen seines Vaters und stürzte in den Tod. Daidalos gelangte nach Sizilien und trat in den Dienst des Königs. Minos spürte ihn jedoch auf und Daidalos war gezwungen, ihn in seinem Bad zu verbrühen. Der Handwerker trug also den Sieg über den König davon.

Diese Haltung steht im Einklang mit der bei den Griechen geltenden sozialen Rangordnung. Der Künstler ist in ihren Augen vor allem ein Arbeiter, ein *banausos*. Wenn Platon Sokrates von Pheidias sprechen lässt, wendet er den Begriff *demiurgos*, Handwerker, auf ihn an, und wenn er Maler oder Bildhauer erwähnt, so nur, um sie mit anderen zu vergleichen, die in den Handfertigkeiten oder im Handwerk ebenfalls großes Geschick bewiesen. Die Künstler nahmen also durchaus nicht den ersten Platz in der griechischen Gesellschaft ein. Und doch hat ihre bescheidene Stellung ihrer Kunst nicht geschadet, sondern sie gefördert. Wenn Kunst vorzugsweise eine Technik ist, muss der Künstler sein Handwerk beherrschen. Seine soziale Stellung bewahrt ihn vor der Versuchung, beim rohen Entwurf und beim Primitiven stehen zu bleiben, Gefahren, die wir heute nur allzu klar erkennen. Diesem Vorrang des Handwerklichen ist es zuzuschreiben, dass die griechischen Werke der so genannten guten Zeit im Durchschnitt von außerordentlich hoher Qualität sind. Damit erklärt sich die hohe Qualität der Skulpturen auch bei großen Kompositionen, zu denen die bedeutendsten Werke griechischer Kunst gehören: Fries und Giebel des Schatzhauses von Siphnos, die Metopen des Schatzhauses der Athener in Delphi, Metopen und Giebel des Zeustempels in Olympia, Metopen, Fries und Giebel des Parthenon, der Fries von Bassai-Phigalia und der Schmuck des Mausoleums von Halikarnassos. Es ist klar, dass Kompositionen dieser Größe Gemeinschaftswerk eines ganzen Heeres von Arbeitern sein mussten. Die Skulpturen des Parthenon wurden im Zeitraum von 15 Jahren, zwischen 447 und 432 vollendet. Während dieser Zeit wurden die 92 Metopen, der 160 Meter lange Fries (mit 3600 Personen) und die 40 Kolossalfiguren der Giebel geschaffen. Hunderte arbeiteten auf dem Bauplatz der Akropolis – Bildhauer und Maurer, Maler und Goldschmiede, jeder mit seinen Lehrlingen oder Sklaven. Und doch wussten sich all diese Künstler, von zweifellos sehr unterschiedlichem Alter und Talent, einer allgemeinen Disziplin zu unterwerfen und den Eindruck ungewöhnlicher Einheitlichkeit entstehen zu lassen.

DIE TÖPFERWERKSTATT *(attischer Krater, um 430 v. Chr.) Links bemalt ein Künstler einen Krater, der jenem ähnelt, welcher die Abbildung trägt. Auf diese Weise haben die Maler gelegentlich ihre eigene Tätigkeit dargestellt.*

180

Eine ebensolche Glanzleistung ist der 20 Jahre früher entstandene Zeustempel in Olympia. Der unbekannte Schöpfer der Metopen und Giebel hat es verstanden, der Schar seiner Mitarbeiter einen einheitlichen Stil aufzuzwingen. Vielleicht noch erstaunlicher ist das in der Mitte des 4. Jh. v. Chr. entstandene Mausoleum von Halikarnassos, für dessen Ausführung man nach den Quellen vier berühmte Bildhauer geholt hatte: Skopas, Leochares, Timotheos und Bryaxis. Jeder brachte für die Arbeit an dem Monumentalgrab seine eigene Werkstatt mit. Dennoch versuchen seit mehr als 100 Jahren die Archäologen vergeblich, die in den Ruinen des Bauwerks gefundenen Bruchstücke den vier Bildhauern zuzuordnen. So sehr haben die Künstler, die immerhin einen Namen besaßen, das eigene Talent den Erfordernissen der Zusammenarbeit untergeordnet.

Anhand von Dokumenten lässt sich ermessen, welche Sorgfalt die griechischen Künstler auf ihre Werke verwendeten. Wir besitzen einen Teil der Aufstellungen über die Ausgaben für die Bildhauer, die am Fries des Erechtheion auf der Akropolis von Athen am Ende des 5. Jh. v. Chr. gearbeitet haben. Für eine der erhaltenen Gruppen, zwei in sehr hohem Relief gearbeitete Figuren, ein sitzender und ein stehender Jüngling, hat der Künstler den Betrag von 120 Drachmen erhalten. Rechnet man eine Drachme pro Tag, also den durchschnittlichen Lohn eines hochqualifizierten Arbeiters, so ist dies der Lohn für vier Monate. Die Gruppe ist nur 0,58 Meter hoch, der Marmor wurde dem Arbeiter gestellt. Man kann daran die Langsamkeit und Genauigkeit der Arbeit ablesen. Bei der Ausführung der großen Bronzen ging man mit derselben Sorgfalt vor. Eine eingehende Untersuchung des Wagenlenkers von Delphi hat gezeigt, wie ungeheuer wichtig die Korrekturen an der bereits fertig gegossenen Statue waren, um Fehler auf der Oberfläche, die durch Luftblasen oder Schlacke entstanden waren, durch Hämmern zu beseitigen.

Symmetrie und Rhythmus

In der Architektur begegnet uns dieses Streben nach letzter Vollendung wieder. Die Säulen eines dorischen Bauwerks wurden erst kanneliert, wenn die Säulentrommeln aufeinander gesetzt waren. Auf diese Weise gelang es, die feinen Grate von oben bis unten streng gradlinig verlaufen zu lassen. Sollte auf eine Mauer besondere Sorgfalt verwendet werden, so überarbeitete man sie nach dem Zusammensetzen der einzelnen Steinschichten ebenfalls von oben bis unten. Die einzelnen Blöcke waren mit Metallklammern aneinander befestigt, die Flächen der Quader passten fugenlos aneinander und aufeinander, da sie sorgfältig mit dem Meißel behauen waren.

Die Steinschneider brachten es zur Vollendung in der Kunst, Edelsteine oder Metall mit vertieft geschnittenen Bildern zu versehen. Meisterwerke von einzigartiger Schönheit können ohne weiteres eine hundertfache fotografische Vergrößerung vertragen, ohne dass dabei die Harmonie der Proportionen oder die Wirkung der Modellierung verloren ginge.

Wissenschaftliche Untersuchungen haben uns in die Geheimnisse jener komplizierten Technik eindringen lassen, der die griechische Kunst des 6. und 5. Jh. viele ihrer reizvollsten Werke verdankt. Der berühmte schwarze Firnis, dem die attischen Vasen ihre außergewöhnliche Qualität verdanken, ist gar kein Firnis: Die dünne schwarze Schicht wird aus einem Gemisch von ganz besonders reiner Tonerde und Wasser hergestellt. Einen Teil des Wassers lässt man verdunsten, bis das Gemenge eine gallertartige, aber noch

KRIEGER VON RIACE,
VORDERSEITE...
(Bronze, um 460 v. Chr.)
Die Statue war ursprünglich
mit einer Lanze und einem
Schild ausgestattet.

181

flüssige Konsistenz von dunkelbrauner Farbe aufweist. Man trägt es mit dem Pinsel vor dem Brennen auf die Tonerde des Topfs auf. Im Verlaufe des Brennens wird dieser Überzug durch eine Reihe von chemischen Vorgängen schwarz.

Am deutlichsten zum Ausdruck kommt die Liebe der Griechen zur technischen Kunstfertigkeit in den Statuen aus Gold und Elfenbein (Chryselephantin). Diese Technik hatte sich während der archaischen Epoche entwickelt und erreichte in den Kolossalplastiken des Pheidias – dem Zeus von Olympia und der Athena Parthenos auf der Akropolis – ihren Gipfelpunkt. Die gewaltigen Statuen sind bis zu zwölf Meter hoch. Sie waren innen hohl und wurden durch ein Holzgerüst gestützt. Auf dem mit Steinplatten belegten Boden des Parthenon ist noch die Standspur der Athena Parthenos erhalten. Der eigentliche Körper der Statue war aus Holz geschnitzt und ruhte auf dem erwähnten Gerüst. Dieser Holzkern wurde mit Elfenbein – für die Fleischteile – und Gold – für Kleider, Haar und Zubehör – belegt. Das Elfenbein wurde in dünnen Plättchen warm aufgeklebt, das mit Treibarbeiten geschmückte Gold aufgenagelt. Eingelegte Edel- oder Halbedelsteine erhöhten den Glanz der Augen und dienten als Verzierung des schmückenden Beiwerks. Die Elfenbeinplättchen durften sich nicht lockern, Gold und Edelsteine sollten ihren Glanz behalten, Ratten und Termiten, die das Holzgerüst hätten zerstören können, mussten bekämpft werden. Man goss Wasser oder Öl auf den Boden, um ein Austrocknen des Holzes zu verhindern. Das Publikum bewunderte technische Meisterleistungen auch in der Malerei, besonders die Kunst des illusionistischen Effekts. So rühmte man etwa jene Allegorie der Trunkenheit, *methé*, des Pausias (4. Jh. v. Chr.) – eine Frau, deren Gesicht man durch ein Glas erblickte, aus dem sie eben trank. Die Kenner waren außer sich vor Entzücken, weil der Künstler die Durchsichtigkeit des Glases mit so ungemeiner Naturtreue wiedergegeben hatte. Der griechische Künstler erscheint somit vor allem als ein in sein Werk verliebter Handwerker, der lange Jahre darauf verwendet hat, die überlieferten Regeln seines Fachs zu erlernen. Es liegt ihm fern, als Neuerer auftreten zu wollen. An seinen Lehrmeister erinnert er sich mit Stolz. In dieser Traditionstreue kommt zum Ausdruck, wie fest der Künstler in die Gesellschaft eingegliedert war.

Diese Gesellschaft verlangt von ihm, dass er ihre religiösen Bedürfnisse befriedigt. Die Aufgabe des Künstlers war es, der Vorstellung, die sich seine Mitbürger von der Gottheit machten, greifbare Form zu verleihen. Dadurch wurde er dazu angehalten, seine menschlichen Modelle genau zu studieren – die Götter waren ja den Menschen ähnlich – und ihnen mithilfe seiner Kunst jene vollkommene Schönheit zu verleihen, die allein den Göttern angemessen schien. Naturalistische Darstellung bei gleichzeitiger Idealisierung des Dargestellten sind daher in der griechischen Kunst nicht zwei einander entgegengesetzte, sondern einander ergänzende Tendenzen: Die Schönheit hängt von bestimmten mathematischen Verhältnissen, rationalen oder irrationalen, ab und die menschliche Intelligenz ist imstande, dieses Gesetz der Schönheit zu ergründen. Darum sind die ästhetischen Kriterien Rhythmus und Symmetrie von solcher Wichtigkeit.

… UND RÜCKSEITE
Die Statue von Riace zählt zu den seltenen griechischen Originalen, die uns in Bronze erhalten geblieben sind.

Schönheit im Dienst des Hellenismus

Mit diesen Bemühungen hängen auch die Versuche zusammen, für die menschliche Gestalt ein System idealer Proportionen aufzustellen. So verfasste der Bildhauer Polyklet ein Werk mit dem Titel *Kanon*, das heißt Richtmaß, und veranschaulichte dieses, indem er nach seinem System eine Statue schuf – vielleicht den berühmten *doryphoros*, den Speerträger –, von der einige Kopien erhalten sind. Den Bildhauer brachte die Darstellung nackter Athleten dahin, die menschliche Gestalt, die männliche Schönheit, in der sich physische Kraft mit Selbstbeherrschung paart, ins Vollendete zu überhöhen.

So sehr die Griechen das Vollkommene bewunderten, so verkannten sie doch nicht seine Grenzen. Der lateinische Redelehrer Quintilian schrieb im 1. Jh. n. Chr.: „Wenn Polyklet es auch verstanden hat, der menschlichen Gestalt überirdische Schönheit zu verleihen, so scheint es doch, dass er die göttliche Majestät nicht vollkommen wiederzugeben vermochte." Dieses Urteil gewinnt erst seine volle Bedeutung, wenn man es mit dem vergleicht, das derselbe Quintilian über Pheidias gefällt hat, der „in gewisser Weise die überlieferte Religion bereichert hat". Beide Künstler nahmen sich den Menschen zum Modell, und von hier ausgehend gelangte der eine zu strenger, formaler Vollkommenheit, der andere hebt den Menschen über sich selbst empor, indem er ihm den Stempel göttlicher Größe aufdrückt. Im anthropomorphen Götterbild kommt somit bald die Idealvorstellung vom Menschen, bald die göttliche Transzendenz zum Ausdruck. Hierin zeigt sich die Fülle der griechischen Vorstellungswelt.

Im Dienst eines Einzelnen oder eines Staates, für den immer der Mensch als Maß gilt, erwirbt der Künstler das Gefühl für seine Individualität. Seit den ältesten Zeiten knüpfen sich Sagen an den großen Namen Daidalos, den Ahn- und Schutzherrn der Bildhauer; Sokrates rühmte sich im Scherz, von ihm abzustammen. Ein anderer legendärer Künstler, Epeios, galt als Erbauer des Troianischen Pferdes. An diese berühmten Ahnherren schließt sich eine nicht abreißende Kette von Bildhauern an. In Griechenland wurde es erstmals üblich, dass Bildhauer ihre Werke signierten. Die Zahl der erhaltenen Signaturen ist so groß, dass man sie in Spezialwerken gesammelt hat, die für die Kunstgeschichte eine wichtige Quelle darstellen. Im Lauf des 6. Jh. v. Chr. begannen auch die attischen Töpfer, ihre schönsten Vasen zu signieren, und zwar sowohl als Maler als auch als Töpfer. Hier sind die Zeugnisse so zahlreich, dass sie für die Archäologie eine solide Grundlage für chronologische und stilistische Einteilungen bilden.

Leider heißt dies nicht, dass auch in den anderen Kunstgattungen eine sichere Zuordnung der Künstler möglich wäre. So sind etwa in der Bildhauerei die erhaltenen Schöpfungen gewöhnlich anonym, und die noch vorhandenen Signaturen stehen auf leeren Sockeln. Dagegen besitzen wir zufällig mehrere signierte Gemmen und Münzen. Sie beweisen, dass Graveure und Töpfer stolz auf ihr handwerkliches Talent waren und sich als Schöpfer ihrer Werke verewigen wollten.

Der Ruhm verschaffte manchen Künstlern auch Aufträge aus der Fremde. Die Tyrannen von Syrakus ließen ihre Opfergaben von Künstlern verschiedenster Herkunft ausführen. Die panhellenischen Heiligtümer Delphi und Olympia zogen Bildhauer aus allen Gegenden an, die auf der Suche nach Arbeit waren. Bronzen, Schmuck, Terrakotten, Vasen und Wandbehänge waren über die ganze griechische Welt verstreut. Was überrascht, ist nicht so sehr der Geschmack der einen oder anderen Stadt, sondern das allgemeine Interesse, das man der Kunst entgegenbrachte. Sicher war die Ausstrahlung gewisser Zentren wie Athen für die Entstehung einer gemeinsamen Ästhetik entscheidend. Es ist jedoch bemerkenswert, wie schnell diese Ästhetik verbreitet wurde. Ungeachtet ihrer politischen Zerrissenheit waren sich die Griechen auf dem Gebiet der bildenden Kunst wie auf dem der Literatur schon früh ihrer Einheit bewusst.

DORYPHOROS
(Kopie, 1. Jh. n. Chr.) Die Statuen Polyklets – hier der Lanzenträger – waren bei den Römern hoch geschätzt und wurden oft kopiert.

183

Epilog

Ich hoffe, dass die vorangegangenen Seiten zumindest ein Gefühl für den Reichtum und die Vielschichtigkeit einer Kultur vermitteln konnten, deren charakteristische Züge uns im Allgemeinen nur allzu vereinfacht in Erinnerung bleiben. Genau wie sich die Welt der Griechen nicht auf die Stadt Athen allein beschränkt, ebensowenig beschränkt sich die griechische Kultur auf die des perikleischen Zeitalters, das ja in Wirklichkeit nur 30 Jahre dauerte. Von den mykenischen Dichtern, den Vorläufern Homers, bis hin zu Platon und Demosthenes, von Daidalos, dem mythischen Ahnherrn der Bildhauer, bis hin zu Praxiteles und Skopas, von den attischen Töpfern des 13. Jh. v. Chr. bis zu denen des Kertscher Stils ist der Weg lang: ein Jahrtausend voll von Mühen und Prüfungen, Erkundungsfahrten und Schlachten. Ein Jahrtausend, in dem es ein kleines Volk verstand, mit Geduld, inneren Zwistigkeiten und von außen drohenden Gefahren zum Trotz, eine vollkommen neue Kultur zu schaffen, in der die wichtigsten Aspekte des Menschseins – der religiöse Glaube und das Vertrauen in den Menschen, das Bewusstsein vom Geheimnis des Kosmos, das Hierarchische und das Gleichgewichtsdenken, die Achtung vor der sozialen Gruppe und das Interesse für den Einzelnen – nebeneinander einen Platz erhielten. Dass diese widersprüchlichen Forderungen unter den Staaten ständig Konflikte auslösten, darf nicht überraschen. Aber gerade diese Konflikte waren mehr als einmal Wegbereiter des Fortschritts.

Den Griechen galt nicht der Intellekt als Höchstes, sondern der Mut. Ähnlich wie das lateinische *virtus* erhielt auch das

DIE METIS

Athene wurde aus dem Kopf von Zeus geboren, weil dieser seine erste Frau, Metis, verschlungen und damit alles aufgenommen hatte, was sie verkörperte: die Metis, eine Form listiger, auf die Wirklichkeit gerichteter Intelligenz, die immer auf der Hut und damit für einen Herrscher unerlässlich war. Seine Tochter verfügte in besonderem Maße über diese Eigenschaft, die sie auf verschiedenen Gebieten anwendete, in denen Wachsamkeit, Intelligenz und Erfindungsreichtum erforderlich waren: Kriegstaktik, Wagenlenken, Schiffssteuerung und Handwerk. Sie war Schutzgöttin der Töpfer, Schreiner, Weber und Näherinnen. Ihr Schützling Odysseus, der Meister der List und Schlauheit, war besonders gut im Legen eines Hinterhalts und bei diplomatischen Verhandlungen. Mit Vergnügen griff er auf Lügen zurück, um sich zu tarnen. Diese Fähigkeiten sowie sein Handwerksgeschick ermöglichten ihm den Ausweg aus den schlimmsten Situationen und die Rückkehr nach Ithaka, wo er seinen Königsthron wiedererlangte. Diese Form technischer und subtiler Intelligenz ist durch andere Denkformen verdrängt worden, die die Griechen erfunden oder verbessert haben, z. B. die philosophische Reflexion und das mathematische Denken. Dennoch haben sie nie aufgehört, die Metis zu praktizieren.

griechische Wort für Mut, *arete*, ganz allgemein die Bedeutung von Tugend. Die von den Griechen am meisten geliebten Helden sind Achilleus, der tapferste der Männer, und Odysseus, dessen findiger Geist sich nur durch seine Unerschrockenheit ganz entfalten kann. In der Dichtung wie im Leben schätzten die Griechen nichts höher als Seelenstärke: Der Prometheus des Aischylos und die Antigone des Sophokles, Leonidas und Phokion, Sokrates und Demosthenes bezeugen dies. Daher ist die griechische Lehre eine moralische Lehre der Bescheidenheit und der Erkenntnis, die dem Menschen den ihm zukommenden Platz anweist: Vieles kann er erkennen, aber er weiß, dass er nichts weiß. Er gebraucht gern seinen Verstand, aber vergisst nie, dass über die Zukunft die Götter bestimmen. Der Grieche weiß, daß er nichts ohne Kampf erreicht. Da er sich jedoch seiner eigenen Schwäche bewusst ist, verachtet er auch seinen Gegner nicht. Während sich orientalische Herrscher oft als grausame Sieger darstellen ließen, zeigt die griechische Kunst die Kämpfer als Ebenbürtige. Nicht immer ist der Feind der Verlierer, unterliegt er aber, so versagt man ihm nicht das Mitgefühl. Die Sage berichtet, dass Achilleus in dem Augenblick in Liebe zu der Amazonenkönigin Penthesilea entbrannte, als er ihr auf dem Schlachtfeld den Todesstoß versetzte. Diese Begebenheit zeigt: Auch der Tapferste ist nicht mehr als ein Spielball des Schicksals.

   Zur Definition des griechischen Denkens wird oft der Begriff *Humanismus* herangezogen. Zum Beweis zitiert man den Chor der thebanischen Greise in der *Antigone* des Sophokles: „Vieles Gewaltige lebt, und nichts ist gewaltiger als der Mensch." Am besten lernen wir das Vermächtnis Griechenlands im unmittelbaren Umgang mit den Werken selbst kennen und schätzen. Ihre unendliche Fülle und Schönheit wird jeden, der sich in sie versenkt, das finden lassen, was seine Seele am tiefsten berührt.

ACHILLEUS UND PENTHESILEA *(attische Schale, um 450 v. Chr.) Als Achilleus sein Schwert in den Hals der Amazone Penthesilea stößt, begegnen sich ihre Blicke. Mörder und Opfer begreifen – zu spät –, dass der Hass, der sie vereinte, in Wahrheit Liebe war.*

Register

Kursiv gedruckte Seitenzahlen verweisen auf Bild-
unterschriften, Illustrationen oder Übersichtskarten.

A

Abdera 9
Abu Simbel 46, 96
Abydos 59
Achaia 9, 23, 33, 36, 51, 89
achaimenidisches Reich 70
Achill/Achilleus 74, 102, 113, 121,
  166, 167, 185
Adel 24, 48, 53, 54
Adriatisches Meer *9*
Afrika 32, 94
Ägäis 24, 32, 43, 59, 61
Agamemnon 25, 31, 99
Agathe *8*
agathos daimon 118, 137
Agesilaos 71, 74, 135, 136
Agiden 158
agorá 44, 135, 145, 154
Agrigent 9, 72, 120
Agylla (Caere) 72
Ägypten 9, 25, 28, 43, 44, 45, 46,
  55, 58, 63, 89, 96, 144, 161
Aigaleos 60
Aigina 8, 53, 72, 79
Aineas 88
Aioler 43
Aischines 78, 95
Aischylos 31, 131, 169, 185
Aithipis 167
Aitolien *8*
Ajax *102*
Akademie 150, 174
Akarnaien 64
Akesios 134
Akrokorinth 143
Akropolis 16, 17, 54, 60, 63, 64,
  108, 120, 178, 180, 181, 182
Aktaion *39*, *73*, *85*
Aktium *(Schlacht) 9*
Alalia 9, 45
Alexander 71, 74, 78, 162
Alexander der Große 8, 18
Alexandria 9
Alexikakos 134
Alexis von Thurioi 171
Alkaios 168, 177
Alkestis 121
Alkibiades 17, 67, 68, 70, 123,
  138
Alkinos 166
Alkmaioniden 48, 53, 54, 63
Alkman 168
Alkmene *38*
Allegorien 136

Alphabet 12, 35, 36, 40, 165
Alte Komödie 171
Ältere Bronzezeit 24
Amazonen 56, 81, 185
Ammon 136
Amphidromien 149
Amphiktione 52, 77, 78, 95, 162,
  163
Amphipolis 66, 67, 76
Amphitrite 93
Amphoren 34
Amykos *42*
Amyntas III. 75
Anabasis 71, 173
Anakreon 48, 55, 168, 177
Anatolien 32, 36, 42
Anaxagoras 139, 173
Andromache 148
Andros *8*
Anikonismus 113
Animismus *110*
Anthesterien 118
Anthropomorphismus 112
Antigone 169, 170, 185
Antimachos von Kolophon 169
Antiphanes 171
Antonius 9
Apaturien 118
apella 159
Aphrodite 39, 54, 85, 96, 106, 136
Apollon 31, 54, 55, 62, 63, 78, 94,
  114 ff., 118, 120, 123, 129, 130,
  135, 162, 163, 167, 179
Apollonia 9
Archaische Epoche 8, 14, 94
Archäologie 21
Archias 44
Archidamischer Krieg 65
Archidamos 62
Archilochos von Paros 168
Architektur 181
Archon-Basileus 112, 128
Archonten 53, 118
Areopag 155, 169
Ares 28, 136
Argeaden 75
Arginusen 68, 149
Argolis 8, 10, 25 ff., 33, 95, 134
Argonauten 42, 137
Argos 8, 50, 51, 67, 71, 135, 159
Ariadnefaden *180*
Aristeides 62
Aristipp 73
Aristogeiton 53, 54

Aristokratie 14, 147
Aristophanes 33, 95, 96, 108, 126,
  135, 138, 139, 171
Aristoteles 110, 126, 142, 151,
  174
Arkadien 8, 33, 159
Arkesilas III. 48
Arktinos 167
Artaphernes 55, 58
Artaxerxes 70, 97
Artemis 28, 54, 135, 136, 163
Asien 61
Asklepios 115, 128, 134, 135
Aspasia 66
Asphodelos 125
Assyrer 8, 42, 45, 46
Astronomie 161, 173
Astyanax *94*
Atalanta (e) *85*, *114*
Atheismus 137
Athen 9, 35, 52, 53, 58, 60, 61,
  64, 67, 71, 72, 142
Athene (a) 28, 56, 63, 111, 114,
  120, 136, 182, 184, 185
Athenischer Bund 62
Äthiopier 167
Athleten 115, 122, 123, 182
Athos 59
Attalos von Pergamon 9
Attika 9, 10, 22, 27, 34, 37, 53,
  58, 60, 61, 64, 65, 68, 70, 75,
  89, 96, 108, 126, 142, 144, 179
Attisch-Delischer Seebund 164
attische Komödie 121
Attischer Seebund 16
attische Tragödie 33, 108
Aulos 168, 177
Autarkie 144

B

Babylon 8, 55
Bacchantinnen 73
Bacchus *121*
Bakis 129
Balearen 8, 44
Balkan 43
Barbaren 33, 42, 61, 72
Barke 9
Bassa *8*
Bastet 136
Bellerophon 93
Beredsamkeit 166, 173, 175
Bergwerke 145
Bibliothek von Alexandria 9, 165
Bildhauerei 98, 183
Bithynien 9
Blegen, Carl 23
Bocksgesang 121
Bogenschützen 81, 86, 92
Boioter 54, 61, 66, 74, 78, 162
Boiotien 8, 10, 32, 37, 64, 108
Boiotischer Bund 155
Bosporus 42, 44, 64
Brasidas 66, 172

Bronzezeit *8*, *10*
Brückenwitze 118
Bruderkrieg 29, 70
Brüderschaften 153
Bryaxis 181
bulé 154, 155
buleuterion 122, 155
Bürgerheere 97
Byblos 9
Byzantinisches Reich 165
byzantinische Zeit 28
Byzantion 9, 43, 75, 78

C

Cádiz 44
Chadwick, John 23, 24
Chaironeia 78, 175
Chalkedon 9, 43
Chalkidike 59, 64, 66, 76, 89, 162,
  172
Chalkis 8, 44, 52, 54
Chaos 38
Chariten *141*
Charoneia (Schlacht) 78
Chersonesos 9, 40
Chios 9, 32, 36, 162
Choregen 30, 154
Chrestomathie 167
Christentum 21, 127
Chroniken 172
Chronos 39
chthonische Götter 119
Cicero 172
Clemens von Alexandreia 127

D

Daidalos *180*
Daimonen 137
Dardanellen 43, 72, 75, 79
Dareios 19, 55, 58, 70
Datis 55, 58
Dekeleia 68, 89
Delier 95
Delos 9, 62, 63, 117, 146, 163
Delphi 9, 52, 55, 78, 95, 108, 115,
  132, 162, 180, 183
Delphisches Orakel 14, 42, 73
Delphische Spiele 124
Demagogen/Demagogie 49, 66, 96
Demeter 56, 57, 122, 127, 136
Demetrios von Phaleron 9
Demodokos 166
Demokraten/Demokratie 18, 49,
  54, 58, 64, 70, 138, 139, 147,
  156, 157
demos/Demoten 153
Demosthenes 18, 66, 68, 74, 78,
  175, 179, 185
Dendra *28*
Dexileos 104
Dialektik 139, 173
Diomedes 111
Dionysien 30
Dionysios 71, 72, 73, 87, 96

Dionysos 21, 22, 28, 30, 73, 113, 118, 120, 121, 136, 139, 140, 171, 179
Dionysoskult 17, 56, 137, 169
Dioskuren 42, 112
Dithyramben 30, 121, 168
Donau 9, 42, 43
Doppelgänger 125
Dorier 29, 162
Dorische Invasion 23, 29, 32
Doryphoros 183
Drakon 14, 48, 53
Dritter Messenischer Krieg 16
Dunkles Zeitalter 12, 23
Dynastie 26, 49

E

Eirene 136
Eisenzeit 8, 12, 29
ekklesia 154, 156, 157
Ekklesiazusen 171
Elateia 78
Elegien 168
Eleusis 64, 67
Eleutherai 88
Elis 33, 67, 75
Elogen 177
Empedokles von Agrigent 173
Emporion 8
Eolide 9
Eos 167
Epameinondas 74, 75, 159
Epeios 183
Epen 167
Ephebe 153, 179
Ephebie 85
Ephesos 9, 47, 128, 135
Ephoren 159
Epicharmos 171
Epidauros 135
Epigramm 168
Epikur(ios) 134, 179
epikureische Philosophie 174
Epinikien 168, 169
Epirus 78, 167
Erdbeben 22, 62
Erdgötter 116
Erechtheion 120, 181
Eretria 8, 52, 58
Ergastinen 115
Erinnyen 31, 56
Eris 136
Eros 85
Erster Messenischer Krieg 13
Erster Perserkrieg 15
Erziehung 150
eschara 119
Eteokles 167
Etrusker 9, 45, 67, 164
Euboia 8, 22, 32, 33, 43, 52, 53, 54, 58, 64, 75, 76
Eudoxos von Knidos 173
Eugamnon 167
Euklides 70

Eulen von Laureion 145
Eumelos von Korinth 40
Eumeniden 31
Eumolpiden 127
Eupolis 171
Euripides 95, 121, 126, 169f., 179
Europa 38, 58, 70, 73
Euryalos 71
Eurybiades 152
Eurydike 127
Eurypontiden 158
Evans, Sir Arthur 23

F

Fabelwesen 54
Festmahl 176
Flaminius 9
Flotte 93
Frauen 37, 56, 81, 168
Fresken 27, 98
Frieden des Philokrates 77
Fries von Bassai-Phigalia 180
Frühe Bronzezeit 8, 10

G

Gaia 39
Gallien 45
Ganymed 38
Geburt 114
Geheimbünde 152
Gela 9, 49, 72
Genealogien 172
gene 53
Genossenschaften 153
genos 153
geometrische Epoche 36, 37, 40
Gephyrismen 118
gerusia 154, 158
Gigantomachie 101
Gilgamesch-Epos 55
Glaukos 142
Goldenes Vlies 42, 43, 127
Goldenes Zeitalter 137
Goldschmiedekunst 107
Goldzeit 29
Gordion 9
Gorgias von Leontinoi 173
Gorgo 80
Gorgonen 56
Gortyn 9, 14
Göttergestalten 117, 134, 135, 141
Götterhochzeit 112
Gottlosigkeit 66, 139, 173
Greif 54, 100
Großgriechenland 9, 44
Großkönig 55, 59, 60, 61, 64, 71
Gymnasion 150

H

Hades 125
Hadrumetum 9
Hagias 167
Halikarnassos 9, 32, 33, 172
Handel 46, 147, 161

Handwerker 144, 147, 180, 182
Harmodios 53, 54
Harmonia 73
Harpalos 59
Harpyen 56
Hebe 93
Hebräer 8
Hedonismus 174
Heilige Schar der Thebaner 78
Hekataios von Milet 172
Hekate 118, 137
Hekatombe 116, 119, 120
Hektor 113
Hekuba 113, 115
Helena 56, 167, 168
heliaia 54, 63, 138
Helios 128, 136
Hellenismus 9, 18, 108, 182
hellenistische Epoche 171, 179
Hellespont 43, 59, 61
Heloten 50, 62, 69, 147, 148, 158
Hephaistos 37, 141
Hera 28, 39, 120, 135
Herakleia 9
Herakles 21, 39, 44, 121, 122, 128, 135, 136
Heraklit 79, 173
Hermen 67, 138
Hermes 28, 37, 67, 112, 118, 140, 168, 179
Herodot 17, 40, 44, 48, 96, 108, 126, 172, 173, 179
Heroen 12, 38, 62, 110, 119, 126, 135, 184
Herrschaft der Dreißig 70, 138
Hesiod 13, 37, 112, 114, 123, 136, 150, 167
Hestia (Vesta) 140
Hetäre 66, 151
Hethiter 8
Hierogamie 112
Hieron 67, 120
Himera 72
Hipparchen 84
Hippiarchos 54
Hippias 54, 55, 58
Hippo 14
Hippodamos 44
Hippokrates von Kos 135, 173
Hippomenes 14
Holokauston 116
Homer 21, 23, 27, 35, 36, 83, 108, 112, 123, 136, 137, 150, 166, 167, 168, 172, 179
Homosexualität 138, 151, 152
Hopliten 46, 58, 61, 64, 78, 80, 82, 84, 85, 92
Humanismus 185
Hungersnot 22
Hybris 131
Hydrien 48
Hyperbolos 67
Hyperboreer 122
Hysiai 95

I

Iason 42, 74
Ikaros 180
Ikonographie 19
Ikonoklastenkämpfe 165
Iktinos 179
Ilias 13, 27, 35, 36, 43, 110, 121, 165, 167
Ilissos 127
Illyrer 9, 74, 76, 78
Individualismus 97
Inschriften 109
Inseln der Seligen 127
Ioner 43, 44, 46, 60, 64, 71, 162
Ionisches Meer 9
Ionische Wanderung 32
Ios 36
Iphikrates 82
Ischia 28, 43
Isis 136
Isokrates 78, 127, 175
Isonomie 45
Issos 9
Isthmische Spiele 62, 124
Isthmus 60, 124
Italien 44, 129
Ithaka 35, 167, 184

J

Jagd 36, 81, 85
Jenseits 38, 125
Jüngere Bronzezeit 24

K

Kadmos 73
Kakien 9
Kaldera 29
Kallias-Frieden 16, 63
Kallidromosgebirge 60
Kalliope 167
Kambyses 46, 55
Kampanien 44
Kampsakos 117
Kanephoren 56, 118
Kap Mykale 61
Kap Sunion 8, 93, 108, 109
Karien 9
Karrenwitze 118
Karthager/Karthago 9, 45, 67, 164
Karystos 58
Kassandra 148, 149
Kastor und Pollux 101
Katan 9
Kaukasus 43, 46
Kavallerie 83
Keilschrift 8
Kelten 8
Kephallenia 8, 22
Keramik 27, 33, 34
Kerkyra (Korfu) 64
Kertscher Vasen 43
Kilikien 8, 42
Kimon 62, 63
Kinethon 167

Kirke 167
Kithairongebirge 61
Kithara 150, 169
Klassische Epoche 9, 16, 62, 112
Kleinasien 32, 43, 54, 59, 62, 63, 70, 71, 72, 129, 144, 177
Kleisthenes 54, 153, 157
Kleobis 101
Kleon 66
Kleopatra 9
Kleros 40
Kleruchien 54, 62, 96, 75, 79, 164
Klytaimnestra 31, 56
Knidos 33, 72
Knossos 9, 10, 23, 24, 28, 29
Kolonien 32, 41, 43, 60, 97
Kolossalplastiken 182
Kolotes 122
Komödie 30, 169, 171
Königsfrieden 72, 74
Konkubine 151
Konon 71, 72
Konstantin der Große 115
Konstantinopel 115
Korfu 64
Korinth 9, 22, 33, 49, 52, 54, 60, 67, 71, 72, 78, 124, 143, 152
Korinthischer Bund 72, 78, 164
Korinthischer Krieg 72
Koroneia 64, 71
Korsika 9, 45
Kos 9, 135
Kratinos 171
Krenides 76
Kreta 9, 10, 24, 33, 73, 125, 147, 151, 153
Krieg 36, 83, 87, 88, 95, 158
Krisa 52
Kritias 70, 138
Kroisos 55, 129
Kroton 9
krypteia 148
Kultstätten 108
Kuppelgräber 125
Kurtisanen 56, 66
Kykladen 8, 22, 24, 32, 33, 43, 58, 62
Kylon 53
Kyme (Cumae) 9, 36, 44, 129
Kypria 167
Kyrenaika 44, 45, 161, 162
Kyrene 9, 48, 49, 114, 117, 135, 142, 145, 153, 162
Kyros 55, 70, 97, 173
Kyrupaideia 173
Kythera 9, 50
Kyzikos 9, 43

L
Labyrinth 180
Lakedaimon(ier) 41, 49, 50, 58, 61, 63, 68, 152, 167
Lakonien 9, 33, 72, 74, 147, 148, 150, 158

Landmangel 41
Laureion 22, 68
Leda 38
Leichenverbrennung 29
Leiturgien 154
Lelantischer Krieg 52
Lemnos 42
Leochares 181
Leonidas 60, 61, 159, 185
Leontinoi 44
Lesbos 9, 32, 43, 68, 168
Leto 136, 163
Leukas 8
Leuktra 74
Libyen 9
Lindos 9
Linear-A-Schrift 23
Linear-B-Schrift 23, 28, 36
Liparische Inseln 28
lochagos 84
Lokrer 78, 162
Lokroi Epizephyrioi 44
Löwenterrasse 163
Löwentor von Mykene 27, 99
Loxias 134
Lukian 123
Lydien 9
Lykien 9
Lykurgos 49
Lyra 150, 168, 169
Lysandros 70
Lysistrate 95

M
Maghreb 45
Magnesia 9
Mainake (Málaga) 45
Makedonien 9, 17, 24, 60, 75, 76, 145
Mänaden 121
Mantineia (Schlacht) 75, 173
Marathon 8, 58, 60, 115, 179
Mardonios 55, 61
Marmarameer 43
Massalia (Marseille) 8, 44, 45
Maßsysteme 161
Mausoleum 180
Medea 42, 56
Meder 8
Medusa 38, 39
Megakles 53
Megara 9, 43, 52, 64, 171
Megaris 33
Meleagros 85
Melos 22, 184
Memnon 167
Menander 171
Menexenos 95
Menschenmangel 160
Mesopotamien 70
Messenien 8, 10, 50, 63, 66, 79, 147, 148, 158, 159
Messenischer Krieg 62
Messina (Zankle) 44

Metaphysik 174
Metapont 9, 40
Methone 76
Metion 180
Metoiken 70, 92, 147, 148
Michelangelo 129
Milet 9, 43, 54, 135, 145, 167
Militärmonarchie 75
Milo 8
Miltiades 58, 62
Mimnernos von Kolophon 168
minoische Welt 10
Minos 62, 73
Minotauros 142, 180
Mittelmeer 8, 9
Mittlere Bronzezeit 10, 24
Mnemosyne 136
Moiren 136
Monarchie 60
Monolythen 119
Monotheismus 110
Mosaik 146, 147
Mose 8
Münzprägung 52, 53
Musen 15, 123, 167, 179
Mutterland 49, 55, 64, 75, 83, 108
Mykene 8, 10, 24, 25, 27, 125
Mysien 9
Mysterien 67, 120, 127, 138
Mythen 38, 54, 108, 164

N
Narziss 85
Naturaldarlehen 46
Naturalismus 12
Naturphilosophen 139
Naukratis 9, 46, 162
Naxos 9, 44, 55, 58
Neapel 9, 43
Nekropole 25, 34, 43, 125
Nemeische Spiele 124
Nemesis 170
Neolithikum 24
Neoptomelos 94
Nereiden 56, 97
Nestor 27, 43
Niké 140
Nikias 67, 68
Nildelta 29
Nostradamus 129
Numiden 9
Nymphen 72, 110

O
Odessos 9
Ödipus 39
Odyssee 13, 35, 36, 42, 111, 114, 165, 166, 167
Odysseus 35, 111, 167, 184, 185
Oidipodie 167
Oktavian 9
Oligarchie 70, 158
Olymp 9, 38, 43, 60, 135, 141

Olympia 9, 109, 115, 119, 128, 180, 181, 183
Olympische Spiele 12, 40, 46, 122, 124
Olynth 9, 76, 145, 147
Omen 128, 129
Opfer 24, 113, 114, 115, 116
Opfertier 116, 117, 119, 125
Orakel 19, 109, 128, 134
Orestes 10, 31
Orestie 31, 169
Orient 41, 54, 55, 162
Orion 85
Orpheus 137
Orphik(er) 126, 127, 137
Osiris 136

P
Päderastie 139, 151
Paestum 41, 177
Paian 86, 134
Paionier 76
Palaistren 150
Palamaon 180
Palanthos 42
Palästina 9, 28, 46
Pallas Athena 54
Pallene 76
Pamphylien 9, 64
Panathenaien 115
Pandora 37, 93
Panegyrien 123, 175
Panhellenische Feste/Spiele 40, 122
Pantheon 28, 135, 139
Paphlagonien 9
Paphos 9
Papyrosrollen 165
Parisurteil 167
Parmenides von Eleia 173
Parnass 22, 129
Paros 8, 144
Parthenon 16, 17, 64, 141, 180
Parthenonfries 105, 118
Partikularismus 33, 160
Patras 8
Patroklos 121
Pausanias 41, 61, 78, 108, 109, 120, 135
Pausias 182
Pegasos 54, 93
Peisistratos 48, 52, 54, 58, 169
Pella 9, 74, 77
Peloponnes 9, 32, 33, 51, 52, 64, 74, 108, 113
Peloponnesischer Bund 65, 164
Peloponnesischer Krieg 66, 67, 70, 88, 152, 158, 172
Peltasten/pelte 82
Penelope 114, 184
Penthesilea 167, 185
Peplos 56
Perdikkas III. 76
Pergamentkodex 165

Periandros von Korinth 48
Periegesis 108, 172
Perikleisches Zeitalter 62
Perikles 9, 16, 17, 53, 63, 64, 65, 67, 143, 149, 157, 164, 172
Perinthos 43, 768
Perioiken 147, 148, 158
Persephone 106, 127
Perser 9, 54, 55, 58, 60 ff., 70, 71, 75, 78, 83, 115, 145, 152, 159
Perserkriege 9, 16, 40, 72, 79, 145, 163, 164
Perseus 9, *39*
Phaiaken 166
Phaidon 117
Phaidriaden 129
phalanx 46, 87
Phaleren 83
phallos 121
Pharao Amasis 46
Pheidias 16, 17, 122, 179, 182f.
Pheidon 52, 53
Philipp II 17, 18, 74, 75, 76, 77, 78, 145, 158, 162, 164, 175
Philokrates 78
Philosophie 62, 66, 150, 173, 174
Philoxenos von Kythera 169
Phokaia/Phokaier 9, 44, 45
Phoker 64, 76, 77, 162
Phokis 8, 60, 74, 76, 108
Phöniker 9, 35, 36, 42, 46, 54
Phratrie 118, 150, 153
Phrygien 9
Phrynichos 149
Phylarchen 153
phyle 84, 85, 118, 153, 154, 156
Phyle (Festung) 88
Pindar 124, 131, 168, 169, 177
Piräus 72, 127, 135
Piratentum 28, 29
Pittakos von Mytilene 168
Plataiai (Schlacht) 58, 61, 65
Platon 21, 48, 70, 123, 126, 131, 138, 174, 175, 179
Plautokratie 48
Plutarch 62, 66, 108, 131, 135
Plutos 135, 136, 171
Poliorketik 87
Polis (Stadtstaat) 14, 46, 69, 78, 97, 118, 142, 152, 154, 159, 162
Polyklet 182
Polykrates 48
Polyneikes 167
Polytheismus 93, 110f., 117, 135
Polyxene *94*
Pompeji *29*
Pontos Eux(e)inos 9, 43
Poseidon 28, 93, 41, 109, 124, 140
Poseidonia (Paestum) 9, *41*
Poteidaia 76, 88
Prapos 135
Praxiteles 106, 179
Priamos *94*, 167
Priap 117

Priester 56, 117, 120
Privatrecht 160
Privilegien 46, 149, 153
Prometheus 176, 185
Propontis 43, 76, 78
Propyläen 27
Prosa 166, 172
Protagoras 139, 173
prothysis 120
protogeometrische Epoche *8, 12*
Prytanie 156, 157, 161
Psammetich 45, 165
Punische Kriege 9
Pydna 9, 76
Pylos 9, 23, 24, 28, 66
Pythagoras 137, 173
Pythia 62, 125, 129, 131, 134, 138
Pythische Spiele 52, 77, 124

Q

Quadriga 83
Quintilian 183

R

Ra 136
Ramses II. 8
Rechtssprechung 160
Redekunst 150, 154
Religion 16, 108, 110, 112, 117, 136, 164, 183
Rhadamantys *73*
Rhamnus 88
Rhegion 9, 44
Rhetorik 18, 66, 150, 175
Rhodos 9, 27, 28, 33, 43, 142
Rhône 9, 42
Rom 21
Ratsversammlung 73

S

Sabazioskult 137
Salamis 52, 60, 61, 129, 152
Samier 44
Samos 9, 32, 43, 44, 136, 162
Samothrake 9, 42
Santorin (Vulkan v. Thera) 11, 29
Sappho 168, 177
Sardes 55, 168
Sardinien 9, 44, 45
Satrap Tissaphernes 71
Satyrn 21, 30, 31, 121
Schatzhaus des Atreus 25, 27
Scherbengericht 60, 157
Schiffsbau 93
Schliemann, Heinrich 12, 25
Schuldknechtschaft 46, 53
Schwarzes Meer 9, 42, 43, 70
Seestaaten 47
Selinunt 9, *141*
Selinus 67, 72, 141
Semele *38*, *73*
Semiten 36, 46
Sestos 43, 59
Sibyllen 129

Sidon 9
Silbenschrift 33, 36
Silenos *139*
Simonides 48, 60, 150, 168
Sinope 9
Siphnos 22, 101, 180
Sirene 42, 54, 56, 92
Sizilien 28, 44, 66, 67, 68, 72, 96, 168, 174, 180
Skapte Hyle 145
Skeptizismus 139
Sklaven 144, 147 f., 152, 160, 180
Skythen (Scythen) 9, 83
Smyrna 32, 36
Sokrates 17, 67, 70, 117, 131, 138, 139, 174, 179, 185
Solon 48, 52, 53, 150, 155, 168
Sophisten 139, 150, 173, 174
Sophokles 21, 169, 170, 185
Sparta 9, 16, 49, 50, 51, 54, 55, 58, 60, 64 ff., 71, 72, 74, 135, 142, 147, 152, 159
Späte Bronzezeit *11*
Sphakteria 66, *95*
Sphinx 54, 100
Sporaden 33
Staatsrecht 160
Stamnos *113*
Stein von Rosette 24
stenochôria 22, 41
Stesichoros von Himera 168
Subsidiengelder 68
Symposion 176, 177
synedrion 73, 74
Synoikismus 13, 142
Syrakus 9, 44, 49, 66, 67, 68, 72, 119, 142, 145, 162
Syrien 25, 42

T

Tarent 9, 28, 41, 44, 162
Tarquinius Superbus 129
taxiarchos 84
Taygetos 50, 149
Tegea 75, 120
Terpandros von Lesbos 168, 169
Tetrarchen 78
Thalamiten 91
Thales von Milet 173
Thasos 22, 62, 79, 124, 135, 144, 145, 161, 162
Theater 31, 38, 170
Theben 9, 17, 47, 61, 67, 71, 73, 75, 151
Themistokles 60, 123, 129, 152
Theodosia 9
Theogenes aus Thasos 124, 125
Theogonie 13, 37, 167
Theorodochen 124
Theoxenien 112
Thera 9, 22, 153
Theramenes 70
Theriomorphismus 113

Thermopylen 8, 60, 76, 78, 162
Theseus 39, 62, 142, 180
Thessalien/-ier 8, 17, 24, 32, 52, 60, 61, 74, 76, 83, 147, 162
Thetis 167
Thrakien 9, 43, 60, 62, 74, 76
Thraniten 91
Thrasybulos von Milet 48
Thukydides 40, 48, 52, 66, 85, 157, 172, 173
Timotheos 169, 181
Tiryns 8, 27
Totenkult 34, 99, 116, 125
Tragödie 30, 121, 169, 171
Trapezunt 70
trierarchos 92, 93
Trieren 64, 90
Triptolemos 127
Troia 9, 12, 25, 35 f., 149, 167, 183
Troizen 60, 128, 167
Tyrann 48, 58, 131
Tyrannis 14, 41, 49, 53, 54, 67
Tyros 9, 73

U

Unterwelt 116
Urania *167*
Uranos *39*

V

Ventris, Michael 23, 24
Vergil 168
Vergina *74*
Volksgericht 54
Volksversammlung *154*
Vollbürger 147, 149, 158, 160
Votivgaben 115, 178

W

Wache, A. J. B. 24
Wehrpflicht 85
Wissenschaft *174*

X

Xanthippos 61
Xenophon 70, 71, 138, 173, 179
Xerxes 58, 60, 61

Z

Zakynthos *8*
Zenon 173
Zentaur *12*
Zeugiten 91
Zeus 28, 37, 38, 39, 73, 113, 114, 118 ff., 136, 167, 180, 181
Zeuxis 179
Zug der Zehntausend 68, 70, 173
Zweiter Heiliger Krieg 64
Zweiter Messenischer Krieg 14, 50, 62
Zweiter Perserkrieg 16, 58
Zweiter Seebund 73
Zypern 9, 27, 28, 33, 42, 46, 72

Bild- und Museumsnachweis

Abkürzungen: o = oben, M = Mitte,
u = unten, l = links, r = rechts

Einband: G. DAGLI ORTI/ Archäologisches Museum, Istanbul (Hintergrund); G. DAGLI ORTI/Akropolis-Museum, Athen.

3: G. DAGLI ORTI/Akropolis-Museum, Athen. **6/7:** G. DAGLI ORTI/Akropolis-Museum, Athen. **10** o: G. DAGLI ORTI/Archäologisches Nationalmuseum, Athen; u: G. DAGLI ORTI/Palast von Knossos, Kreta. **10/11:** M. LANGROGNET. **11** o: C. LENARS/Archäologisches Nationalmuseum, Athen; u.l: BRIDGEMAN-GIRAUDON/Ashmolean Museum, Oxford; u.r: G. DAGLI ORTI/Archäologisches Nationalmuseum, Athen. **12** l: G. DAGLI ORTI/Archäologisches Museum, Argos; r: G. DAGLI ORTI/Archäologisches Museum, Erétria. **12/13:** G. DAGLI ORTI. **13** l: © Museum of Fine Arts, Boston; o.r: G. DAGLI ORTI/Archäologisches Nationalmuseum, Athen; u.r: AKG/E. Lessing/Musée du Louvre, Paris. **14** l: AKG/E. Lessing/Kunsthistorisches Museum, Wien; r: G. DAGLI ORTI/Archäologisches Museum, Delphi. **14/15:** G. DAGLI ORTI. **15** o.l: G. DAGLI ORTI/Archäologisches Museum, Olympia; o.r: M. LANGROGNET; u: G. DAGLI ORTI/Villa Giulia, Rom. **16** l: M. LANGROGNET; r: G. DAGLI ORTI/Akropolis-Museum, Athen. **16/17:** G. DAGLI ORTI. **17** o.l: M. LANGROGNET; o.r: AKG/E. Lessing/Pergamonmuseum, Berlin; u: BRIDGEMAN-GIRAUDON/National Museum of Scotland, Edinburgh. **18** l: G. DAGLI ORTI/Archäologisches Museum, Thessaloniki; r: O. HAUPT/Ny Carlsberg Glyptotek, Kopenhagen. **18/19:** G. DAGLI ORTI. **19** o: RMN/Arnaudet/Musée National des Arts Asiatiques Guimet, Paris; u.l: G. DAGLI ORTI/Museo Archeologico Nazionale, Neapel; u.r: G. DAGLI ORTI/Coll. Jean Vinchon. **20:** ARTEPHOT/A. Held/Museo Archeologico Nazionale, Neapel. **21:** G. DAGLI ORTI/Museo Provinciale, Lecce. **23, 24:** G. DAGLI ORTI/Archäologisches Nationalmuseum, Athen. **25, 26:** G. DAGLI ORTI. **27:** G. DAGLI ORTI/Archäologisches Nationalmuseum, Athen. **28:** C. LENARS/Archäologisches Museum, Nauplia. **29:** BRIDGEMAN-GIRAUDON/Archäologisches Museum, Athen. **30:** BPK/J. Remmer/Glyptothek, München. **30/31:** M. LANGROGNET. **31:** o.l: AKG/W. Forman/Musei e Galleria del Vaticano, Rom; o.r: BRIDGEMAN-GIRAUDON/Museo Archeologico Nazionale, Neapel; M.l: G. DAGLI ORTI/Lysikrates-Denkmal, Athen; M.r: G. DAGLI ORTI; u.l: RMN/H. Lewandowski/Musée du Louvre, Paris; u.r: IKONA/G. Leone/Museo Archeologico Eoliano, Lipari. **32:** G. DAGLI ORTI/Archäologisches Museum, Korinth. **33:** LEEMAGE/Bibliothèque Nationale de France, Paris. **34:** G. DAGLI ORTI/Archäologisches Nationalmuseum, Athen. **35:** PHOTONONSTOP/E. Quemere. **36:** G. DAGLI ORTI/Musei Capitolini, Rom. **37:** G. DAGLI ORTI/Musée du Louvre, Paris. **38:** AKG/E. Lessing/Archäologisches Museum, Olympia. **38/39:** G. DAGLI ORTI/Museo delle Terme, Rom. **39:** o.l: BRIDGEMAN-GIRAUDON/British Museum, London; o.r: AKG/E. Lessing/Kunsthistorisches Museum, Wien; M.l: SCALA/Museo Gregoriano Etrusco Vaticano, Rom; M: G. DAGLI ORTI/Museo Archeologico, Palermo; M.r: RMN/H. Lewandowski/Musée du Louvre, Paris; u: G. DAGLI ORTI/Museo delle Terme, Rom. **41:** M. LANGROGNET. **42:** G. DAGLI ORTI/Coll. Jean Vinchon. **43:** Museo Civico Archeologico di Pithecusae, Lacco Ameno. **45:** Photothèque WALLIS. **47:** G. DAGLI ORTI/Museo Archeologico Nazionale, Neapel. **48:** RMN/H. Lewandowski/Musée du Louvre, Paris. **49:** BPK/J. Laurentius/Staatliche Museen, Antikensammlung, Berlin. **50/51:** G. DAGLI ORTI. **52:** o: BRIDGEMAN-GIRAUDON/Pergamonmuseum, Berlin; u: G. DAGLI ORTI/Coll. Jean Vinchon. **53:** G. DAGLI ORTI/Museo Archeologico Nazionale, Neapel. **54:** G. DAGLI ORTI/Archäologisches Museum, Kavala. **55:** G. DAGLI ORTI/Archäologisches Museum, Heraklion. **56:** o: AKG/E. Lessing/Archäologisches Museum, Eleusis; u: BRIDGEMAN-GIRAUDON/British Museum, London. **56/57:** G. DAGLI ORTI/Musée du Louvre, Paris. **57:** o.l: © 2000 Museum of Fine Arts, Boston; o.r: G. DAGLI ORTI/Archäologisches Nationalmuseum, Athen; M.l: RMN/H. Lewandowski/Musée du Louvre, Paris; M.r: BPK/J. Laurentius/Staatliche Museen, Antikensammlung, Berlin; u.l: G. DAGLI ORTI/Museo Archeologico, Reggio di Calabria; u.r: RMN/G. Blot/Musée du Louvre, Paris. **59:** G. DAGLI ORTI/Archäologisches Nationalmuseum, Athen. **61:** RMN/H. Lewandowski/Musée du Louvre, Paris. **63:** G. DAGLI ORTI/Archäologisches Nationalmuseum, Athen. **65:** G. DAGLI ORTI. **67:** RMN/M. Chuzeville/Musée du Louvre, Paris. **68/69:** G. DAGLI ORTI. **70:** G. DAGLI ORTI/Archäologisches Museum, Selçuk. **71:** G. DAGLI ORTI. **72:** G. DAGLI ORTI/Coll. Jean Vinchon. **73:** BRIDGEMAN-GIRAUDON/Musée Condé, Chantilly. **75, 77:** G. DAGLI ORTI/Archäologisches Museum, Thessaloniki. **78** G. DAGLI ORTI/Archäologisches Museum, Pella. **79:** G. DAGLI ORTI/Glyptothek, München. **80:** G. DAGLI ORTI/Archäologisches Museum, Olympia. **82:** o: RMN/H. Lewandowski/Musée du Louvre, Paris; u: G. DAGLI ORTI/Archäologisches Nationalmuseum, Athen. **83:** G. DAGLI ORTI/Akropolis-Museum, Athen. **84:** BRIDGEMAN-GIRAUDON/British Museum, London. **86:** G. DAGLI ORTI/Museo Archeologico Nazionale, Neapel. **87:** AKG/E. Lessing/Musée du Louvre, Paris. **88:** AKG/J. Hios. **89:** AKG/E. Lessing/Musée du Louvre, Paris. **90/91:** G. DAGLI ORTI/Akropolis-Museum, Athen. **92:** BRIDGEMAN-GIRAUDON/British Museum, London. **94:** RMN/H. Lewandowski/Musée du Louvre, Paris. **95:** ARTEPHOT/A. Held/Musée du Louvre, Paris. **96:** G. DAGLI ORTI/Archäologisches Museum, Saloniki. **97:** ARTEPHOT/Nimatallah. **98:** l, u: BRIDGEMAN-GIRAUDON/Archäologisches Nationalmuseum, Athen. **99:** o: G. DAGLI ORTI/Archäologisches Nationalmuseum, Athen; u.l: G. DAGLI ORTI/Archäologisches Museum, Heraklion; u.r: G. DAGLI ORTI. **100:** o: G. DAGLI ORTI/Musée du Louvre, Paris; u: BPK/Staatliche Museen, Antikensammlung, Berlin. **101:** o, M: G. DAGLI ORTI/Archäologisches Museum, Delphi; u: G. DAGLI ORTI/Musée du Louvre, Paris. **102:** o: BRIDGEMAN-GIRAUDON/Musei e Galleria del Vaticano, Rom; u.l: G. DAGLI ORTI/Musée Archéologique, Châtillon-sur-Seine; u.r: G. DAGLI ORTI/Museo Whitaker, Mozia. **103:** o: G. DAGLI ORTI/Museo Archeologico Nazionale, Paestum; u: BPK/I. Geske-Heiden/Staatliche Museen, Antikensammlung, Berlin. **104:** l: G. DAGLI ORTI/Keramikos Museum, Athen; r: G. DAGLI ORTI/Archäologisches Nationalmuseum, Athen. **105:** o: RMN/M. Chuzeville/Musée du Louvre, Paris; u.l: G. DAGLI ORTI/Musée du Louvre, Paris; u.r: AKG/E. Lessing/Museo Archeologico, Reggio di Calabria. **106:** l: BRIDGEMAN-GIRAUDON/Fratelli Fabbri; r: G. DAGLI ORTI/Musée du Louvre, Paris. **107:** o: G. DAGLI ORTI/Archäologisches Museum, Pella; M: G. DAGLI ORTI/Archäologisches Museum, Thessaloniki: u: BRIDGEMAN-GIRAUDON/Eremitage, St. Petersburg. **108:** AKG/E. Lessing/Pergamonmuseum, Berlin. **109:** G. DAGLI ORTI. **111** AKG/E. Lessing/Glyptothek, München. **112** RMN/H. Lewandowski/Musée du Louvre, Paris. **113:** G. DAGLI ORTI/Villa Giulia, Rom. **114:** AKG/E. Lessing/Staatliche Museum, Antikensammlung, Berlin. **115:** RMN/J. Schormans/Musée du Louvre, Paris. **116:** BRIDGEMAN-GIRAUDON/Museo Archeologico Nazionale, Neapel. **118/119:** G. DAGLI ORTI. **120:** SCALA/Museo Archeologico, Florenz. **122:** RMN/H. Lewandowski/Musée du Louvre, Paris. **123:** G. DAGLI ORTI. **124:** M. LANGROGNET. **125:** RMN/H. Lewandowski/Musée du Louvre, Paris. **126/127:** G. DAGLI ORTI/Archäologisches Nationalmuseum, Athen. **128:** AKG/Château-Musée, Boulogne-sur-Mer. **130:** G. DAGLI ORTI. **131:** BRIDGEMAN-GIRAUDON/Staatliche Museen, Antikensammlung, Berlin. **134:** G. DAGLI ORTI/Archäologisches Museum, Piräus. **135:** G. DAGLI ORTI/Archäologisches Museum, Selçuk. **136:** G. DAGLI ORTI/Akropolis-Museum, Athen. **138:** G. DAGLI ORTI/Ashmolean Museum, Oxford. **139:** BRIDGEMAN-GIRAUDON/Ashmolean Museum, Oxford. **140, 140/141:** G. DAGLI ORTI/Akropolis-Museum, Athen. **141** o.l: RMN/M. Chuzeville/Musée du Louvre, Paris; o.r: G. DAGLI ORTI/Coll. Jean Vinchon; M.l: RMN/M. Chuzeville/Musée du Louvre, Paris; M.r: G. DAGLI ORTI/Akropolis-Museum, Athen; u.l: G. DAGLI ORTI/Archäologisches Museum, Olympia; u.r: AKG/E. Lessing/Kunsthistorisches Museum, Wien. **143:** AKG/E. Lessing. **144:** BRIDGEMAN-GIRAUDON/British Museum, London. **145:** BRIDGEMAN-GIRAUDON/Ashmolean Museum, Oxford. **146:** M. LANGROGNET. **147/148:** BRIDGEMAN-GIRAUDON/Ashmolean Museum, Oxford. **149:** RMN/H. Lewandowski/Musée du Louvre, Paris. **150:** BPK/Staatliche Museen, Antikensammlung, Berlin. **151:** G. DAGLI ORTI/Archäologisches Nationalmuseum, Athen. **153:** RMN/H. Lewandowski/Musée du Louvre, Paris. **155:** AKG/E. Lessing. **156/157:** G. DAGLI ORTI/Agora-Museum, Athen. **159:** G. DAGLI ORTI/Archäologisches Museum, Sparta. **160:** AKG/J. Hios/Agora-Museum, Athen. **161:** BRIDGEMAN-GIRAUDON/Ashmolean Museum, Oxford. **162:** ARTEPHOT/A. Held/Bibliothèque Nationale de France, Paris. **164:** M. LANGROGNET. **165:** G. DAGLI ORTI/Musée du Louvre, Paris. **167:** G. DAGLI ORTI/Museo Archeologico, Florenz. **168:** BPK/Staatliche Antikensammlungen, München. **169:** BRIDGEMAN-GIRAUDON/Ashmolean Museum, Oxford. **170** l: BRIDGEMAN-GIRAUDON/Ashmolean Museum, Oxford; r: ARTEPHOT/A. Baguzzi/Museo Archeologico Nazionale, Neapel. **171:** BPK/J. Liepe/Staatliche Museen, Antikensammlung, Berlin. **172:** G. DAGLI ORTI/Agora-Museum, Athen. **173:** RMN/H. Lewandowski/Musée du Louvre, Paris. **175:** BRIDGEMAN-GIRAUDON/Musei e Galleria del Vaticano, Rom. **176:** G. DAGLI ORTI/Coll. Jean Vinchon. **176/177:** RMN/H. Lewandowski/Musée du Louvre, Paris. **177** o.l: BRIDGEMAN-GIRAUDON/Musée du Louvre, Paris; o.r: RMN/H. Lewandowski/Musée du Louvre, Paris; M: M. LANGROGNET; M.r: BRIDGEMAN-GIRAUDON/Ashmolean Museum, Oxford; u.l: RMN/H. Lewandowski/Musée du Louvre, Paris; u.r: BRIDGEMAN-GIRAUDON/Ashmolean Museum, Oxford. **178:** G. DAGLI ORTI/Akropolis-Museum, Athen. **179:** ARTEPHOT/Nimatallah/Archäologisches Nationalmuseum, Athen. **180:** BRIDGEMAN-GIRAUDON/Ashmolean Museum, Oxford. **181, 182:** AKG/E. Lessing/Museo Archeologico, Reggio di Calabria. **183:** G. DAGLI ORTI/Museo Archeologico Nazionale, Neapel. **184:** G. DAGLI ORTI/Musée du Louvre, Paris. **185:** Kopperman/Staatliche Antikensammlung und Glyptothek, München.